Rose Without Thorns in Woollahra Cold House

OLGASKA

BALBOA.PRESS

A DIVISION OF HAY HOUSE

Puede hacer pedidos de libros de Balboa Press en librerías o poniéndose en contacto con:

Balboa Press
A Division of Hay House
1663 Liberty Drive
Bloomington, IN 47403
www.balboapress.com.au
AU TFN: 1 800 844 925 (Toll Free inside Australia)
AU Local: 0283 107 086 (+61 2 8310 7086 from outside Australia)

Debido a la naturaleza dinámica de Internet, cualquier dirección web o enlace contenido en este libro puede haber cambiado desde su publicación y puede que ya no sea válido. Las opiniones expresadas en esta obra son exclusivamente del autor y no reflejan necesariamente las opiniones del editor quien, por este medio, renuncia a cualquier responsabilidad sobre ellas.

El autor de este libro no ofrece consejos de medicina ni prescribe el uso de técnicas como forma de tratamiento para el bienestar físico, emocional, o para aliviar problemas médicas sin el consejo de un médico, directamente o indirectamente. El intento del autor es solamente para ofrecer información de una manera general para ayudarle en la búsqueda de un bienestar emocional y spiritual. En caso de usar esta información en este libro, que es su derecho constitucional, el autor y el publicador no asumen ninguna responsabilidad por sus acciones.

Las personas que aparecen en las imágenes de archivo proporcionadas por Getty Images son modelos. Este tipo de imágenes se utilizan únicamente con fines ilustrativos. Ciertas imágenes de archivo © Getty Images.

Información sobre impresión disponible en la última página.

ISBN: 978-1-5043-2330-7 (tapa blanda)
ISBN: 978-1-5043-2329-1 (libro electrónico)

Fecha de revisión de Balboa Press: 11/09/2020

What will be sweet tomorrow?
Que Dulce sera mañana?
Tomorrow, Tomorrow!
What will be sweet tomorrow?
Manana, Manana!
Que Dulce sera manana?

Índice

Prologo

Que día tan maravilloso para poder contar de lo que Paso en esos instantes o momentos que pase todo los dais por mas de 2 anos que vive allí, afuera my hermoso lleno de plantas flores verde grass, mas un lindo sol aun cuando llovía era maravilloso para poder escribir ciertas anécdotas de lo que paso toda esas estadías que vivi en esa casa fría, primeramente decir vivir con dos damas una era de 97 edad, antes lo había conocido en 1983. Y la otra dama era de 55 anos era su cocinera que le veía a ella por muchos anos, (poco lesbiana) las dos damas eran suficientes maltratadas por la flagelación del tiempo, tomaban pastillas todo los días, la señora de 97 anos después tenia artritis en sus pies que sus huesos se habían crecido, era un fastidio y dolor, también sus dientes postizos no lo habían hecho bien y ella sufría cada ves que comía, esta dama de 97 anos había vendido su casa por varios millones a mi amigo que era mi enamorado, esto había una noticia por mis familiares Lucho y Julia, ellos me pasaron la voz diciendo que yo me iría a vivir a mi casa en Woollahara, por ese fue el motivo mas exquisito para mi que me voy a una casa grande, porque yo estuve viviendo con mi relativa en un departamento era muy incomodo para nosotros las 4 personas (su mama, su sobrina, Julia y miss Brighten).

La dama de 97 anos tenia dinero de la casa, y cuando llegue me dijo: "la casa a sido vendida, y estará unos pocos meses luego se ira al hospital o asilo de ancianos, porque su house keeper esta sufriendo de verdad también, Todo lo creí y lo acepte sus palabras de la dueña de la casa. Su house keeper a su edad estaba pasando my triste tenia un malestar en la columna y tenia una grande joroba que paraba flagelada todo los días, y su comer era a menudo pan con miel hasta que deje la casa, dando fin a la casa fría de Woollahra las dos damas, seguro se quedaron mas satisfechas que con sus malos actos pagaron su muerte, que yo me entere después, habían sufrido y llorado por sus mismos actos que atrás reían y gozaban que me atormentaban todo los días por 2 anos.

Estas damas murieron de ataque al corazon que después, Miss Brighton se entero lo que sucedió en la casa fría de Woollahra, y todo lo que paso explicare en cada capitulo de las narraciones de miss Brighten en la casa fría de Woollahra.

Capitulo I

1995

24TH DAY: SETIEMBRE

Después de 3 anos y meses y vivir con estas señoras Australianas, pensé en escribir un diario, para que el publico que se entere cual es la realidad de mi vida que no es fácil vivir con personas que nunca se conoció y cual seria sus actitudes ellas Australianas por generación y Brighten Sudamerica, con el idioma Ingles muy restringido, ni hablar ni entender, pero cualquier persona si no es ciega o sorda puede entender lo que pasaba en la casa de Woollahara Home, era todo diferente ellos Judios y Miss Brighten muy fuerte en la verdad de las palabras del evangelio moderno era como todo un tropezadero pero los fuertes pueden comprender lo que sucedía en la casa, hasta que llegaron a ponerlos nombres también, como la primera Cenicienta en Woollahra Home, era una burla! poreso era un tormento y muy frío que nadie se puede calentar en esas situaciones.

En el ano 1995, Brighten llego a la casa de Woollahara una mañana maravillosa con mucho sol de primavera con una chica amiga no traía muchas maletas, ellas Vivían no muy lejos de Woollahra Home a unas cuadras fue una caminada solamente, donde Vivían con familiares, fueron bien recibidas por la house keeper y la ultima dueña de la casa eran solamente 10.30 am. Brighten dejo sus maletas en el cuarto de visitas, y después la dueña le diría donde iba a dormir, porque la dueña dijo que el cuarto de visitas era para su hijo y su hija cuando vengan a visitarlos, también fue aceptada por Brighten todo era bien por el momento.

Dejaron las pequeñas maletas y se despidieron de la dueña Mrs. V. Rich, y fueron hacer compras para cocinar en el flat de Julia donde vivían para hacer una despedida a Brighten las compras fueron pescado y otros productos de mar para cocinar comida peruana para el almuerzo y tal como cual se hizo el almuerzo de pescado etilo peruano. Después de charlar y reír bastante en el idioma castellano.

Después de las 9.30pm Brighten retorno sola a la casa Home Woollahra, Mrs V. Rich todavía estaba viendo la TV, ella siempre se va a la cama a las 10 o 11 de la noche después de ir al bano, Arene su house keeper se había ido a las 8pm así se iba siempre a su cama a descansar y se levantaba cuando mMrs. Rich lo llamaba para que venga atenderlo. Brighten sentada conversando con la ultima dueña de la casa dueña es el cuarto sunny room, Brighten lo saluda con un beso en la frente siempre amable con la las owner the house, y dice: un poco arrogante "tu cuarto va ser el cuarto pequeño cerca la cocina, porque la casa a sido vendido al hombre que es tu enamorado, pero el no es tu marido, y tienes que trabajar los fines de semana para pagar del cuarto" Brighten lo acepto porque era la ultima dueña de la casa y era judía de religión que se puede esperar de ella, salió para arreglar su cama en el cuarto pequeño que era para sirvientas que trabajaba en la casa.

Primeramente hacer aseo, era un cuartito que tenia dos puertas, uno era al pasadizo interior y el otro a la cocina, y era oscuro con una ventana pequeña que daba al patio donde había plantas pero por la oscuridad de los muebles viejos y nunca habían hecho limpieza, estaba lleno de suciedad, unas cucarachas muertas y polillas muertas también tras había vivas, felizmente había spray para derribarlos a las polillas, hice un aseo tremendo que todo del catre lo bote solo el colchón y el catre no, después estaban ya podridos de viejos, así que ya limpio todo de sabanas, almohadas, y puse una lampara pequeña y cambie de posición de la cama y los muebles viejos que habían, su ropa todo en el cuarto de visitas y sus maletas, seria las 11 pm ya se dio un gran bano y luego a dormir, y nunca se olvidaba de su dios y le pide que debe hacer con estas mujeres que tratan de arruinarlo a Brighten que esta sola. Esa noche sonó:o visión

"was in her top head a two palmes leaps was very green,
The Day shiny and wonderful"

El sueno seria por allí las 6.30 am Arene viene por la puerta del pasadizo y pasar a la cocina que fastidio horrible, era todo aburrido pensar que salió de un flat de sus familiares y sale a otro insoportable con estas mujeres que solo les importaba que a llegado otra sirviente que Arene descanse de sus dolores que le afligían todo los días. A la 8.30 am Brighten se levanta y va al cocina a tomar desayuno, y ademas le cuenta el sueno que a tenido, pero como personas típicas Australianas, sabia leer por supuesto pero no había ese amor que debe tener un ser humano para otra por lo menos respeto, pero no le intereso mi sueno, seguimos conversando de otras cosas hasta que dejo la cocina porque tenia que salir y encontrarse con amigas en un club de Strathfield todas peruanas unas 6 chicas, para tener un almuerzo rico y no muy caro, comer lo que se quería. Brighten regreso a la casa Woollahra Home a las 4.30pm, y pasa siempre a saludarlo a Viviana Rich que estaba sentada toda la vida en su silla viendo TV, ya 97 anos, y maltratada de la vida, viuda hacia mas de 40 anos que su esposo había muerto fue medico y solo en el hospital estuvo así me dijo la señora Rich.

3

25ᵗʰ DAY:

On Setiembre wasn't a good day! estuvo lloviendo con truenos, algo miserable día a pesar que era Primavera decidió quedarse en casa y hacer algo que tenia que hacer, tales mirar TV en su cuarto, tomar desayuno que ella compraba para toda la semana su propio comida, porque Mrs rich era judía en todo se fijaba que comía y cuanto comía, desde que llego a esa casa de Woollahra Home compro su comida, para que por ese lado no lo moleste, como toda judía son malas para los demas que no son Jews, pero para su gente que tienen la misma religión son iguales todos se dan su corazon y se ayudan mutuamente. Estaba en casa con dos personas vampiresas, Brighten tomo su desayuno, luego llego la hora almuerzo, se hizo su almuerzo y Arene para Mrs Rich le hizo sopa de mushrooms, y el día no corto su color de frialdad, y mucha llovizna, truenos, hasta la perrita se asustaba de los truenos, igual que Mrs Rich era atros saltaba de pánico, por lo general, estaba solo en su sanny room todo el día Arene se iba a su cuarto a descansar, y cuando quería lo llamaba, Are you there dear? Arene no lo Asia caso después de 20 minutos se levantaba atenderlo estaba cansada en todo de atenderlo como lo pagaba semanal ella misma sacaba dinero del banco y algunas veces iba a otro banco a poner horros, yo misma lo he visto, robaba a Mrs. Rich, después iba de compras para Mrs. Rich, ella le le decía a sacado tanto del banco y lo a gastado en hacer compras para la semana, pero traía solo pollo dos a 3 cosas, porque no podía cargar, tan lejos tenia que caminar, pobre mujer.

On 26 de Setiembre como siempre se levanto de costumbre a las 9am y estaba un poco despejado pero no llovía estuve muy bueno para hacer limpieza todo el pasadizos de afuera y cortar las plantas que den flores a mi cuarto limpiar me gustaba mucho hacer limpieza y recoger todas las hijas que an caído por el suelo, era mi delirio hacer, Mrs Rich no veía nada porque no salía afuera al patio, pues yo disfrutaba de afuera, hasta que Mrs. Rich se entero de todo porque había puesto maceteros con flores y los regaba todo los días para que tengan otra apariencia, seguro que Arene lo contó, donde despertó los selos, y decía que Brighten era solo domestica, y que tiene solo sus cuarto y trabajaba los fines de semana para pagar el cuarto, era una señora envidiosa, porque al frente de del cuarto de Brighten había crecido flores azules era bonito y pájaros venían a cantar a la ventana, bueno que hizo la ultima dueña de la casa mando cortar que no de flores que no vea nada porque Brighten era solo una cenicienta y es una común ordinaria sirvienta, todo los días lo afligían de esa manera. De tal manera Brighten nunca se quedaba en casa porque la simple razón adentro de la casa era algo insoportable poreso digo que adentro de la casa era todo viejo, muebles viejos, libros nunca lo había limpiado, había en casa que un hombre venia los Lunes a limpiar las alfombras viejas pasaba por todo sitio menos mi cuarto, después venia una mujer Sandra todo los días to gives a bath a Mrs Rich, y ella algunas veces ordenaba que haga las cosas, que lave su ropa de Mrs Rich en la maquina y que lo cambie su cama, todo los fines de semana, y todo los días traía noticias del Dr David Kawarich increíble, poreso Mrs Rich se volvieron a su casa como antes después que an recibido varios millones por la casa.

27th DAY:

como siempre Brighten se levantaba como de costumbre, a barrer la parte de atrás y ordenar y ponerlo bonito para que se sienta confortable por lo menos viendo algo arreglado como su casa, había terminado todo como a las 9.30 am, y Mrs Rich preguntaba todo los días en cualquier tiempo que esta haciendo Brighten y en donde esta? Escucho las llamadas de Arene, Brighten había estado desde las 8am afuera por el jardín, cuando Arene escucha la voz de Mrs. Rich: Donde esta la domestica? Arene le contesta: ya termino de barrer afuera, regar las plantas y ponerlo y botar la basura al tacho de basura, lava los platos y lo da de comer a Tricia todo los días, que espera tanto de ella, no es full time house keeper! y que esperas tanto de ella!, ella no trabaja todo el día ella vive en su casa, tu mismas lo as dicho que es su casa y hoy porque lo molestas tanto!, ese día fue fabuloso, no hablo su mal como siempre lo Asia con Mrs Rich, parece que Arene era lesbiana y tenia esperanzas en Miss Brighten, porque lo veía su cuarto tan ordenado y limpio y lo conversaba todo bien para que no lo aborrezca como Mrs Rich lo hacia en su corazon solo malo tenia de una India peruana so inteligente que algunas veces lo ponía de vuelta y media hasta que tiemble de nervios, y eso fue que la razón no se quedaba en casa mejor era salir afuera al club y almorzar todo los día en el club y espues jugaba Bing con las demas señoras que había muchas en ORC, in Darlinghurst, King Cross. Siempre se quedaba hasta las 4.30pm luego regresaba a su casa para pelear con las dos ancianas que estaban cansadas de la vida, porque en una de las conversaciones Mrs. Rich decía: "Eso es lo que pasa por vivir hasta vieja de 97 anos" Después llamaba seguido a Arene diciendo que tiene que hacer business! Y sus business era que tiene que ir al bano hacer el uno enseñaba con su dedo pulga, y cuando iba hacer el dos señalaba con los dos dedos que iba hacer el dos. Sino algunas veces ella misma se iba al bano para orinar, porque andaba con su silla de caminar eso a sido su vida de Mrs Rich.

También ese mismo día Mrs rich lo dijo en su cara cuando había llegado de afuera a las 4.30 pm que tiene que ayudarlo a hacer las cosas a Arene, porque no paga del cuarto, y si se va a buscar otro cuarto en otro lado tendrá que pagar $120, o 150 dollars por la semana así que tengo que ayudar a Arene, sino tendrá que irse de la casa, pues Miss Brighten le contesto: que espera de mi estoy en mi casa a recibido varios millones de su enamorado quien lo llama todo los días por teléfono y el es que manda decir que que lo haga su criada, porque solo es domestica y no tiene ningún enamorado, seria antes pero no en este tiempo no tiene nada, y déjeme de molestarme, usted no esta en su casa lo a vendido, porque no se va al hospital o a la casa de ancianos, y deja de molestar tanto, usted mismo se arruina, ya esta arruinada con sus pies de artritis, que para solo con dolor, yo no mole a nadie, no son mis negocios de molestar a personas ancianas, especial mente que vive con ustedes, yo les respeto todo los días cual es la razón, yo como mi comida que compro todo las semanas, usted no me da de comer, y por cuarto trabajo todo los fines de semana, que me hace dar vueltas millones de veces, eso no es justo! Entonces ella contesto si no quieres ayudar tienes que buscar otro lugar donde vivir o va llamar a la policial! Bien drástica era incomprensible y perversa, que todo los fines de semana cocinaba para su hijo Dr. David con su esposa que venia a comer pollo asado todo los Sábados tenían su burra y les gustaba la casa porque lo tenia limpia y con flores y muchas macetees lo había convertido con plantas, que cuando llegue era afuera horrible todo los maceteros sus plantas muertos, hubo un gran cambia pero eso no veía, solo veía que era domestica y no era enamorada del Dr. David de California. Como es las personas cuando tienen poder de comunidad y la masa de martirizar a alguien por la nada, veía que era una persona sola sin familia que hagan o hablen por me, era un infierno todo los días desde que llegue, solo cambiaba los fines de semana cuando lo atendía como otra no lo había atendido así porque era diferente me trataba querida, como as amanecido pero cuando tenia las llamadas cambiaba total mente, para eso el Dr. David era mi enamorado para arruinarme la vida con todo el mundo eso nos justo eso ser amor frió que existe entre mi y el Dr. David. Un hombre frío le gustaba solo hacer sicosis su vida de hacer todo el tiempo sicosis molestando todo el tiempo en cualquier lugar, gracioso era que nada era bueno para mi solo malo que nadie lo de cariño, ni lo den buenas nuevas porque es solo domestica, eso no es justo toda persona necesita amor y cariño no porque es domestica se les va a tratar mal, Miss Brighten nunca lo trato mal a Arene, siempre lo trato bien porque tenia una carita rosada, con sus pelos blancos pero flagelada por su columna vertebral y tenia una joroba que todo los días tenia dolor y paraba enderezando que estaba solo jorobada, lo tenia lastima algunas veces, pero algunas veces no porque era mala se iba con los chismes de mentira a Mrs Rich, no era nada cierto, la razón el Dr. David lo llamaba todo los día también y lo metía en la cabeza bastante negocios de miss Brighten y habla solo su mal que lo aviente con sus extracciones y que deje la casa porque es domestica como una cenicienta que no necesita ningún respeto ni cariño, también es traicionera le gusta mucho los hombres poreso lo desprecia y es vieja.

28th DAY:

Del mismo mes, Brighten se levanta de costumbre y va a barrer el patio, porque no fue obligada de hacer el jardín menos que barra el patio ni vea a Tricia (perrita de 11 anos de edad ya muy viejita estaba para morir, pero era linda gordita y muy cariñosa con miss Brighten las dos que querían mucho, cuando lo pusieron su ampolleta que muera (9/4/97) Brighten lloro mucho y escribo para ella en varias oportunidades, porque dormía con ella, y la noche siguiente lo Ivan a poner la ampolleta lo soné como a una niña vestida de muñeca. Miss Brighten regreso de la calle cerca las 8.30 pm y siempre con respeto solía ir a saludar a Mrs Rich con un beso y le dice: "dear Tricia is go" mi mala sorpresa de

8

escuchar semejante barbaridad, dijo tambie que a pagado $85.00 dollars para que lo pongan una ampolleta ya estuvo vieja andaba como una loca por todo sitio y en el jardín, salí corriendo a llorar sola en el otro curto. Como de mis estrenas había salido algo que me resentir mucho con Mrs Rich.

To: "Tresure" # 1
La mañana de 9 the Abril 1997
Tuve un sueno seria las 4am
Veía a una niña que me miraba
Estaba tan asustada!, quería decir!
Algo! pero no podía hablar!
Era una niña con cerquillo
Yo decía: que puede ser
Lo veia sus does colmillos
Su boca estaba abierta
No tenia mas dientes
Pero si como dientes era,
Sus pelos de Tresure queria tocarlo
Fui!, a tocarlo donde me
disperte!, salí de mi habitación
Luego le di su leche a Tresure
Estaba allí!, todavía me saco la
Legua con cariño; soné que
Tresure había muerto. 9/4/97

To: "Tresure" # 2
Seria a las 6.30am escuche
Que Tricia comenzaba a caminar
Yo despertaba de un sueno
Que Tricia era una muñeca dormida

En el piso on the carpet
Yo lo miraba y lo miraba
Y decía que linda es Tricia
No pensé nunca que era
Que era una linda niña
Era Tricia que siempre quería
Estar con migo y dormir
En mi cuarto, donde se sentía
Confortable Y dormía rico. 3/9/96.

29th DAY:

Esa manas de Setiembre por la mañana Brighten estaba asustada del sueno tan verdadero que iba a suceder a Tresure miss Brighten cerca que salga de la casa, siempre salía al Club a jugar bingo y encontrarse con amigas después que había barrido y hecho toda las cosas que le gustaba hacer y viene a la cocina donde Arene estuvo allí después que termina de conversar con alguien que a seguido lo llamaba y dice: que a tenido la llamada de la persona que era mi esposo, fue gracioso que decía "ya no es tu esposo hace tiempo te as separado" luego deja la cocina y se va a Mrs Rich porque lo estaba llamando, Brighten lo sigue por atrás pero no entro donde estaba Mrs Rich solo escuchaba que conversaban con Arene "she is going to remarry con Dr. Kawarich" miss Brighten pensó que era sus negocios de Mrs Rich porque tanta coincidencia, porque tanto lo trataba tan mal, solo decía "tu eres domestica, y estas en la casa para que me acampanes los fin de semana y puedas pagar tu cuarto que vives.

Miss Brighten sale de la casa a las 10.30 am con dirección a su casa de su amiga Tea Rurol que vivía en Bonday Beach (ya muerta de cansar 2009) donde estuvo por pocas horas y luego se fue al Club ESC, hacer GYM and souner, donde se encontraba con una amiga que era conductor de autobús, Natuacha from Russia. Al regresar a la casa Woollahra Home hizo compras para su comida de esa noche, un rico plato de lentejas y comía en la cocina después de saborear su cu comida se va al sunny room donde estaba Mrs Rich y donde miraban TV las dos, Arene en la cocina después Mrs. Rich en esos momentos estaba hablando por teléfono después de hablar se levanta rápidamente y se va a la cocina donde se encontraba Arene para ayudarlo a limpiarlo las cosas de plata que están negros y luego lo ponga a los armarios donde le pertenecen, miss Brighten se quedo sola mirando la TV,

30th DAY:

Por allí a las 8.45 am Brighten must gives de medicine to Mrs Rich a las 9.40 am, Sandra señora que lo banaba y cambiaba su cama todo los días de Lunes a Domingo que lo era una señora que cada ves que llegaba a trabajar en la casa traía negocios del Dr. David mal y bueno y lo ponía nerviosa, y se desquitaba con miss Brighten y Arene, Mrs, Rich era una señora a simple vista era feliz y buena como persona tenia la cara rosada y no tenia arrugas porque se hachaba crema todo los días, nunca fue grosera era una señora que se banaba todo los días y se cambiaba de ropa todo los días también, cuando salía con su hijo almorzar salía siempre French Woman con sombrero, algunas veces tenia palabra toscas o jergas australianas cuando tenia cólera decía: "que negocios que no tiene remedio es como su hijo Trevol (homoxual) que vivía en España con otro hombre (era de joven muy guapo educado arquitecto alto, que pena como se malogran tanto, y Mrs.Rich lo amaba tanto a su hijo mas que a todos lo llamaba también a largas distancias y conversaba mucho y pagaba telefonee mucho. Y decía que todo su dinero lo va a dejar a su hijo que vive en España, mala suerte murió antes que Mrs. Rich en España.

Brighten a las 9.30 am sale hacer comprar para el fin de semana, y tenia que regresar antes que Arene salga de la casa era su descanso para el fin de semana, por lo tanto miss Brighten tenia que atender a Mrs Rich, y todo los fin de semanas era muy tranquilo y había paz y felicidad todo los días que lo cuidaba a Mrs Rich, solamente algunos fines de semana, Sandra no venia entonces Mrs Rich decía: dear! Sandra no vendrá hoy día! should bath her Brighten le daba el bano!. Y nunca decía nada todo los fines de semana lo pasaba muy tranquilo, venían sus familiares y amigos a tener un almuerzo y la verdad lo pasaban bien las dos tenían buenos tiempos de gratitud, miss brighten lo daba su comida que compraba con su dinero, y Arene compraba el pollo para asarlo porque todo los Sábados venia a almorzar su hijo David y su esposa, se volvieron a su casa otra ves lo veían bonito la parte de adelante, y de atrás en el jardín bien cuidado y regado, también el jardinero venia y ponía plantas, eso era la razón que sus familiares venían y miraban la diferencia como a cambiado la casa de la parte de afuera. Brighten barría todo los días hasta que salió de la casa.

Durante los fines de semana Brighten también limpiaba los muebles viejos de adentro, que ya estaban muy viejos y el polvo lo había arruinado, eran buenas cosas que tenia pero las personas que trabajaban con Mrs Rich no les importaba de sacudirlo y verlo bonito limpio, poreso adentro no se vía bonito tenia una apariencia fea y era mal ubicado su construcción y muchos anos que habían vivido, su esposo de Mrs Rich había muero 40 anos atrás, bastante tiempo hasta su madre a muerto Allí de 1005 anos, eso a sido su vida de Mrs Rich, y solo enferma estaba si lo había operado varias veces, poreso comía una miseria, ademas sus pies con sus dedos de artritis y crecidos y torcidos, sus manos no estaban mal también su cara se cuidaba bastante con crema se ponía toda las noches y días.

Sandra a las 4.30 pm había regresado Con unas compras para Mrs Rich para su cama y sus napis que lo usaba todo los días en su calzón porque le venia agua por la vagina.

Como de costumbre ese día a la 1pm Mrs Rich y Brighten tuvieron su almuerzo espinaca sopa, bread con mantequilla, y un cake, Brighten rápido lava los platos y viene a sentarse con Mrs Rich y mirar TV su programa favorito, a las 7pm we have a dinner Fish with much potato and vegetales, then hasta las 10.30 pm Brighten lo lleva al bano, allí siempre se pone el dedo a su vagina lo saca y lo mira, y dice son malos negocios, y decía: Tu nunca lo hagas!: you never do? Brighten solo lo escuchaba y nunca le decía nada.

Capitulo II

1st Day Octubre

"October, October, que bello Dia,
Que será! Hoy día primero de October,
Será bueno, malo, que podrá ser igual,
Sea como sea! October sera para mi!.

Cerca las 7 1/4 am Mrs Rich llama a Brighten para que lo de su medicina, después no lo dejaba en paz a cada momento lo llama, Are you there dear? 7.45am can you take me to the Barth room? 9.00 am have de Breakfast after Brighten go out and put the clothes to the machine, Cuando venia Sandra a las 10am otra que le gustaba ordenar, decía: Brighten debes poner toda su ropa que se lave en la maquina también de su cama los Sabados, que fastidio no se puede tener una vida en paz solo aburrida con tantas ordenes, no había una vida normal solo ajustada a Mrs. Rich, Sandra y Arene.

Sandra se iba terminando su trabajo y alas 10.45 am y su hijo David llegaba con pollo a la braza para comer ese día, pero era gracioso vino solo Dr. David y no su esposa Dr. Job, yo pensaba que era el otro David disfrazado de su hijo, porque ni siquiera me decía nada como otras veces cuando venia con su esposa, fue gracioso el pretendió no conocerlo a miss Brighten, pero ella le dice: 'Hi Dr. David? 'how are you and how is Dr. Job' and him replay, she is with sow back and she is working in the jardín,'and said 'is it not good at all!.' And miss Brighten pregunta, if he like café!, and replay yes? Luego se va a su mama, luego regresa a

14

ponerlo el pollo caliente y llevarlo a su mama, también para el, y cuando terminaron regreso otra ves para hacer mas café, el mismo lo hizo, luego lo llevo al cuarto soleado donde siempre tenían el almuerzo, y Mrs Rich le gustaba mucho estar allí, porque era una esquina que entraba por todo los lados el sol, tenia grandes ventanas y se veía todo el jardín lo único que era bonito para estar horas y horas allí mirando TV y recibir el sol, después era todo la casa fría no con muchos ventanas grandes solo pequeñas no era mi fascinación mas sus personajes que habían allí era horripilante. Solo tenían tristeza en el alma, y desesperación por la flagelación de sus dolores y el modo de vivir algo aburrido, porque era todo los días igual no había ningún cambio eso era fatal para mi porque verles a las dos que cabalgaban sus todo los días y afán de molestarme solo eso era su delirio, y yo mas me alejaba de ellas.

Después cerca la hora exacta que tome su medicina Brighten en el cuarto soleado y dice: es tiempo que tome su medicina, y también le dice: solamente sobran dos, y Dr. David dice: 'esta es importante y la otra no', después Dr. David se va afuera al jardín a ver la caja de de cartas que estaba echa de concreto, luego regresa y dice esta bien, luego se había despedido de Mrs. Rich y luego pone su brazo en la espalda de miss Brighten, y luego ella le dice: saludos para Dr. Job.

A decir verdad Dr David se fue temprano solo café tubo y luego se fue, y a la 1pm Mas Rich y miss Brighten tuvieron lunch, la verdad Mrs Rich no quiso comerlo y dijo: guárdalo para mañana! Arene que lo caliente para comerlo y cerca las 4 pm Brighten después de lavar las cosas en la cocina se pone a peinarlo a Tresure después de banarlo. Pronto Brighten regresa al sanny room, y ven con Mrs Rich TV untill 10.30pm, luego lo lleva a la cama después de ir al bano. Miss Brighten se va a su cama tambie hasta el próximo día.

A las 7.30 am Mrs Rich llamaba rápido de su cama a Brighten, Brighten no había oido, estaba cansada que lo hacia dar vueltas so many times por cualquier cosa y debe caminar mas, para que sea o se haga adulta como las demas viejas, eso era su pensamiento y su decir, era algo extraño algunas veces pero fatal se irritaban por la nada Mrs. Rich y Arene.

Brighten decía: es demasiado una house keeper que trabaje 11 horas es demasiado, por eso Arene! No quería escucharlo y pretendía todo y no lo hacia caso a Mrs Rich, se iba a su cuarto y estaba lejos cuando lo llamaba era terrible y yo lo escuchaba tenia que atenderlo que decía: luego decía esta por allí Arene puedes llamarlo cuando estaba contenta, y si no decía puedes hacer esto como hacerlo su te o buscar algo, eso fue la razón que miss Brighten se salía todo los días, porque quería hacer su full time house keeper y que Arene descanse de su mal que tenia cual era la razón yo no era la culpable sino debe irse a su flat a descansar y no trabajar mas, para que busque Mrs, Rich otra house keeper full time no me va arruinar a miss Brighten, completamente judía era la señora Rich.

Cuando Sandra venia a las 10 am, decía a Brighten puedes lavar esta ropa, Brighten, lo pondré a la lavadora!, no ! decía se tiene que lavar a mano, de su cama ponlo a la lavadora todo los Sábados! Era otra algunos Sábados me ordenaba de todo.

Brighten todo los Sábados limpiaba afuera y Banaba a Tresure (perrita) y Mrs. Rich no quería que lo bañe decía que no es necesario todo los Sábados especial en Invierno, buen o tenia razón pero en Verano apestaba porque ya era viejita de 11 anos, y necesitaba un bano. también tenia lineas rojas en su trompa, y Mrs. Rich decía ponlo crema y para esas úlceras que tiene, y lo curábamos a Tresure, y dormía en sunny room.

3.30pm Brighten dejo la casa para irse a la Iglesia de los Pentecostés, llego tarde después del servicio y el Bishop era

Uruguayo, el pastor dice: hola diabla! Miss Brighten contesta: "I'm the best Woman, to will see the worst" como decir "que ella es la primera mujer oír y mirar lo peor" como en la Iglesia que se practica el evangelio me diga así el pastor, increíble, por todo sitio me flagelan es la ignorancia del ser humano. La verdad? Yo nunca por nunca mirare a Lucifer que es enemigo de Dios, Padre Creador de todo lo que existe, lo creo con sus Santas Palabras y Sus Santas manos dijo que sea hecho y fue hecho.

Brighten regreso cerca las 8.10 pm como siempre pasaba a saludarle a Mrs Rich con un beso lo aborrasca o no pero nunca fue malcriada con ella, después escuchaba que Mrs Rich y arene decían: she's still lower" and hacían preguntas, como en la Iglesia tiene amigas, y cuando se va casar y que tengas niños, Brighten contestaba si! Pero es secreto!, y Arene decía: 'el tiene otras enamoradas, así lo mata de colera' después Brighten paso a la cocina a comer, y vio que Arene había comido las dos alas y las dos piernas del pollo que trajo Dr. David, cerca las 11 pm las dos estaban viendo TV, miss Brighton escribía en el otro cuarto donde tenia sus escritos era el cuarto de visitas, y terminaba de escribir su diario y vio que Arene se iba a su cuarto después de conversar y ponerlo en su cama a Mrs. Rich, cuando escribía Brighten no veía la hora porque era su fascinación escribir su real vida.

2nd DAY:

a las 7.15 am Brighten se despertaba y iba a dar su medicina a Mrs Rich, después me decía llama a Arene que haga su te, Brighten iba y lo llamaba a Arene y le decía que tiene que hacer su te a Mrs. Rich, pero arene no le interesaba Brighten se volvía a su cama porque era temprano para ella, 7.35 am otra ves llamaba Arene, no quería levantarse, luego llamaba dear Brighten hazme me te, era tanto las llamadas Brighten se levantaba y le decía: Mrs. Rich "yo no soy su trabajadora de 12 horas al día, Yo trabajo solo los fines de semana, porque era demasiado todo los días me llamaba, Arene su full time house keeper no lo hacia caso y se levantaba tarde también, ya estaba cansada. Pero ella a sido mala eso era la razón que quería darle una mano. Mrs. Rich me decía: tu trabajas por el cuarto, en otro lado pagarías, $50, $70, $80, o $120 dollars, Brighten! Usted no me a dado un buen cuarto?, ademas es un cuarto oscuro y que es para las full times house keeper, Mrs. Rich! Tu tienes que buscar otro cuarto? Brighten esta bien, debe saber que yo trabajo los fines de semana, cocino, hago el jardín, veo a Tresure, por favor no abuse de mi, debe tener consideración.

Arene came and said: Sandra is not come jet? también dice si no viene Sandra usted va querer que Brighten le de el bano, porque lo molesta ella no trabaja por la semana solo los fines de semanas, Mrs Rich vete a la cocina y pregunta aBrighten que va hacer por día, seguro Mrs Rich estuvo unconfortables su conciencia no lo dejaba en paz, Brighten! Yo como siempre saldré pero primero tomara su desayuno, y Arene! No te preocupes! Take Care yourself! Be happy!. 9.15 am Brighten pregunta si lo a dado su medicina a Mrs Rich a y contesta no, Brighten va y le da su medicina a Mrs. Rich. Y lo deja hasta la noche que regrese de la calle. Brighten regresa a su cuarto, y se cruza con Arene, y pregunta otra ves, te vas afuera? Brighten contesta, si pero iré a las 10 am hacer ejercicios al club, luego almorzare con mis amigas, y regresare por la noche como de costumbre. A la 6pm regresa miss Brighten y como siempre va a saludarlo a Mrs. Rich y luego dice; as buscado tu cuarto?, no todavía!, desde ese día Mrs. Rich todo los días me molestaba a excepto los fines de semana cuando trabajaba y lo daba de comer todo los Sábados a su hijo David y su esposa Job, hasta que deje la casa casi tres mese me afligía tanto, y esto es que escribo los últimos 3 meses, porque ya hacia estaba viviendo casi 3 anos desde que llegue a vivir a la casa que era de mi que Dr. David (California mi novio) lo había comprado para mi y les había dado few millones de dollars. Esos son las Australianas cuando les conviene, mas eran familia judías.

A las 6.30 pm Brighten dice: voy hacer sopa de espinaca, do yo like same, Mrs Rich contesta, si me gusta querida!, después dijo, As buscado to cuarto?, no lo contestaba otra ves, As buscado tu cuarto? Brighten no contestaba pretendía que no entiende, luego decía: te as dado un bano, no contestaba Brighten! Luego dijo: 'necesitas un bano de agua tibia para que te saque lo escaldada que estas, luego te pones talco'. Que bruta era algunas veces, porque me dejo así, piensa que era como ella que se metía el dedo a su vagina o otras que saltan de alegría como se hubieran sacado la lotería era atroz.

9.15pm Miss Brighten se va su cama, y se despide de Mrs. Rich y dice Good Night? Have a great night!, antes que te vayas traerme un libro de Erick Mackay, lo pones en mi cama que pueda leer. Esta bien Mrs. Rich! Porque le gusta y ama leer cartas de Violinistas.

3er Día de October:

A las 6.30 am pongo el radio en buena graduación para que Arene lo escuche y se levante, A la 7.20 am Arene ya levanta y caminaba por la cocina como siempre lo hacia, El clima estuvo muy feo lloviendo muy fuerte, 8.45 am, Brighten lo lleva a Tresure afuera con su plato de leche y luego después toma Brighten una grande taza de limonada con miel, a las 9.50 Miss Brighten se va al cuarto Mrs. Rich para decirlo como se encontraba y si a amanecido bien de salud o a dormido bien, y ella contesta: Dr. ha llamado diciendo que todo esta limpio y no hay ninguna problema, Brighten contesta: "eso es buenas noticias". Luego Brighten regresa a la cocina a decirlo a Arene que ya lo dio su leche y no te preocupes en darlo otra vez, después me iré al Club hacer ejercicios y me quedare hasta el almuerzo y luego te veo después cuando llegue.

Brighten pronto se fue al West Banco y había tenido un interés de $79.60, todo lo saco y lo gasto en el Club, su almuerzo fue pollo con curry estuvo muy rico terminando vuelve a casa como a las 5.35pm, luego dirigiéndose a saludarlo a Mrs Rich que siempre estaba sola viendo TV, y luego Miss Brighten le dice: how are you? Mrs. contesta: "no mal, solamente el clima estuvo miserable y viento" Brighten contesta mañana llevara a Tresure a caminar por la manzana de la casa, luego Arene legando con sus compras dice; adonde lo llevaras, después dice solo mierda me dan, y tratan de arruinar mi vida, también dice: grandes mierdas y traía sus compras, plátanos, pan, manzanas, chirríes, eso era Arene, Brighten les deja y se va a su cuarto a ver TV, luego hacer su dina un plátano y un choclo, con Tresure, después las dos se van a ver TV con Tresure, pero Tresure caminaba de una esquina a otra ya estaba viejita, cerca 12 anos, muchas veces estuvo confortable en mi cuarto dormía rápido, pero esa noche estaba unconfortables. Esa noche estuvo larga la noche, Arene esperaba a Janne era su nieta de Mrs Rich. A las 9.14pm Janne call up to Mrs. Rich, pero ella estuvo en el bano, luego dice: tengo un mensaje 'good young', luego ya se despedía y se salía para irse a su casa porque ya era tarde.

4to Día de Octubre:

At 8.25 am Con la perrita lo lleve a caminar por la vuelta de la manzana de la casa, y nos regresamos cera las 8.45 am, y me entro a decirlo a Mrs. Rich como se sentía, me dijo que todo andaba bien, luego le dije: "salí con Trusure a caminar por la vuelta de la manzana de la casa" y ella me responde si esta bueno a ella le gusta salir todo las mananas, y Brighten contesta ya esta vieja ya no puede caminar mucho, es bueno de ves en cuando cuando hace buen día y no llueve. Luego lo dejo y me voy a tomar mi desayuno en la cocina y a darlo su leche a la perrita que le gusta mucho después de su caminada. Después de un buen rato Sandra llega para darlo su bano a Mrs. Rich, pero viene a Miss Brighten para decirlo hello! Y se pusieron a conversar un poquito, luego llama Mrs. Rich: Are you there Sandra! Y Sandra se va rápidamente antes que este llamando mas, porque se ponía llame y llame, era una señora fastidiosa algunas veces. Luego le dice: Que va usar hoy día? Y Mrs. Rich dice: Arene seguro lo a lavado su vestido rosado que siempre le gusta el modelo y el color.

Pues Brighten estaba ya lista para salir ir a dos clubs, Kirribilli Club and O.R.C. donde almorzaba por $2.00 doláis, era bone steak, chips y salad, todo por 2 dollars era magnifico para mi muy barato y teníamos graties las bebidas frescas. Acerca de las 3.30pm Brighten regresa a casa, Mrs. Rich estaba con visitas de Julia y su mama, habían venido a visitarla pero luego se fueron, porque Mrs. Rich se sentía un poco aburrida con personas que no hablan bien el idioma, pero Julia habla bien el idioma solo su mama no sabia nada una persona de 93 anos, cuando se fueron, yo me dedicaba a peinarlo a Tresure, era su amiga favorita en la casa, era adorable viejita ya apestaba de vieja, pero no importaba era mi mejor amiga en la casa. Arene decía ella no habla ni ladra, si le digo, después le agrego hoy me voy al club a ver una película es gratis pero comienza a las 7pm tengo bastante tiempo.

Estuvimos en back yard con Tricia corriendo, despúes ella regreso a escribir su felicidad de Tresure que era muy preciosa me hacia la vida mas feliz, los animalito son buenos compañeros aun que no hablen pero son maravillosos.

The naughty girl, was very happier
She was combed her hair and she bite me
And jumped for my legs
After we went full speed in the garden
And then jump for the steps and beat herself
She feel sorrow after that. That was my nice Tresure.

Como lo tenia pensado de ir al cine, a las 7pm cuando llegue allí era horrible mirar las personas que estaban allí, unas parejas y otro sin pareja parecían que lloraba y se tocaba su cosa, para mi esas extracciones son horrible que me tenían cansada con tantos detalles de personas que no saben como arruinarme, la película no me gusto así que me regrese temprano a casa, y a mirar otra película en mi cama hasta las 11 pm.

5to Día de Octubre:

El día estuvo maravilloso como para ir al club y hacer ejercicios, también para nadar, fue el plan de ese día, como de costumbre salí muy rápido para estar un par de horas en el club y hacer ejercicios y nadar, luego ir a O.R.C para almorzar después de sacar $20 dollars de AZB, porque el almuerzo en el Club era solo $2 collars, y el resto era para la maquina y jugar. Regresando a casa se puso a escribir 10 tarjetas para amigos y familia, como:Victor,& Dinner, Mrs. vender, Tom Avon, Sam Tamhore, Cruz Valle, Maria Edmonor, Gloria Flores, Cesar Fajardo, Aida Kocssi, etc. al terminar Brighten se fue a verlo a Mrs Rich para decirlo Good Night! Y allí estuvo su nieta Jenny mirando video con Mrs. Rich, y cuando me vio dice quieres mirar el video, yes Brighten dice, luego se sienta a mirar el video de un hombre alto de pelo negro con grandes bigotes, que vivía en un departamento y tenia muchos amigos y salían a conversar, y Jenny dice: 'puff that man' y yo le digo no te gusta, y luego dice: 'he is a puffted' como decir es maricon. En el tiempo que mirábamos el video Jenny rápidamente le dice a su abuela porque no me as dicho que Brighten esta viviendo aquí? Poreso Mrs Procter esta molesta así como ella. Mrs. Rich contesta la razón es que no tubo adonde irse porque su familiar Julia esta renovando su flat y no tubo donde irse y lo he dicho que venga a vivir aquí que por fin de semana pueda trabajar para pagar su cuarto. Luego continuamos viendo el video hasta termino a las 10.10pm luego Jenny le da un beso a Mrs Rich, y yo lo acompaño como a serrar la puerta.

Pronto Mrs. Rich tenia que ir a su cama, y me dice: Ya no vas a tu familiar Julia, no le contesto, porque esta renovando su departamento, y no quiero dormir en suelo. después lo lleva a su cama y se cambia su ropa de dormir con mi ayuda, y nos despedimos y le digo Good Night Mrs. Rich sleep well, y yo a mi cuarto a dormir con Tresure, mi company favorita.

Mrs. Procter and Jenny they very upset because Miss Brighten live in Woollahara home.

Teresa has been chequead
For weeks, she is faithful
And take over, wants intercourse
I imaging if the privates detectives
Show the greets of the earth
A lot deal of heart best
They brain innocent all little whips
Miss upset for phone sound not good
That's her mother in Perth made
Very upset also Miss Brighten
Now miss yes, sing with Mrs. Helps
Teresa, think big hope in the way

23

Has more knowledge of any body else
A lot single woman wait for offer
A big candidate is not business
To display, some times es not work
Big company is gets a diamond on te street.

6th DAY: Octobre:

My levante como 8.45 am Mrs. Rich call up to Arene, pero Ella pretende que no escucha, entonces se levanta Mrs Rich y camina por el corredor, luego dice: "quiero que abras las cortinas y que entre el Sol" pero Arene no quiere hacer y luego se olvida y ese día tenia que irse a su flat para el fin de Semana, y tenia que banarse, ya que solo una ves a la semana lo hacia como para irse a su casa limpia, pero para Mrs. Rich nunca se banaba y apestaba pero Mrs. Rich ya estaba acostumbrada a todo eso tantos largos anos como unos 10 anos. Miss Brighten se fue a pasear con Tresure por afuera al rededor de la casa por la calle. Y cuando regreso Sandra había llegado siempre llegaba a las 9.45 am para banarlo a Mrs. Rich y cuando me vio me dice: Brighten have to whash up the shits? and toallas y los demas cosas que están sucias, Miss Brighten contesta ya están en la lavadora y solo falta ponerlo el hace, y luego dice: Todo los Sábados se debe lavar ropa de la cama! Sandra era otra mujer sin mirar le gustaba ordenar sin ver, algunas veces era fastidiosa. Igual como Mrs. Rich solo del Dr David hablaba mal y bueno, y Mrs Rich algunas veces se confundía con tanto hablar de Sandra y decía: Dr. David dice así, Sandra decía: no el otro Dr. David, era gracioso algunas veces las dos se peleaban también.

Arene antes de irse viene a Mrs. Rich y le ice: en el frigider esta todo las compras que a hecho los vegetales como bróculi, coliflor, pollo para el asado, y se hay helados también esta en el frigider, también hay fresas y bananas, y ese día para el almuerzo se tendrá sopa de vegetales y pan tostado siempre era a las 12.45 pm, después de terminar Brighten lavaba los platos y ollas que se había ensuciado rápido así era siempre, luego se iba hacer sus unas y pintarlos, luego se ponía a escribir que a pasado desde la mañana hasta la tarde, antes que se olvide esta la ropa en el cordel tenia que recoger lo mas rápido posible antes de hacer la comida que vamos a tener por la noche a las 6 pm esa tarde se cocinaría o tendremos pescado freído con huevo y harina, y luego hacer arroz, de postre sweet apple con helados Mrs.Rich and Brighten, fin de semana siempre lo pasaban muy bien sin ninguna queja ni malos entendidos, pero eso si Mrs. Rich en la comida lo hacia que haga mil vueltas a Brighten para todo, antes llévame al bano, luego traen la sal, traer la pimiento, la mostaza, calienta esta frío, Etc., era perversa, pero Miss Brighten hacia rápido y no se quejaba de nada porque era vieja de unos 97 anos, cuando se terminaba la comida se lavaba rápido los utensilios que se a usad, y después en 10 minutos se iba al vano y sedaba un bano para que relajarse, luego se iba a Mrs. Rich para ver TV o una película. así Brighten terminaba agotada todo los fines de semana eso era la razón de Lunes a Viernes lo despreciaba de otra forma no lo ayudaba a Arene porque las dos eran malas las mujeres.

Así se pasaba rápido loas horas, esa noche se iba a su cuarto y mirar una película Cristiana, en compania de Tresure, hasta las 12 de la noche, después de ponerlo a su cama a Mrs. Rich siempre se iba a las 10pm.

I have take notes,
Miss Dull hasn't shower at all
When she go home has one
That's awful
How people has terrible smell

After long dais haven't one
That is lazy people
Por her own figure.

7th Day:

Miss Brighten se levanto cerca las 8.30 am, para hacer su te
a Mrs. Rich y lo lleva a su cama, y le dice How are You? Y Mrs.
Rich dijo: very réstele!, pero con animo de tomar el te, luego dijo:
espero que la pierna de carnero este bien para el asado, porque
Mrs. Scott estará para el almuerzo cerca a la 1 am, pero ese día
estuvo algo difícil porque la pierna estaba todavía helado, así que
se debe poner al Macrockway, para que se unfreezen o que sea
defrost y como tal así fue hecho, pero fue algo difícil ese día así
que fue sacada la pierna al aire libre, y luego ponerlo al orno por
tres horas. Cerca las 10 am Sandra venia a banarlo a Mrs. Rich
porque ese día tendrá visitas como su amiga de muchos anos, y
era vieja tambie por unos 89, pero se veía bien acabada por la vida
que según lo dice su estadía con 89 anos.

Acerca de la leg lam estaba difícil porque Arene se olvido de
sacarlo del freeze, ya era las 11 am, y la leg lam estaba dura, así lo
puse al orno, con sus condimentos sal y limón, y con el cuchillo lo
hacia unos huecos para ponerlo la zanahoria y cada ves lo sacaba y
lo miraba la sangre que corría, pero al fin unos después unas 2.30
horas y media ya estaba bien cocinada con todo los vegetales, y se
veía bien cocido y muy rico y listo para tener el almuerzo con la
visitante. después se puso en una bandeja especial para ponerlo
a la mesa de donde nos servíamos, pero Mrs. Scott era ella que
nos servia a los platos para servirnos, como siempre de dulce era
manzana dulce con crema, luego las dos señoras se Ivan al sunny
room y yo a la cocina para lavar todo, y luego llevarles el café con
crema en pequeñas tacitas.

Miss Brighten ya terminaba todo se iba al jardín con Tresure hasta las 3.30pm, luego venia a darle su Brandt con una galleta y queso para Mrs Rich, luego cerca las 6.30pm hacer el comida que era Fish en mantequilla con vegetales.

Naughty girl needs a bath
because has smell awful
She didn't for weeks
I'm here por a weeks
Miss H Boots has every day shower
But often after tomorrow
Or after few hours
Has terrible smell what is that
H. Booths was in Jersey Road.

Seria por allí 1.30pm estuvimos teniendo un buen almuerzo en la cocina cuando la campanilla sonaba de afuera alguien venia visitar a Mrs Rich, no sabia nada quien iba a venir así que lo hice pasar a su vecina su nombre Rene.

Mr. Behold was on 30th Setiembre
And he touch the bell
Mrs Helps, doesn't know
Only Miss Brighten know
That was happen with the bell.

Sandra había venido con su pequeña amiga a darle su bano a Mrs. Rich, y cuando termina dice: Mrs. Rich esta lista para su desayuno.

Mrs Wash came with her little friend
Her name Rene the same of my friend

Rene from Holland
A big boy was in Sydney for one year.

8th Day:

A las 8.45 am Mrs Rich call me up, estuve en mi cama orando a mi Dios en inmi corazon y mente.

Dichosa Yo de tener un Dios
Dichosa Yo de tener un Padre
Poderoso, grande, amorosa Yo de tener un Dios
A quien orarlo, y pensarlo todo los días
Por quien Yo vivo, sin El no soy nada.
Dichosa Yo de tener un solo Dios
Quien es un Dios justo, amoroso para siempre
Quien pues se igualara a El?
El hombre lo tiene su imagen
Pero es pequeño para mi Dios
Mi Dios es único, que se duele
Quien lo ama y quien lo recuerda
Porque no recordarlo El fue que hizo
Todo lo que existe en el Universo
Y ama y es vengativo de quien
De quien no la recuerda?.

Cerca las 9am Mrs. Rich como siempre tomaba su te, cuando suena el teléfono y Miss Brighten contesta y era Dr. David y dice: good morning! Y como esta mi madre, Ella esta bien!, contesta, y esta tomando su te en el cuarto Sunny room, puede esperar le daré el teléfono para que pueda hablar con ella.

9.30am Sandra came to have her bathe to Mrs. Rich, I was with her showed the Herbalife, también vio el numero de telephone de

Paul que me llamaba para ir a su meeting, y Mrs. Rich said: "How ever never had before".

Anoche tuve dos sueños, uno de Mrs Rich y el otro para mi sola. después como me gustaba regar las plantas estaba con la manguera regando.

Cerca las 12pm Brighten to Mrs. Rich pregunta que va a tener para su almuerzo, Ella dice quiere pescado con mantequilla en Microwave over Heat well y vegetales así le gustaba siempre comer el pescado, con una pequeña tajada de pan, era una señora molestosa le gustaba hacerme dar vueltas muchas veces todo los fines de semana era así, lo que pasaba le gustaba molestarme sin limites.

Miss Brighten show 20 times turned
The Kitchen to the Sunny room
For bring and made again
Miss Brighten said: You abuse me!
And said put of the light
Is going to much the electricity
And go a your room there
Washed the more "long, long, frailer".

Cerca las 2.15 pm se fue a su cuarto a ver una película, y no sabia que quería decir Mrs Rich, y terminaba muy cansada, siempre era así los fines de semana, terminaba muy agotada, después decía demasiado electricidad era insoportable y se fijaba en todo completamente una judía.

2.25pm

The garden man is the looks
Because has first beautiful
Smell te plants and flowers

29

Today I had aromatic olor the flowers
Very beautiful are inigualable
The los aceites creados por man
Incomparable perhaps today is Sunday.

Arene vino at 2.35pm dijo: have you had a good weekend? Mis Brighten contesta hubiera sido tener mejor buen fin de semana, pero es OK, any way is finishes "the more long, long trailer" then Brighten se fue al jardín con Tresure a leer el libro de Mormón, porque no pudo ir a la Iglesia, mejor leer y recordar de mi Dios, Tresure estuvo fastidiada no quiso estar conmigo a mi lado sino se fue mas allá, esta sorda y se esta haciéndose vieja que lastima, luego me levanto y fui a la cocina hacerme una tasa de limonada y terminar lo que estuve leyendo, ya era 5.30 pm estuvo ya oscuro y se fue a su cuarto, y el día estuvo maravilloso por ese sentido nada de quejarse terminado el día hasta la próxima semana.

At 6.30pm Brighten se fue a Mrs Rich a preguntar que va a tener por comida y ella dice Arene va hacer el pollo que a sobrado, no te preocupes, y se sento a ver los 60 minutos un programa favorito, pero a Arene no le gusto entonces lo cambio, eran bien desconsideradas no les importaba los sentimientos de nadie solo ellas eran las interesantes.

9th Dia:

Brighten se levanto cerca las 8.30 am con las miras de ir al Club hacer ejercicios y luego a jugar el bingo en el otro Club donde por seguro tendrá el almuerzo solo a unos $2 Dollars, cuando regreso a casa, Mrs. Rich dice has pagado la electricidad todo el exceso que as usado, si le contesta, esta bueno es considerable hacer y paga lo que se gasta. Después dice habrás buscado tu cuarto donde irte si, desde el ultimo diciembre estoy buscando para irme porque paraca es algo difícil son personas que son son felices parecen tener la mente enfermas, ademas usted me dio el peor cuarto que es de sirvientas, que es opaco y pequeño y queda cerca la cocina, no es justo y por fin de semana lo hace trabajar duro tampoco es justo.

Miss Brighten got room of servants
Dark, small and unpleasant carpet
She works on the weekend por it
The room is cost $150 dollars
That she payed por the weekend
En works so hard por that
Mrs helps said you must pay
You spend a lots electricity
Miss Brighten said: that is ok.

One room $150 Dollars is for flat, estuve buscando un flat desde el ultimo diciembre y eso me an dicho, Aren decía: Ella paga por el cuarto y $24 dollars por la electricidad, Mrs Rich, dijo: "I don't like to abuse of me" es perversa a ella si le gusta abusar de mi, que ayude a Arene y por fin de semana me hace que trabaje mas de 20 vueltas y termino cansada.

You have to dance
I hated, all the time done that
For nothing, is unpleasant way
Every one gets a profit of me
All is inhumane been
They selfish and nasties
I being like that for 15 years.
I'm sick of every thing
I hated all to do to me

I can not endure any more
I hated as well who pretend
Is not fear to get abuse of me.

At 7.20pm Tresure estaba conmigo y hacia terrible ruido con su nariz para esto fui a ver que pasaba con su cama, estaba tan mal pequeño, y no lo daba de comer bien por eso su pelo se caía mucho por alfombra ya hace un ano que no se caen y le doy de comer y esta contenta, y dormía conmigo porque Tresure, "Eat and sleep likes a dog" hasta que lo mandaron poner una ampolleta que muera. Miss Deaf said:

"Tresure love her, So do I, I hope is truth, I love animales like a human beings".

10th Day:

Hoy día iré a a la peluquera es una tienda de unos Italianos, dos hermanos, y allí siempre me corto el cabello se ve muy mal, ellos cobran $20.00 no esta mal, así que 10.04 fui a Jersey Road casa de mis familiares, y era para recoger mis cartas porque allí estuve viviendo unos 9 meses, y dormía el suelo y pagaba $50 dollars a la semana. Y salí de allí porque lo Ivan a renovar su flat y cambiar el pizo y no lo terminaban los trabajadores andaban despacio. Julia no estaba solo su mama, era una señora adorable de unos 95 anos, era muy buena.

Alas 4pm regrese a casa como siempre entre a saludarlo a Mrs. Rich y estaba con visitas con su amiga Mrs. Woods, luego salí a escribir y luego ir a la cama después de un buen bano tibio, y ya estaba en cama cerca las 10pm paseaba por el corredor y llamaba Arene, Arene, Arene, y ella no lo escuchaba luego salí y le digo que pasa Mis Rich y luego dice: Arene are you there! Se había dormido, I push the wheelchairs to the bathroom, and live there

y fui a llamar a su cama a Arene, Arene viene y le dice: Mrs Rich
You are full sleep?.

What a irresponsable servant
I can not understand
She is slow deaf
And eat the best food
To Mrs. Rich gives the worsted
And, she wants works less
Every day, I think, she is old.
She need retired and rest.

11th day:

At 8.30am Abrí mi puerta para que salga Tresure y vaya afuera
a tomar su leche, después haré el jardín y lo sanare a Tresure
porque ya hace mucho semanas que no lo bano, luego iré al Club
almorzar cerca las 12pm. Luego a jugar el bingo gane $5.00 dollars,
y $100 dollars, luego lo ponía a la maquina para jugar. así que
decidimos ir a ver una película Don Juan al Club in ESC era
graties, y terminaba a las 9.15pm y me regrese a casa cerca a las
10pm, ya después de darme un bonito fui a la cama a descansar
estuve bien cansada.

12th DAy:

había dormido profundo and me levanto cerca las 9.15am,
para ir rápido a tomar el bus y ir al Club hacer ejercicios y nadar,
como de costumbre ir a las 12pm al otro Club almorzar y jugar
el bingo, a la salida fue a las tiendas a ver ropa de bano, que
necesitaba uno, los que tenia ya estaban viejos, pero al llegar a la
tienda estaban caros $200, $300 no podía pagar tan caro así que

me volví desconsolada sin comprar mi ropa de bano seguiré con mi viejo vestido.

Cuando regrese a casa Arene me dice put the light in on, después I fui a mi cuarto y de rato Arene call me again and said: Mr. Rich call up, I said what for? Arene said, I don't know, fui para ver que sucedia y Mrs. Rich dice puede hacerme una omelet de hongos y mint-a y anion, I said:is ok I will made for you? The en 10 minutes it was ready, y she said thanks very much is very nice, Luego Miss Brighten said to Mrs. Rich what is going on? Arene told me put the light in on, and not told me Please! and Mrs. Rich said: she is not mean rude?

I don't know what is going on?
I am always nice and pleased
Please don't made me upset
I am sick and tired of every thing
For long time ago I was bear
To every one they nasties
They made me endure every day
I am not a little girl any more
I am person mature and responsable
When I don't like, I don't like
I am no silly any more
To bear they nasty over and over
For long time I was dance
For any where, any time
Now I am sick and tired
One word I'm sick of every thing,
I need love and protection.

At 9.30 pm ya terminaba de leer por segunda ves el diario de Anna Frank, una niña de 15 anos había escrito todo lo que ocurría

en esos días de su vida real con sus padres en Alemania. yesterdays
recuerdo que unas damas decían

> That is Dr. Alexandra!
> He moves de one place to other place
> And another place and very busy
> Because is single man and funny.

Today on the bus talked about same thing and said:

> Now has eyes!
> Before was blind,
> That is very silly
> Because the people sins
> See with eyes carnales.

Tonight I will finish to red the love letter of violent and others
poems, ya son 9.45pm.
I like Eric Mackay:

> Said the writers
> Victor Hugo the king! Alive
> To day, not dead! . . .
> Our Shakespeare Rest! The grave
> Of him whom all were proud to follow
> Because he joined to Platon's Brian
> The franchise of Apollo,

Eric Mackay said:
But I am made to love. I am not wise I am the worst of men to
love the best of all sweet women! An untimely jest, a thing made
up of rhapsodies and sighs, and unordained on earth, and in the

skies, and undesired in tumult and in rest. He is a king to and rest. 10.20pm.

13th DAY:

Me levante cerca las 7.30am, porque Arene estuvo haciendo bulla con los que estaba lavando en el lavador de platos the zinc and hacia tal bulla, cerca las 8am me levante de mi cama para abrir la puerta y que salga Tresure afuera y que tome su leche, a las 8.20 am fui afuera para barrer las hojas que habían caído muchos, y como me encanta hacer esto mas el día estuvo muy hermoso, y pensaba que debo ir a Bondi Junction hacer mis comprar y poner mis tarjetas para el extranjero, y mirar ropa de bano que no tengo o mejor dicho están muy viejos necesita cambiarlos, así pensaba y cuando un pajarito cantaba cerca a mi y decía lindas líricas y luego rápido se fue, ya era las 8,45 am, debo salir y volver porque tengo que dar almuerzo a Mrs. Rich, el clima estuvo precioso con 28 de gris, salí muy rápido y ya regresando era las 12 pm, y cuando vengo lo mostrar mis compras a Mrs. Rich y ella estaba en el jardín afuera, pronto tendremos el almuerzo soups hongos and pop, con helados de vainilla. después de lunch me pondré a regar las plantas porque están secas hace mucho sol, luego agarro rosas rosas para mi y para Mrs. Rich. A las 4.15 pm ya estuve en la cocina para freír el pescado con huevo y harina, para la comida, Y el pescado tengo que hacerlo como Mrs. Rich le gusta, en agua hirviendo se pone el pescado sal y cebolla, y luego batirlo el huevo para después echarlo al pescado que estaba cocinado con mucho cuidado, y echarlo limón y había hecho arroz, ya listo y terminado estuvo delicioso. De dulce tuvimos chocolate dulce con crema de dinner terminado at 6.30 pm rápido lavaba los platos y ponía en orden la cocina para el día de mañana, luego ir a sentarse con Mr.Rich en sunny room y ver TV hasta 8.15 pm

The deaf girl, and naughty
Had dinner at 5 pm
The cake all, and bread,
She was own food as well.

9.20 pm Mrs. Rich estuvo en el bano, ya son 9.25 me llama para que vaya y vea lo que esta haciendo, lavándose o remojando los pies, luego sus dientes postizos se saca y lo lava, después se cambia su garmentos par ir a su cama, y cuan do se va a su cama toma sus gotas de remedio con un vaso de agua, y cuando esta en la cama se hecha su crea a su cara u poquito usa, así que su crema le dura meses, que paga a su nieto $50 dollars, según ella lee algunas veces hasta que se duerma.
Algunas veces llama otra ves para decirlo a Miss Brighten: don't give any orders?

Mrs.wash need orders
Her bath Mrs. help untidy
And very dirty, block the heavy
The towels need change and wash
Sam cloths as well
unvelive the last servants
But Mrs. wash give order to Miss Brighten
As well miss Deaf said; how much?
Change (for me) this one, give order
That's the servants work for money
They don't care for themselves
Les for the people work.

Un día antes de hoy día, llamaba for teléfono y decía: she is free (Brighten) yo estuve sentado haciendo mis unas y pintándolos, después tengo que cocinar y barrer la parte de atrás que caían muchas hojas de los arboles y luego regar las plantas, porque el sol era tremendamente fuerte, así cuando estaba ocupada haciendo las cosas, llamaba a cada rato con su campanilla y tenia que estar atenta a su llamadas.

14th DAY:

Estuve escribiendo lo que sucedía de todo los días era cierto las actitudes de los que vivan allí, eso es lo pasa todo los día en la casa de Woollahra Home, hoy día ya es 10 am estuve en mi cama meditando que había despertado a las 4 am, y escuchaba mi radio, y al mismo tiempo los pájaros de afuera cantaban lindas melodías, que daban gusto de escucharlos y veía que el sol era muy bueno y estaba muy hermoso.

A las 8 am fui abril las cortinas de Sunny room, luego fui a decirlo que le diga a Sandra que lo ponga sus toallas a la maquina que se lave no le gusta cambiarlo solo lo bana no es bueno. Luego Mrs. Rich contesto ella sabe lo que hace y déjalo sola no te metas en nada. Miss Brighten contesta: she is work and you gives money ella no le hace un favor.

Por estas alturas, estuvo lista para preparar the Chuck, porque Mrs. Rich tiene invitados, así que se pondrá las papas, zapallo, y las zanahorias junto con el Chuck, ya so las 12.am lo había sacado para ver como estaban, y el Chuck estaba muy jugoso, pero las papas no se cocinaban todavía, así que lo puse de nuevo al horno.

Había puesto todo los platos a la mesa y ellos estaban sentados en la mesa y cuando lo vio Dr Tal! Dice no esta cocinado bien, entonces lo puse otra ves al horno por unos 15 minutos mas, luego lo presento a la mesa, y miss Brighten dice: espero que en esta ves estar bien y se podrá disfrutar del pollo y sus vegetales, Dr. X…. comienza a cortar y poner en los platos a Mrs. Rich le da el pecho,

y para el se pone la ala y la pierna, y para mi me corto pecho, y
pensé 1983 lo conozco a este hombre que había venido con sus
postizos y ropa del hijo de Mrs. Rich, así que miss brighten en esos
días estuvo muy enojada, en la mesa conversaba y decía que no
tiene compañera, y yo le digo salves lo he visto en algún lugar, Yo
pienso que es esposo de Mrs Kiss, Yes, contesta, luego conversaba
de su casa que tenia mucho jardín y animales como Kookaburra
y esta trabando mucho en el jardín.

Ya son las 2.18 pm después de lavar los platos miss Brighten
se fue a pone su ropa en el cordel, y luego se va a su cama por 25
minutos a descansar, y después sale con Tresure va regar las plantas
al frente y atrás de la casa, el clima estuvo un poco friolento, pero
no mucho estuvo para estar contenta.

Mrs.Helps wearing pretty dress
The two pieces flash colores
Purple light and dark.
Mr widow wearing nice silk blue
Miss Brighten with tissue and
Trousers blue old sport and jaguars
Just a wearing uncommon
Of the people, middle classes
The table lovely dishes
With 3 candles a small flowers
The menu, roster chicken and
packing, potatoes half cook
And delicious quake, apple-cream and cream.
Both had then nice black coffee.

En la mesa Dr. window fue áspero como tirar la sal y la
pimienta igual a un ignorante hombre, también mi silla lo puso

fuera de la mesa, áspero lo tiro después conversaba con Mrs. Rich ensenado su oreja izquierda que debe escuchar, y para mi afortunadamente nada.

"The man never satisfied to listen And never satisfied to see,
if listens and sees well"

El ser humano, debe ver su mente and not el cuerpo, porque el cuerpo se carcome con los pecados o transgresiones, pero el espíritu nunca muere solamente se carcome por las transgresiones de su cuerpo, eso es la razón todo depende del cuerpo para que el espíritu Amate a su Dios que lo a creado, también si ama a Padre Creador nunca será humillado porque ama a su con prioridad a su Dio.

En la mesa cuando estuvimos comiendo Miss Brighten pregunta the last book of Mrs. Kiss, y su esposo viudo contesta "the Run Elefantes" después dice: "I am think she was drunk"

"Miss Brighten isn't miss dull or
Mrs Wash or miss Cushion
She is common worked"

A mi no me gusta personas que quieren conseguir lucro a la fuerza no son buenas persona, y que solo tratan de hacerme caer y humillarme, porque yo no tengo esposo, menos novio, solo vivo sola, porque nunca me llaman por teléfono como unos amigos que valen la peno sino solo para tener lucro no es bueno en la vida. Yo ama a mi Dios quien me ama and has glorioso peso, and I had only one God que hizo todo el universo y no dos dioses como otras personas tienen.

15th DAY:

A las 8.45 am I went to see Mrs Rich she was sleeping, luego me fui al bano, después Mrs. Rich me llamaba para que lo lleve su te como siempre, Sandra vino ese día con dos amiguitas pequeñas, Rene y Abbey, después lo lleva al bano a Mrs. Rich y yo a tomar desayuno, y dar su leche a mi querida Trusure, que siempre estaba conmigo era inseparable siempre me sequía adonde voy en la casa. A las 10.30 am Mrs Rich toma su desayuno y le digo su vestido esta muy bonito, también le dice me gusta verlo todo los días hermosa y feliz y ella contesta que su amiga lo a puesto un vestido bonito porque tendrá visitas, miss Brighten a las 11.30 am sale y se va hacer el jardín poner plantas en los macetas que era de cemento pegado a la pared luego barren com todo los días le gustaba hacer porque vivía allí, pero los demas no reconcilian nada mi trabajo poreso siempre les despreciaba porque eran personas que solo querían sacar lucro de mi.

A las 1 pm viene a Mrs. Rich con el almuerzo que era pecho de pollo con jam apple and juice Orange, también para mi era igual pero con helados, a las 1.45 pm estuvimos viendo el maratón de 19 kilómetros en Sydney, the ganadores 2.10 pm Japón, segundo Mexico, 2.30 pm mirábamos de las mujeres ganadores Rusia (Alia Aovare) y en segundo lugar Poland y tercero Rusia (Tatania).

Después lo enseño a Mrs. Rich lo que había hecho compras el Viernes, de dos piensas de bano y toallas, que había comprado en Grace brother y David Jones, pero ella nunca me decía esta bien o bonito nada ignoraba todo, después nos pusimos a ver en la TV un programa de "my Secret garding" 1987.

Arene Arribe at 3 pm so I was ready to go our, then I went inside back yard to pick the clothes, them was dray and well, so I pick and put all in my bed and went to the Parque, the day was sunny day and hermoso, después que he caminado un poco solamente, tuve que tomar el bus a las 5.30 pm para ir a Waterloo donde que una Iglesia de Pentecostés porque mi Iglesia de los Mormones no sabia donde esta ademas era en las mananas y yo tenia que trabar con Mrs. Rich. Bueno lo servicios es hasta las 8.15 pm desde las 6 pm, y luego tengo que tomar el bus para regresar a casa llegando ya era 10.30 pm cuando llegue a casa Arene Me dice serraste la puerta y apaga las luces?, luego me fue a la cocina a tomar sopa porque tenia hambre y luego a banarme y dormir plácidamente feliz que me dedicado a mi Dios es mas maravillozo para mi, ademas estuve cansada de trabajar todo el día desde las 8 am hasta las 10.10pm.

16th DAY:

Me a las 8.00 Mrs. Rich estaba llamando a Arene, pero ella estaba viendo TV en Sunny room, y le digo Mrs. Rich te esta llamando, you are working and not in your holiday.

9.50 am después de tomar mi desayuno ya estuve en la esquina para tomar el bus, he irme al Bondi Beach para darme un remojón estuve allí hasta las 10.30 am luego me fui a tomar el bus para irme a ESC para jugar el bingo, después tomar el bus otra ves para ir a ORC y había llegado a la 1.15 pm para almorzar pollo a la braza con ensaladas con $2.00 dollars era magnifico y de allí jugar Bing otra vez, cuando llegue al Club me dice Glen el Manager Hello Miss Brighten?, pero estuve con otra persona y corriendo me pase a jugar el bingo eso a sido mi vida. En el bingo había ganado $10.00 dollars, y luego me puse a jugar las maquinas con$80 dollars era incontrolable y uno no se puede controlar, pero para mi no tenia dinero solo supperanuacion eso era todo, y todo lo ponía a las maquinas, y decía que un día voy a tener dinero y los trabajadores del Club decía que soy la dueña, y que voy a recibir bonos, todo era solo palabras de sirvientes, mas de cuanto tiempo estuve allí y nada, era atroz, y que no podía haber una noticias ciertas y creer y se va a realizar que un día sea dueña y tenga mas dinero y no andar como una pordiosera de un lugar a otro eso no es de personas inteligentes que verdaderamente publican mi vida, lo hacen con solo una conveniencia para que este bailando y hacerme sentir feliz eso no puede ser, me tienen harta.

A las 2 pm llame de mi teléfono a Julia porque era su era el cumplido anos su madre que se llama Jesus, y ella se encontraba con su hermano hacia dos días, porque su cocina se había quemado las orillas, y me dijo que había recibido una carta que tenia que pagar, pero no fue mi culpa, yo había puesto el papel silver en la cocina y seguro ella tiene en mente que fui la culpable, pues yo le dije yo no soy culpable hubo un accidente, yo no tengo porque pagar, es tu cocina y tu tienes que solucionarlo.

7,30 pm ya había llegado a casa, Y Arene trae su dinner a Mrs. Rich yo estuve en la mesa escribiendo, después se me paso el tiempo ni hambre tenia por escribir mi diario, luego al escuchar a Tresure me fue a la cocina a comer un plátano que estaba muy maduro y muy rico. después fui a donde estaba Mrs. Rich y le digo como esta, y ella me dice recién llegas no le digo hace una hora usted estaba dormida y no le disperte, luego me dice el día estuvo algo mal y per eso se sentía mal pero que se hace así son las personas viejas, no se porque estoy viviendo tanto.

Ya son las 7.50 pm, llame a mi amigo G. Masseles, donde estuve trabajando en Dray Cleaning Rose Bay por 2 días pocas horas su esposa contesto y decía a salido daré tus mensajes.

Tresure estuvo conmigo en el pequeño cuarto algunas veces me ponía un confortable, pero era mi compañera y rápido se dormía. Hoy día había recibido unas cartas uno era de Postal Address de mi superanuacion: G.P.O. Box 5328 Sydney NSW 2001 con mi diario que me mandaban anual.

17th DAY:

8.20am el día justo era perfecto soleado no viento ni lluvia estaba maravilloso, tome a Tresure y me fui a pasear al rededor de la casa, y a Tresure le gustaba caminar se sentía muy bien conmigo, cuando regreso me iré al Club hacer ejercicios al Club in the at 9.30 am I was in the club and doing a Lots ejercieses and made me so tired, Pero así fui al Club ORC almorzar era bueno y muy cómodo para comer por ser miembros, ademas jugaba las maquinas con $13 dollars y salí con $40 dollars para hacer pequeñas compras y ademas mi ticket semanal para bus y tren, luego regresar a casa cerca las 5.30 pm y como siempre deje mi compras y salir a regar las plantas y poner mas rosas, era mi pasión ver el jardín verde y que floren, y cuando estuve regando una pequeña long Shanked me pico mis pies y manos que me causo una comezón enorme y me duro por varios días.

A las 7 pm me regrese hacer mi comida sopa de ayer que tenia hecho de carne freída y papas espero que este rico. A las 7.30 pm ya estaba en mi cama cansada, y Arene me toca la puerta y dice Mrs. Rich quiere hablar contigo y voy corriendo para ver que dice: solo quería saber si estaba en casa, luego me regreso a ver los graciosos videos en canal 9, hasta las 10 pm y escuchaba que Arene lo llevaba a Mrs. Rich al bano y decía: Good Night Brighten! Y salgo y le doy un beso en la frente, algunas veces era una señora encantadora, pero otras veces solo mala era conmigo, así que apague las luces y dormir hasta el próximo día me quedaba dormida muy profundamente. Hasta que Arene a las 6.30 am hacia demasiada bulla que lo dejaba correr el agua al lavandero y por cierto que me despertaba.

18th DIA:

Me había despertado a las 8.15 am para ir al Club Milsons Point, para jugar bingo y yo le digo a Mrs. Rich que me iré al Club

44

Milsons Point? Luego me dice que hay allí! Luego le digo: muchas mueres de mayor edad, también son personas que caminan con sillas de ruedas y o también con bordón, y ellas se ven muertas del alma, porque no recuerdan de Dios. Ellas tienen bastante experiencia de la vida pero no recuerdan a Dios que nos a creado, igual a Job:12-12 dice:

"With the age there is wisdom, and days prolonged bring insight"

Hoy en nuestros días las personas cuando quieren molestar a los demas inventan tantas cosa malas que no debe ser así en personas de edad avanzada. Muchas les gusta criticar, murmurar, y mentir de otras personas hablando mal que no tienen nada de entendimiento. Job; 32 - 9

"It is not the age who wise, nor the elders who understand what is justice"

Toda las personas agradables for su edad avanzada se ven maravillosas, en Pro: 20-29

"The glory of young men is their strength: and the beauty of old men is the grey head".

Luego deje la casa cerca 8.55 am, para tomar el bus para North Sydney el numero fue 200, luego del paradero no es mucho para caminar, fue algo different porque no camine mucho porque hacia mucho sol y estaba caliente. En el club estuve hasta las 12 pm para regresar a King Cross donde tenia usual mente almuerzo por $2 dollars y muy bueno y una de las damas del Club me dieron un pequeño paquete de alfiles y agujas, donde estaba sentada con mi amiga Messi jugando el bingo, y esta señora me dio lolies, pero no lo acepte estaba llena de haber comido con tantas ganas el almuerzo tan rico. A las 2.30 pm regrese a casa cuando llegue Mrs. Rich estaba viendo TV, luego me pase pronto a darme un bano y luego a saludarlo a la señora Rich. después de conversar Con Mrs.

Rich salgo con Tresure al jardín pero con mala suerte los zancudos me volvieron a picar y ya cansada regrese a mi cuarto a ver TV, antes Mrs. Rich me llama y dice: Dile a Arene que me traiga mi te, luego voy y le digo a Arene que estaba en su cama Mrs. Rich dice que lo lleves su te, luego ella dice: tu lo as puesto los limones a la mesa verdad? Luego le digo porque tu solo me ordenas?, entonces cuando le digo algo para ordenarlo tu no me escuchas te haces la sorda, tu si quieres que te haga caso todo el tiempo verdad? Otra ves le digo Mrs. Rich quiere su te, luego lo deje para escribir y concentrarse que estoy escribiendo., ya son 6 pm regrese a mi cuarto a escuchar las noticias del día y alrededor del mundo.

The naughty girl was very crying
On the door, when I arrived
Take downstairs and comb her hear
After take around the gar-ding
She doesn't like at all stay with me
She is very naughty dog.

A las 6.30 pm fui a la cocina para poner un pie in the oven en ese tiempo hacia ensalada, también le di la comida de Tresure, Arene me dice le vas a dar la comida a Tresure si lo dare, luego Mrs. Rich quiere mi pie, yo le di yo comí otra cosa, después me regresa el Pie y dice no quiere comerlo entonces le digo si quieres eat up, You Arene, y ella dice no tengo hambre, luego me dice guárdalo para tu desayuno, lo puse al frigider son personas graciosas quieren y no porque serán así, luego me dice nosotros somos Australianas y no comemos mucho, solo sandwich all the time.

Hora que llegue alse mi cofre
Es de lonza pesada
Misterio estaba pecado en con la tapa,

La agarre las dos y no se cayo
Y lo puse mi esclava de oro
Que misterio me vendra
Yo mismo me sorprendí
Yo nunca digo a nadie mis misterios.

Cerca las 9.30 pm Arene dice: El Californiano siempre debes seguir sus pasos eso es porque no pagas, Mrs. Rich dice: Don't miss to much her? Yo estuve viendo TV en mi cuarto la película 'Cold sweet" untill 11 pm y las noticias a las 12 pm, luego dormir como una dulce niña.

19th DAY

Al día siguiente me levante cuando Arene estaba en la cocina haciendo bulla lavando una taza y una cuchara con el agua que corría y por eso era la bulla, también comía una zanahoria y Apio lavando las cosa. Era exactamente 8.30 am rápidamente me levante y vestí tenia que ir al Club Milson Point a jugar el Bing hasta las 12pm y luego rutina vida volver al Club de King Cross almorzar. Me gustaba siempre pasar por el puente tan hermoso y ver la vista ambos lados y es maravillozo quien se puede olvidar, iba y regresaba por el mismo lado, tiene una grande vista también me gusta correr por allí porque vale la pena asar en bus o tren o a pie corriendo y darse el buen gusto de la vista tan maravillozo porque me gusta por eso es que menciono siempre.

Legando a King Cross y luego al Club como siempre a tener mi almuerzo en esta ves era asado de pollo, con vegetales y pan con ajos, mire donde sentarme y lo vi a Messi estaba leyendo un pequeño libro luego me senté con ella para almorzar ella no almorzaba porque venia comiendo de su casa que no vía muy lejos del Club, después del bingo me voy a la maquina a jugar unos pocos dollars que tenia, y se jugaba con un dollar parece mentira algunas veces se ganaba ademas era un buen entretenimiento para mi. A las 3.30 regresaba a casa cuando Mrs. Rich estaba sola en sanny room, llego lo saludo luego le digo quiere tomar un te, luego ella me dice y tu quieres tambie si le digo, entonces fui hacer dos tazas de te para mi y para ella y estuvimos viendo tv hasta las 5.30 pm luego me fui a darme mi bano porque estuve cansada de estar todo el día afuera y el mismo clima hace que uno estuviera cansada.

'I change my bed, I thing is near 9 days it was done"

Ya son las 6.20 pm me iré a la cocina a comer el pie de ayer, y a las 6.45 pm Mrs. Rich llama a and decía Brighten!, tell to Arene brin my blandí, y cuando voy a decirlo a Arene, ella dice: tu debes saber como se da su bebida en medidas, luego le digo tu tienes que llevarlo, Mrs. Rich no tiene dos sirvientes que traban toda la semana, le gustaba protestar y siempre le gustaba ordenar me, por eso lo despreciaba a Arene. Sabes Arene estoy cansado de todo esto que siempre es la misma vaina de decirte que no trabajo dentro la semana, luego me decía siempre hay mucha comida en el frigider y mucho espacio para que lo pases bien. Yo ayudo bastante y Arene dice always helps also, pero tu siempre eres desobediente cuando te digo que debes hacer, no es verdad? Yo no tengo obligación ayudarte porque no no eres buena conmigo, ya son 8.05 pm Tresure estuvo llorando para ir afuera y no quería venir adentro por la nada.

About 12.30pm I was talking
With a divorce man on the bus
His name Ford, we chatting
A lots things I was talking allowed
To hear the all ladies were there
All from the Club ORC

Any way I was tell him
Always I keep myself
Because that is much better
I have muy own way
And had my hobby.

A las 8.20 pm de todas manera el día se había terminado y cansada ya estaba temprano en mi cama descansado y debo dormir mas. Cuando escuche que Arene con Mrs. Rich venían por el corredor para el bano y Mrs. Rich decía: no sabes que cuando yo gasto en papel higiénico, y electricidad, también hay mucha comida en el frigider, así decían para que escuche, pero Mrs. Rich algunas veces se fijaba en tantas pequineses, pero no se fijaba cuando yo compraba comida y lo daba hasta sus amigas cuando venia a visitas, ademas la comida que había en el frigider era que yo compraba porque tenia que comer en el desayuno y en la noche, También siempre ayudaba a Arene en cualquier cosita que estaba a mi alcance, porque Arene se sentaba en la cocina algunas veces sin hacer nada y estaba como una mujer tonta.

"Miss Deaf sit like silly there, she does't do any thing"

20th DAY:

Me levante cerca las 7.45 am para ir al Club y hacer ejercicios (YGM) y como siempre irme a otro Club para almorzar y jugar el bingo, y a las 8.45 am estuve tomando el bus para el Club donde estuve hasta 11.30 am y retornar a la casa.

On the corner I catch from the tree
Fruit of strawberries nice and sweets
Was belong to the neighbour
And I eat a lots was very nice and sweets.

49

Cuando llegue a casa Arene estuve en la puerta esperando porque tenia que tomar su bus y irse a su casa por el fin de semana, y cuando me vio dice Mrs. Rich Brighten esta aquí, y luego dice tengo que tomar mi bus, luego yo le digo: disfruta tu fin de semana, y nos veremos el Domingo. después dice Mrs. Rich que vas hacer? Y le contesto barreré la parte de atrás y de adelante porque se ve muy mal, como no hubiera personas que viven. Luego recogeré los limones del árbol, luego lo exprimir y lo haré en bolos para ponerlo en el frigider y que se conserve mejor, luego a la 1.00 pm le traeré el almuerzo sopa de hongos y pollo y pan tostada para las dos luego comeremos dulce, también are las macetas lo cambiare y lo pondré en nuevas plantas, todo esto are hasta las 4pm para regresar traer su te con cake de plátanos, y Mrs. Rich dice que esta muy rico. A las 5 pm estaré haciendo el dinner será pescado y vino, para eso se necesita fideos, sal, agua, cebolla china luego se hecha un poquito de vino echar Ginger ground, Nug Meg, se hace en Macroway por unos 8 minutos no te olvides 1/2 tasa de vino, yo pienso lo cocinare cerca las 6 pm mas are puré de papa y comeremos cerca las 7 pm.

También hoy día received a mail a Report from fashion magazines Maria Finlay as el reporte on "Melbourne cup dressing" espero que sera el 29th this month, the desinadoras from top Europea Louis Fesaud, Cerruti, Laurel Baster and Yorell, todos vemos my bonito los disenos.

New South Wales
Corn Bay and Cross Street
Double Bay and Elizabeth St (266591)
Chatswood chose (4119111)
What will sweet tomorrow?
Tomorrow! Tomorrow!
Tomorrow will sweet tomorrow?

Hoy día puse las flores de rosas secas que Sandra había cortado del jardín al Sunny room, y lo cambien por otras flores diferentes por Mrs. Rich. también lo puse para mi habitación también, (magnolia) pero mis rosas en mi cuarto no mueren rápido, se conservan tan bien, no lo se en el Sunny room mueren rápido.

Mis flores no mueren
Mis roses duran días y noches
Yo me regocijo con ellas
Que viva creación creada,
Son hechas para que mis ojos
Se regocijen tremendamente
Asi como el cantar de las aves,
El sonido del viento,
El calor del Sol hermoso,
Que linda mi creación
Gracias Dios mío, tu eres mi Dios.

A las 7 pm la comida estuvo listo, que era vine Fish con fideos, estuvo muy rico pero Mrs. Rich quería mas jugo de pescado, y Brighten dice ya no hay todo se a echado al los fideos. At 8.15 pm Mrs. Procter (su hija) lo llamo por el "Día de la Madre" y conversaban mas de 15 minutos de Perth, de todas maneras fue una llena de historia, y después Mrs. Rich dice "quiero tu cake ahora and le doy el queque y le gusto. Ya son 10.30 pm Mrs. Rich se fue a su cama, luego de atenderlo Brighten cansada se fue a la cama también.

21st DAY

The día estuvo muy mojado, porque había llovido en la noche y seguía lloviendo. A las 6.20 escuche que el periódico fue tirado a la puerta, luego corrí para ver que de nuevo había, pero pareció que lo había tirado solo lo dejo en mail box (yo pagaba por periódico) pero Mrs. Rich decía traerla que pueda leer, y lo obedecía y lo daba, luego me dice Arene no esta aquí hace el te y tráelo pronto, a las 8.45 am luego me dice ayudare con el garment dress hasta que venga Sandra a darme un bano. Antes Mrs. Rich estuvo hablando con mrs Scots decían que no vendrá porque el clima esta muy mal y no esta bueno para salir de casa. El tiempo se paso Sandra ya estaba en casa y ponerlo lista a Mrs Rich que tome su desayuno en the Sunny room, también dice que lastima Mrs. Scots no podrá venir por lo tanto no tendrá vistas, miss Brighten dice esta usando un rico perfume y ella dice es Christian Dior, es igual a Camila que esta al frente de la casa, ya son 9,50 am Brighten se ira a lavar la cocina y preparar el pollo al orno con todo sus vegetales con naranja y miel para el almuerzo, Sandra dice por Miss Brighten te ver muy bien? Luego Mrs. Rich dice: "not too much" luego dice Brighten se va a sacar el cake del fresé para que se desyele para el almuerzo estará listo, también Mrs. Rich dice cerca las 3 de la tarde vendrá una pareja que son sus familiares primos a tomar te con cake de plátano y prepara el azafate con las tasas y azúcar, leche que este todo listo, cuando vengan no higa ningún mal entendido esta bien Mrs. Rich! también dice quiere leer el periódico, luego le digo la tv que este prendida, esta bien déjalo en on.

En el tiempo de tener el almuerzo solo las dos tuvimos en el comer, fue diferente porque siempre teníamos en Sunny room, solo con visitas teníamos en el comedor, y en la mesa Mrs. Rich me preguntaba acerca de mi familiar Julia, entonces le digo si también teníamos almuerzo con todo sus hermanos y sobrinos su mama los Sábados, es muy lindo estar con familiares especial cuando se come, luego me dice: que ella hace mucho tiempo no tenia porque todo sus hijos se an ido de la casa y su esposo hacia 40 anos que a muerto igual que su madre.

Cerca las 3.43 pm la pareja llegaron yo estuve en mi cuarto descansando y salí corriendo para hacerle entrar, luego a las 4 pm ya estaba listo el te y el cake de plátano, y luego seguro Mrs. Rich había comentado que hemos almorzado pollo al orno, y por eso me preguntaban como lo hice, y les dije que lo había puesto al pollo jugo de naranja y miel eso fue todo.

Now is 4.20pm

Mrs Help on the table
Was little nerves
She eat the chicken with her finger,
At the end was hurry
The wine lives behind
Said in my operation I have nerve
Was same off from my body out
And hurry to get up from the chair
To go in the Sunny room
Miss Brighten ask to Mrs. Rich for coffee
She answer the lunch was nice
She doesn't need coffee.

La pareja ya había dejado y yo me fue a mi pequeño cuarto, cerca las 7 pm venia a con la comida para las dos, que era sopa de hongos y pan tostado, de dulce apple con crema mucho le gustaba ese dulce y no faltaba en la casa se hacia en la olla de presión.

Miss Dull same times is silly
Las house keep blend
She forgot absolutely
The things on the frigider

She does not look at the pots
Doesn't care of any thing
I thing she is get older
The last house keeper
I am never sow in my life
And she has been nine years
Whit Mrs. helps in woollahra home.

Miss Brighten put in the bed to Mrs Rich también lo hice conmigo misma terminando la tarea a las 11. 10 pm con la Película "Pole Rider" ya estaba cansadisima.

22nd DAY:

Esa mañana estuve muy agitada para mi, después de una mala noche, estuve moviendo mi cama al otro lado porque había puesto un nuevo cortina a mi cuarto estaba muy oscuro y a las 6 am el teléfono sonó y Mrs. Rich estaba dormida pero luego se apago, y cerca las 7 lo traía su te a Mrs. Rich, y luego sonó la puerta sonaba ya Sandra había venido, a banarlo a Mrs. Rich, y Sandra dice Brighten as visto un pequeño juguete que traje para Mrs. Rich, No le digo, luego dice yo lo deje allí pero no esta o tal ves lo pusiste a la basura, no le dije yo no pongo cosas a la basura sin preguntar. después lo lleva al bano a banarlo, porque ya era cerca las 10 am

De todas maneras yo estoy escribiendo con el radio prendido, siempre soy así, me gusta escribir con el radio como compania.

Last night I was dreaming
A people they use to leave here
I think one man his picture
Is on the wall hanging.

At 11.30 am Mrs Rich dice: Jenny va estar por acá para el almuerzo, necesita calentar el pollo de ayer para el almuerzo, tendremos helados, todo estaba listo para la 1 pm. Y estuvo hecho la mesa en el comedor para tener el almuerzo, después Jenny dice: que no quería en el comedor porque se siente unconfortables allí, es mejor tener en el Sunny room, bueno así se hizo y tuvimos el almuerzo en Sunny room, y veíamos un video fue de un barrista con su cliente en la corte. Mrs. Rich tell to Jenny are you confortable? Yo pensaba se sentía nerviosa, y luego Jenny contesta Tu abuelita estás contenta? Mrs. Rich contesta Si querida estoy contenta? Otra vele le dice Are you enjoyé? Is very nice! Mrs. Rich contesta, has tenido pecho de pollo, Jenny replay no, no too much granmother, Mrs. Rich replay Arene va estar very desapoint! Jenny no contesta nada, y sigue comiendo, luego mira varias veces a su reloj, y se va a la cocina, Miss Brighten recojo todo los platos y lleva a lavarlo a la cocina, lavo rápidamente los platos y se regreso a sentarse con ellas y terminar el video, nadie comentaba nada, hasta que se termino luego rápidamente Jenny se levanta y lo abraza a su abuelita y a mi no me dijo nada Yo le digo nos veremos otro día, y saluda a tu mama de Perth, Jenny, y se fue yo lo serré las puestas.

Miss Brighten trabaja también duro
On Friday, Saturday, Sunday
She done exercises por two hours
Afternoon garden and pots
Cooks, fish, and attend to Mrs. Helps & deft
Sweep the away the left and petals
Saturday, looks after Mrs. Helps and couples visiting
Put the chicken on the oven with sweets potato,
Parking, potatoes, on the oven

And keep and moving until 2.20 pm
I finish very tired, very tired
Sunday gardening on the pots
And attending Mrs. helps and Mrs. upsets
I finish at 3 pm very tired
Miss Brighten works like 5 days
And Miss dull, she does not to help
Miss Brighten with her pay.

Now 4 pm the day de la tarde esta demasiado mojado, and
sigue lloviendo por el tiempo, no voy a ir afuera porque no tengo
ninguna paraguas no bus en en la hora que quiero, mejor me haré
una sopa de espinaca para mi sola.

Miss Dull, she stay en her room
She doesn't care, of any thing else
She has done, less, and less.
I think she is being to long
She is tired of every thing.
Own family came and go
They don't stay long in home
No one wanted look after an old lady
For nothing annoy here is like that.

4.30 pm Mrs, Rich dijo: quiero una taza de te, Brighten dijo:
I will tell Arene brin your te, Yes, that is right darling!, entonces
Brighten va a decirlo a su cuarto que venga a darle su te a Mrs.
Rich, después su contestación dice, tu no as puesto los platos
en su sitio lo he visto en el lavador de platos, Miss Brighten dijo
todo se a puesto en su sitio, y tu ven a darle su te a Mrs. Rich ok.
Arene Bring de te, luego le dice todavía hay el cake que Brighten
a hecho, Brighten contesta hay un pequeño pedazo para mañana

su desayuno, luego dice: Arene es fail de hacer es de zanahoria y plátanos, Mrs. Rich dice lo tienes los ingredientes, y Arene contesta si lo se hacer es fácil. (pero nunca hace)

> rain, rain, rain, is very wet
> thunder, thunder, now is raising
> Is wonderful for the garden
> I love all that, is beautiful
> All day is rain, raining
> Yes is rain, rain, rain.

Arene said: Mrs. Rich, they have been saving, I don't like this cake, to sweet, she is been saving, she doesn't pay on the weekends and myself I work very hard.

> The naughty girl is going to sick
> A lot times her night arm is shaking
> I sow often she does, and
> She keeps and moved uncomfortable
> She's getting, very old as well

Mrs. Rich went to the bathroom with Arene and she was tell her
"On the weekend she cooks, the most tender chicken"
Jenny estuvo para el almuerzo y dijo a Brighten que no a traído chocolates porque pronto desaparecen, y que traerá la próxima semana.

> Miss upset stand up twice and
> Show her annus to miss Brighten
> With her dirty Jeans, it is roughs
> Active-dad of care people.

23re DAY:

Me levante cerca las 9 am para ir al Sunny room y traer mi cuaderno que escribía, allí ya estaba Mrs. Rich y le digo buenos Dias, como a amanecido, y ella me contesta, "no muy bien en la noche me disperte varias veces" Brighten dijo: "mi madre era así también se levantaba y tomaba valeriana para dormir, era su te favorito y para nosotros también" "también tomaba una tasa de leche con miel" también le digo hoy día me iré al Club a jugar el bingo a las 11 am para almorzar", después me salía porque no me contestaba nada ni hacia conversación, me imagino que pensaba "no lo entiendo ni una palabra" "I Wish to understand what she said"como mucha veces me decía habla claro no te entiendo una sola palabra que dices, hablas en Spanish y no en English, pero para compararme con su Arene era lista esta señora, para **maldecirme tambie con toda su familia por la nada me aborrecían.**

Este día tute una mala noticia que recibe el mismo cheque que me había devuelto y no habían cobrado que mande a mi hermano en el Peru, 1 de Enero de 1995, una senal telex de NY, USA había pagado $10.00 dollars por la mandad fue ese día tan malo, no comente nada ese día, regrese a casa cerca 8.30 pm estuvo lloviendo pero no me moje, llegando salud a Mrs. Rich and Arene estaban en de Sunny room, luego comente del día y también de una tarjeta de Navidades que recibe de una amiga of Perth Moira (Farm girl) fue muy lindo recibir de ella.

A la 9.50 pm ya estaba poniendo me mascara a mi cara de Herval Clay (black Mores) por 20 minutes, ya son 10 pm.

I like Casino is full of fun
I use to go Casino of Perth,
Casino en Brisbane, Adelaide,

And Casino en Macao, (I was in Hong Kong)
It is fun I have been enjoy
Miss Brighten had te and cake
With her friend (casino Australia)
Them spend few dollars in Casino
And returned home about 7 pm.

También Mr.s Rich me estaba contando de su nieto, que vive en Melbourne y trabaja en las Airlines ANZA y vino a visitarlo que venia de Bank Cook, luego Arene y Mrs. Rich estuvieron conversando en el bano decían: "she is Emília, and muchas palabras que son useless and inaceptables, Yo de mi cuarto contesto no se porque están remando todo lo que hago es mi vida, porque ustedes me avientan siempre, no quieren mi compania ademas yo trabajo los fines de semana y me bano todo los días, ustedes están como personas silly SSS (Mrs. Rich teaches me offen use to said a her son David).

"I now every thing is rowing, made me very sick"

All so that day tome nota que Arene puso mi carta de mi amiga de Perth en cama y Michael había movido mi cama de un lado a otro para hacer limpiezas, por primera ves después de muchos meses que había llegado, se veía mejor todo fue muy bonito al comienzo cuando llegue, desde de allí cada ves que venia pasaba la maquina por alfombra vieja de 50 ano, era nueva en la casa pero no me aceptaban de ninguna manera, en la mañana veo a Michael y le digo que bueno as pasado la maquina por mi cuarto me da mucho gusto gracias Michael, y el estuvo tan contento que le dije. Después me dijo el clima esta lloviendo pero es mejor para los negocios, luego deje diciendo ten un buen día, y me iba para Bondi Juction, and he answer Ok. Will see on the time.

24th DAY:

Me levante cerca las 8.30 am Mrs. Rich estuvo llamando a Arene, pues yo fui a su cuarto de Arene y le digo Mrs. Rich esta llamando que lo lleve su te, y luego me voy a Mrs. Rich y le digo: buenos días, como amanecido, y me contesta, hallo Darling! espero que Arene me traiga mi te, y tu ayudare con mi my Night sleeper, también puedes alzar las cortinas, todo lo hice con ella que me decía, por eso estas aquí, poreso lo despreciaba a Mrs. Rich porque siempre me despreciaba y me empujaba en esas circunstancias, y lo dejaba y me iba a mi cuarto luego tomaba mi te y me iba a caminar con Tresure por la calle a visitar a mis relativos y como a recoger mis cartas, Tresure era la única que fue hermosa hasta que se murió.

Cuando regrese a casa, tome desayuno fruta y chocolate y cake porque ya era las 9.30 am. después a las 10.10 am salí para cambiar mi dirección luego al banco ANS, y West Bank, Antes Mrs. Rich tells to Arene to Bring my breackfast, pero Arene no escuchaba nada, entonces me dice tren la campanilla para llamarlo porque esta sorda, luego Arene dice Brighten you put the blian up, yes I do, Mrs. Rich dijo si esta mejor porque habrá mas luz y es mejor para la casa. Brighten se mantenía escribiendo todo lo que decían acerca de mi, parecía que las dos se peleaban por mi. Cerca las 11.15 dejaba la casa para ir al Club OR para almorzar por $2 dollars, como siempre estaba alli hasta las 4 y luego regrese a casa antes fui hacer ejercicios a Bays Water pero no me gusto mucho, no daban toalla se tenia que pagar y a la entrada era $18 dolars, y cuando regrese a casa Arene me dice has hecho bueno el día, no my malo mi contestación, a las 9.40 ya estaba en la cama, y escuchaba que pasaban Mrs. Rich y Arene al bano y decía Mrs. Rich Brighten good Night!, and siempre contestaba Good Night Mrs. Rich!

25th DAY:

Estuve en mi cama estuve cansada, eran las 9 am y escuchaba a Mrs. Rich llamaba a Arene, a las 9.30 am Sandra venia como siempre darle el bano a Mrs. Rich y escuchaba que Arene estuvo tosiendo como una mujer con tuberculosis, y siempre como sus zanahorias, Sandra le decía estas bien Arene, si le dice solo estoy con mi radio en on, parecía mentira, luego yo me levante a lavar mi ropa de cama y todo lo que tengo sucio.

10.45 estuve poniendo mis ropa en el cordel, luego Sandra venia con un basquet de flores del jardín, que yo lo tenia floreando porque me gustaba el jardín hacerlo, y me dice Mrs. Rich tiene que pagar porque haces el jardín lo riegas, y se ve muy bonito, lo que pasa la señora Rich es judía, le gusta que lo deán y ella no da nada, es miserable así lo hace a Arene hasta la comida lo prohibía que coma mucho decía es solo para ir al bano, poreso lo desprecia también. Poreso Arene se ponía so upset, y me deja no lo dejes que venga Tresure adentro ensucia el piso, luego Sandra dice voy a ensenar a Mrs. Rich las flores, y también recoge para ti para tu cuarto, yo siempre lo hacia porque yo lo tenia el jardín y he comprado con mi dinero plantas de flores.

Mrs Rich dijo por las flores ponlo afuera están muertas como Trevol (su hijo) porque había puesto donde estuve escribiendo, o escribía todo los día.

No era placentero ni en casa ni en el Club, allí era otro las viejas y los que trabajaban me molestaban demasiado algunas vese era algo enfermizo, cuando repetían es ínter corcuse, escuchaba todo el tiempo Inter corcuse y psicosis, she combé her hair, era horrible y yo enojada contestaba yo no estoy lista para adivinar que quieren descubrir entupidas mujeres, muchos parejas se mantienen haciendo sexo pero todo los días están como perro y gato, después de anos o meses se separan o divorcian, eso es lo que pasa en estas personas ellas mismas eligen sus destino, es una lastima.

> Look that the flesh
> See the bones and flesh
> I sow all the times in the earth
> They poor sinners, they din't know
> Because they see only flesh
> With eyes of meet
> They don't have spiritual eyes.

Yo no voy a tolerar a sirvientes que vienen en mi derecho brazo a ningunos son personas que no les interesa a Mi Dios que esta en los Cielos.

"Last flesh in the earth, wait only dies, and wish another one to die"

Cualquier persona que me molesta por mucho tiempo no podré perdonar porque se pasan de malos, y no les interesa de mi nada, eso es ser egoístas y fatales, pues yo no les hago nada yo siempre les respeto porque son personas que les conozco y son mas viejos que yo y tiene mucha experiencia de la vida yo no solo tengo experiencia de perversos que vienen a molestarme y son solo malos y viles eso es todo.

Io llegue con mis compras de comida y Arene me dice: 'no pongas mucha cosas al frigider, porque no se puede sacar lo que uno necesita' yo le contesto too es comida que como, y también le doy Mrs. Rich, tu no compras con tu dinero, a ti te pagan y duermes y no te interesa de nada, Yo pago $150 dollars por el cuarto chiquito, ademas me preocupo por el jardín y lo barro todo los días, tu no, tu comes y duermes, te olvidas de recoger su ropa que Sandra a puesto en el cordel, tengo que yo hacerlo, porque me da pena que sus ropas se llenan de aranas, porque son tan perversas entre Australianas eso no es justo, y no tienen ningún progreso para su espiritual vida, ya son 7.05 pm, voy hacer mi sopa para mi comida ok y déjame sola. Luego Mrs. Rich dice: votarlo Arene, luego regresamos a ala cocina, Arene dice tu tienes que cocinar cuando esta sacado del refrigerador, porque esta duro no se puede cocinar.

Miss Dull is the same to Tresure
Also miss cushion, Mrs.Wash
Of me never the same
The people in life flesh bones
The spirit is dead.

7.30 pm Arene go to Mrs. Rich a quejarse de mi, lo escucho claro porque estuve allí al otro lado y ellas hablaban a voz baja que no escuche, decia: 'Pretende solamente porque una persona baja y ordinaria puede hacer todo esto. Porque lo había dicho que soy Dr. en la ley de Dios mi cerebro es saludable y no enferma.

Santiago 5:9 "Do no complain against one anther brothers, so you may not come under Judgment". See the Judge is standing at the door.

Las personas que solamente están estas situaciones no ha ganancias peor por personas que sirven al hombre, porque ellos sirven por una conveniencia que les pagan y ser obedientes al hombre, son los peores en la tierra, pero las personas que son sirvientes de Dios, nuestro Padre Creador es diferente uno tiene ganancias y prioridad en su luz y su camino verdadero y no torcidos caminos, toda persona seguidores de Dios les gusta la paz, y el amor y servir con voluntad porque así debe ser una persona que tiene amor por su prójimo. Arene y Mrs. Rich se mantienen conversando, Mrs. Rich dice: 'No digas todo el tiempo querida'

Naughty girl was very happy,
yesterday was so unhappy
Todos run, jump with me in the gar-ding
Yesterday, she wasn't naughty at all
She change every day because she is old.

26TH DAY:

Me levante cerca 8.30 am para hacer hervir mi choclo para mi desayuno, y me fue a tomar el bus, y tren para Milson Point, play bingo, después irme a King Cross para almorzar, luego jugar bingo, me senté con personas Australianas como Lucy, Margarita, Ivon, Joby, las 3 de nosotras ganamos Bing $10 cada una, luego jugar las maquinas hasta las 4 pm y regrese a casa estuve con dolor de cabeza, y le digo a Mrs. Rich tengo dolor de cabeza, y ella me contesta tomate una pastilla y hecha en la cama, así lo haré después de un bano I need porque estoy cansada. Luego me hice otro choclo para mi comida, luego vi TV Tresure estaba conmigo, en la TV veía video de Music Award it was with Michael Jackson, Bon Jovi, Madona, y otros hasta las 10.30 pm, luego come un helado en mi cama y seguí viendo TV hasta las 11.pm y luego dormí bien hasta las 7.30 am.

27TH DAY:

Me levante cerca las 8 am para hacer hervir un huevo con tostada con mantequilla y un baso de jugo de manzanas, y luego irme a tomar el bus, después de irme siempre iba a saludarlo a Mrs. Rich, para decirlo como amanecido, y ella me dice puedes comprar, pescado para la comida, no le digo el ultimo Viernes compre y Arene lo dejo que se malogre, luego lo puse al basurero, por eso es la razón no comprare mas.

Cuando llegue a Bondi Junction hice mis comprar un pecho de pollo, luego otros vegetales y fruta para mi los fines de semana, también harina de trigo para hacer un cake de limón, cuando regrese le digo a Arene yo estaré atrás en el Jardín tu puedes irte, luego a las 12pm le digo a Mrs. Rich para ir afuera al patio, se vino conmigo pero no estuvo mucho tiempo dijo que no sentía frío así que pocos minutos nos regresamos, la idea fue para tener almuerzo en el pasadizo pero no quiso solo dijo trame un baso de vino y almorzaremos adentro hace mucho viento. después del almuerzo, Volvo a la cocina para hacer el cake de limón, y ya estuvo listo a las 2.30 ya estuvo listo, después vino Sandra trajo pescado para la comida, pero Mrs. Rich quiso para la comida Brain con huevo hecho y con arroz, y cuando se fue Sandra voy y le digo a Mrs.Rich Sandra a traído pescado, para la comida, y me dice no vamos a comer Brian con arroz, and Mrs. Rich dijo: ya dijimos que vamos a comer Brian! What is going on? Luego me dice también vamos a comer el Brian con huevo bien cocinado bien y lo comeremos con arroz, ya era las 5pm. Y le digo termine su te, luego me dice para el próximo Viernes comeremos pescado con limos y mantequilla. Para el próximo Viernes lo invitare a mi amiga Tassy (Philippines) si quiere venir, pero ella me dijo que su novio no quería venir.

Miss Brighten had ice creams
On the garden with Tresure
Tresure was so happy on gar-ding
On the time came two butterflies
Ho was beautiful the brown and orange
The other one was blue and sky
I said to them how are you?
Hi little ones! Will come enjoy me.

28th DAY:

Me levante a las 8.15 am para hacer el te a Mrs. Rich estoy cansada, hoy día vendrá Mrs. Scott para el almuerzo tendré que poner el pollo con todo sus vegetales al horno, para que a la 1pm que este lista, es una señora a su edad de Mrs. Rich pero muy semítica y agradable en Sunny room y en la mesa cuando tenias el almuerzo.

Sandra vino mas temprano para Mrs. Rich seria por allí las 9.30pm siempre venia a las 10am, y yo ya estaba atrás haciendo aseo la casa, porque cuando se vive en una casa hay que preocuparse del jardín y los macetas, y los arboles y todo el jardín para ver como es la naturaleza cuando hace de su parte y se ve mucho mejor y tener una vida feliz, yo estaba por esa parte muy contenta, hasta cantaba en mi corazon "tengo el corazon contenta desde que vine paraca", porque una casa cuando su jardín esta por lo menos regado y sacarlo las malas yerbas.

El día estuvo perfecto, sol, no viento, no lluvia, perfecto para ese día, y Mrs. Scott estuvo contenta por el almuerzo también, pero ese día no decía nada solo comía, y Mrs. Rich dice: do you Joy ? And Mrs. Scott answer, yes, I have joy my day, all was delicioso.

At 3pm ya estaban en Sunny room, y van a tener te con cake de limón que hice ayer, salió rico. Ellas estaban conversando de su hija de Perth Mrs. Procter, que su nieto fue bautizado, y toda la familia lo an pasado muy bonito y Jenny también había ido y dijo que le toco hablar en la Iglesia.

> Miss Brighten had very hard works
> Today is very busy day
> She lives in the house with gar-ding.

NOW ya son las 7.30pm estamos llenas las dos solo fruta y crema tendremos para comida, y también piezas de chocolate, termine muy cansada, porque era trabajo físico y mental, ademas en los fines de semana no le molestaban, o indirectas no había, de eso no era el cansancio solo era de bastante trabajo que hacia en la casa, me gustaban las viejas eran buenas las dos, pero los otros días estuve cansada de lo lo que me molestaban y muchas indirectas era horrible personas que no sienten como seres humanos. después alguien había tocado la campanilla de la puerta, y fui a ver quien era, era un hombre que se había equivocado de dirección pretendía y pregunto si vivía un tal Ross, no le dije. Y se fue diciendo gracias y sorry por that. cerca las 7.40pm me fue a dar un bano, y luego venir a ver TV con Mrs. Rich y llevarlo a su cama y ayudarlo con su ropa de dormir ya era las 10pm. Y yo le decía ya es tarde es tiempo para ir a descansar, y Mrs. Rich se enoja y me grita no te preocupes tanto del tiempo, porque no para mi si porque tengo un día duro trabaje, luego me dice, calmante! ya estaremos en la cama descansando.

29th DAY:

At alas 7.48 am fue hora de levantarse, Mrs. Rich estuvo llamando quería su te, así le hice y la lleve a su cuarto y le ayude con su ropa de levantarse de cama, luego volví a la cocina a hacerme un te de limón y volver a Mrs. Rich para acompañaría, y ella me pregunta acerca de mi madre y yo le contesta mucho tiempo a muerto con todo sus hijos y nietos después de almuerzo tomaron helados ese día y le dio a mi madre neumonía a las 3pm. así a muerto a los 55 anos de edad. El día maravillozo, y yo pensé hola que tengamos almuerzo en patio, y le pregunto si le gustaría tener almuerzo en la parte de atrás de la casa en el jardín, y me dice si lo tendremos, sandwich de pollo, y yo arroz y frijoles, después como siempre me entretengo hacer las macetas para que se vean verde y con flores, también ese día lo bañe a Tresure, porque estaba haciendo mucha calor, y a las 4 pm me fue afuera para ver mi color de pelo, pero todo las tiendas estuvieron cerradas, luego me fui a visitar a mi amiga Tea Rurol, (NZ fue mi amiga desde 1974, y con ella estudie Design of Fashion in the TAFE) hacia tiempo que no lo veía, pero estuve solo una hora ella estaba muy ocupada haciendo sus cortinas y almohadones para vender en las tiendas. Cuando me regrese ya era tarde y fría.

En casa conversando con Mrs. Rich le digo yo quiero tener la llave de la casa, y Arene dice no, nosotros te vamos abril la puerta en todo tiempo, luego le digo: Jenny tiene la llave, entonces Arene dice: si porque ella es de la familia y tu no, pero no lo conteste, so violentas personas, mejor me retire, ya era las 7.30 pm me voy hacer una sopa de espinaca para mi comida, luego Mrs. Rich me dice puedes llevarme al bano, Mrs. Rich estoy comiendo, llame a Arene, y llamaba a Arene pero después de 15 minutos viene, no había escuchado, después llama Dr. Job esposa del Dr David hijo de Mrs. Rich, y le digo que paso y me dice esperare hasta que venga.

Miss Brighten was very sensitive
She read she ride Holy Bible and cry
Also the day her Mather died
Always remember of her love mother
Since 1969 at 3 pm 29th
She died with her daughters
And sons and grandchildren also
Also her son sin loves
Her mother died of pneumonia.

Mrs. Rich at 8.30pm quiere chocolate, Miss Brighten pregunta que le de uno pero Mrs. Rich dijo es Jews y no te va a gustar, no se preocupe, lo que pasa no me quiere dar.

> For the sin men
> The sirvientes are better,
> For me the servants
> Do not love to my God
> Never will the best.

30th DAY:

I walks up 9am to have a limonada para mis kidneys siento molestas y dolor, luego tendré mi desayuno para ir al Club mas tarde a jugar el bingo, y tome el periódico para leer y Arene me dice que ella va arreglado que tiene un program, bueno no le dije nada que yo pago el periódico y no Mrs. Rich, porque se pone tan insolente, solamente lo deje que haga lo que quiere con el periódico .como siempre tengo almuerzo en el club luego fui al banco a sacar 100 dollars para mis comprar que necesito en el bano y en mi cuarto y luego iré a casa, y cuando llegue a casa, le doy un chocolate a Mr. Rich y me dice open de mail, había bastante todo los abrí era avisos de Navidad, y uno había de David Janes que era una revista de regalos y publicaciones de sus productos, y se paso el tiempo ya era 6.30pm fue a hacer mi comida luego un bano necesitaba de todo el día, y mi sopa era de pollo con arroz, comía en la cocina, y luego Arene dice yo he comido pollo con mango.

Ya son las 7pm me iré a ver TV en canal 7 en mi cuarto que tenia 2 puertas, y así no me gustaba que Arene pase por mi cuarto tampoco Tresure muchas veces pasaba por allí, no me gustaba nada.

"the misterios de of God, The man never known"
"until will be his time, the man will be know"

Ya son las 9 25 pm I'm going to my bed, me siento my cansada
hasta mañana Tresure esta conmigo esta durmiendo cerca las 8 pm
Arene a hecho un rico comida que es pescado cebolla, pimienta,
vino y lo a puesto en Mcroway por 8 minutos y a puesto un huevo
hervido and teste.

Mrs. Helps has dinner
Boil ege, half toste
Miss Dull any sandwiches
Breakfast carrot and salary
Clean on the zin for two hours
Mrs. Help breakfast every
Morning polish and milk
Arene toll me, they like to
Saving, that is her way.

31st DAY:

Me había despertado cerca las 9am y escuchaba que Arene
y Mrs. Rich conversaban cerca mi puerta, me levante y me fui a
la cocina para tomar un grande vaso de limonada, ya son la 9.30
am tomare mi desayuno, un grande vaso de leche una tostada
con mermelada de chocolate, el día es frío y un poco lluvioso, me
pinte mi cabello, y veo que Arene se fue de compras, to Doble Bay
ya regresa a las 12 15 pm, yo me iré al Club King Cross a tener
almuerzo como siempre mi rutina en esos días, de allí regresare
a GaceBros para comprarme un almohada y funda que necesito
para mi cama y tener extra cuando lo lavo. Al regresar a casa salí
con Tresure para ir a su casa d Julia donde había recogido mis

cartas, donde había encontrado uno de ORC con una revista del ano ensenado sus ganancias y débitos. Cuando regresamos me puse hacer el jardín en la parte de atrás cerca la lavandería que ese spot hecho de cemento estaba seco. Luego fui a recoger limones que estaban caídos todos en el suelo, y traerlo y ponerlo que lo vea Arene y que lo utilice.

Capitulo III

IST DAY: Noviembre

Muy temprano me levante a tomar limonada, luego tomare mu desayuno cerca las 8.30 am, luego Arene me dice Mrs. Rich quiere conversar contigo, luego voy y como siempre o saludarlo, y luego le digo como amanecido hoy día, y ella no me contesta y luego dice: querida quiero que me arregles mi blusa y lo cortes un poco la basta?, bueno le digo pero lo are en la tarde cuando regreso, esta bien? Si Esta bien querida me dice.

Pronto estuve en ORC y me encuentro con mi amiga Austriaca Missy, y siempre conversábamos y le digo en bingo gastamos mucho verdad? Y no ganamos!, si me dice, nosotros no gastaremos mucho y el Club gasta al ano como 63.000 mil dollars, y nosotros gastamos a day $10 dollars, y en las maquinas $350 dollars a day, el dinero se va como agua, si me dice. Pero ella nunca gastaba mucho mas ahorraba siempre, y se cocinaba en su flat todo los días, y yo le digo Missy tu ahorras siempre para tu hijo, y tus nietos, y luego me dice no su hijo tenia restaurante y tiene su propio dinero. Cuando regrese a casa me vine hacer un pequeño shopping para almorzar con mis amigas, había comprado una pequeña pierna de lamb, y vegetales, así cuando llegue a casa le cuento a Mrs. Rich, y me dice ella gasta solo en the leg lamb unos $8.50 dollars eso era todo pero Miss Brighten pago $13.10 dollars. despúes le digo lo are mas tarde su blusa cuando ponga todo mis Comoras al frigider. Cuando la blusa fue arreglada le digo mi trabajo gaste una hora, tiene que pagarme, Mi madre gasto mucho para educarme y venir a ser profesora de costura. y ella dice: no, definitivamente no, no es un trabajo profesional, ademas tienes tu cuarto con electricidad y todo cosa graties, pero yo trabajo los fines de semana para pagar el cuarto, no me da graties, usted no recuerda en 1988 yo venia a trabajar los fines de semana y me pagaba $100 dollars, pero la mujer que trabajo antes usted lo pagaba $150 dollars, (Australiana) y yo hacia el mismo trabajo y solo me pagaba $100 dollars usted no es buena mujer con los emigrantes. De todas maneras es la ultima ves que le coso graties, porque usted no me considera en nada.

Don't be mean Mrs. helps
Don't get profit from Miss Brighten
For years, and years gets only shit
Is not fear to gets advantage
Is injustice every day of her
How can prove all that Miss Brighten
If all said like a idiotic people
not, I don't know
curses; hundred curses
That is why I'M never took
about that, I forgot every thing
Don't be nasties please, I'm sick.

Ya son las 8.05 pm comer e una sopa y fruta para dormir bien después me Daré un bano para dormir bien, tendré que arreglar mis toallas también luego mirare TV escuchare las noticias y una película hasta las 12pm.

2nd DAY:

Ese día fue muy agitado no había dormido en la noche así que estuve cansada y levantarme para ir al Club Kirriville y jugar el bingo luego regresar a King Cross para tener mi almuerzo, y como siempre jugar el bingo, ese dia tome el bus para Bondi Juction y de allí tomar el bus 200 que me llevaba directamente al Club. Pero mala suerte ese día no tenia mucho dinero pero si tenia para mi almuerzo y libros del bingo, yo lo había dado los dos dollars para el almuerzo, y el gay me dice no me as dado, luego le digo solo eso he tenido en mi bolsa para mi almuerzo y y libro de bingo eso era todo. felizmente una mujer me dio dos dollars para pagar para el almuerzo.

Regrese igual en el tiempo a casa para barrer la parte de atrás y la cocina estaba muchas hojas que traía el viento también, luego recogí flores margaritas que tenían rico olor para Mrs. Rich y lo puse en el florero, y Mrs. Rich me dice están muy bonitas, nunca me decía gracias así como mis costuras lo hacia era judía y mala con los emigrantes.

> Cambie de flowers
> Sweep the floor
> Cambie my sheets
> Put flowers on pots
> Watering the gardening
> Washes my cloths
> Cuddle to Tresure
> Now I'm going to have a shower.

Ya son las 7.30 pm Tresure esta conmigo, llamaré a mis amigas Tea Rurol y Teresita para dinner, solo Tea vendrá y no Teresita su novio no quiere venir.

Luego Arene me dice porque vas a tener vistas, y porque haces semejante cosa.

> "why invited people to the house
> Is not your place

Many are going on very cloudy
Don't be wrong, about."

Todo el tiempo Arene era graciosa, porque tenia que decirme cosas que no me gusta.

3er DAY:

Estuve preocupada porque siempre me aventaban de la casa, así que me levante para llamar a Teresita pero no contestaba, y luego espere hasta las 8. Am porque insistía para poder conversar con ella si venia o no, al ultimo contesto y me dijo que venia para el almuerzo.

"what will sweet tomorrow
Tomorrow, Tomorrow
What will sweet tomorrow"

Ya son las 8.25 am me iré a Bondi Junction hacer mis ejercicios, luego haré un pequeñas compras como camote que no he comprado para el almuerzo de mañana y llegue a las 12.10 pm Arene ya estuvo esperando porque tenia que irse a su casa y tener su descanso. Miss brighten estaba contenta porque ese día tendrá almuerzo con sus amigas y Mrs. Rich, ese día tendremos leg lamb con vegetales, y cake y ice cremas de mango.

Tendremos nuestro almuerzo con Mrs. Rich, luego haré el jardín, y regare todo el jardín para que no tenga que hacer el día siguiente, Mrs. Rich siempre leía su libro en el Sunny room, yo afuera con Tresure, el día estaba maravilloso, no había viento ni lluvia, ya han pasado rápido las horas ya era, después venia a verlo siempre a Mrs. Rich al Sunny room y le pregunto que tendremos para la comida, y ella me dice: cual es tu idea, y entonces le digo tendremos cacerola de pollo con fideos o arroz y vegetales con cake por dulce, luego me dice suena rico, entonces me volví a terminar lo que estuve haciendo afuera y regresar a las 5pm para comenzar a cocinar.

Solo 45 minutos me demore en hacer el pollo y el arroz, estaba rico y fácil, y escuchábamos las noticias que la Reina Elizabeth estaba en NZ por 10 Dias, en los fines de semana siempre estábamos en paz pero no de Lunes a Viernes, siempre había un mal entendido terrible que era días casaderas en casa y en los Club donde iba todo los días.

Plenty snails on the grading
They live on the pts,
They walk on the leaves
Same find sold and dead
A lot I put on the pots,
It likes nice they shells
I like and to and see there it.

Fue cerca las 8pm, fui al bano y veo que mis zapatos de plástico que me doy un bano estuvo fuera, atados, pues yo lo usado para banarme porque todavía no lo hacia aseo que Arene no lo usaba y no lo a lobado es el colmo, ya son 2 días que estoy en casa y mucho que hacer me hizo imposible, que mujer tan asqueroso y hace todo despacio, y no le importa nada, cuando recién llegue le di un regalo para su jabón, porque todo estaba negro de sucio.

Miss Brighten esta cerca un mese, a limpiado todo el bano, y ya son en total 43 días, y cada ves que me doy un bano tengo cuidado porque es un bano viejo, y nunca se a hecho aseo, es la verdad, porque Arene solo se bana cuando se va a su casa que son los Viernes eso es todo. Arene esta todo los días 5 días a la semana, luego se va a su casa los fines de semana, y yo atiendo a Mrs. Rich, yo no puedo sacrificarme por personas que no me aceptan ni me quiere, eso es justo también.

Miss dull said, help us
She was with the deaf dog
just, Miss Brighten cannot sacrifice
For people Dull, dirty themselves
And not love to my God.
People only waiting for death
Is not possible, people with Brian
And same times, come likes wasps
I can not tolerate people like that
And the older people are worst.

Ya son las 9.15pm ire a poner su frasada electrica a Mr.s Rich
I am tiry untill tomorrow.

4th DAY:

Por allí a las 8am Miss Brighten se levanto de la cama para
dar su te a Mrs Rich y ella tomaría te de limón, y Mrs. Rich dijo
que se había orinado a la cama, y ella estaba sonando que estaba
planchando, y cuando despertó estaba mojada de los orines y todo
sus vestido de dormir, y también dijo que quería cambiarse de
vestido y ir al bano, y las dos reían, eso es lo que paso esa mañana.
después dijo también que en su vida que vive viviendo nunca lo a
hecho semejante cosa como orinarse en la cama. Tal vez cuando
fue bebe se a orinado varias veces como los handycups se hacen
en la cama.

Pronto fui al mail box para recoger el periódico y darlo que lea
Mrs. Rich, luego iré a dar su leche a Tresure, y poner dos toallas
pequeñas al bano porque hoy día vendrán dos amigas Margaret
y Tea Rurol, tal ves Teresita pero no creo que venga, a las 9.30am
Sandra vino a banarlo a Mrs. Rich como siempre lo hacía, y dijo
que no vendrá el Domingo porque tiene visitas en su casa y no

puede venir, entonces Miss Brighten dijo no se preocupe Mrs. Rich ya lo solucionaremos, ese día estuve bien ocupada para tener un almuerzo con mis amigas del WYC hacia que nos veíamos por mucho tiempo, así que ordene la mesa y para 4 personas en la mesa y tener el almuerzo, no hubo ningún problema todo salió bien Mrs. Rich no decía nada menos mis amigas uno era NZ y la otra Australiana, y a las 1.10pm cuando estuvimos comiendo llego Tassy (Pelipina) y se sentó en donde estaba comiendo, luego puse rápido un plato para Tassy y nos ponemos a comer, al terminar todo me puse a lavar los platos, y luego Mrs. Rich se fue al Sunny room a tomar su café con cake, y mis amigas se fueron al jardín atrás, cuando termine tomamos café con cake en el jardín, y Tea Rural y Tassy agarraron los limones para que se lleven, como vieron que habían caído muchos al suelo pues yo no les dije nada. Tassy dijo: mas su guarda espaldas lo dejan que se ponga confortable, los body wards algunas veces son mentirosos y les gusta solo molestar, pero hoy se a parado (se refería a Miss Brighten) la verdad no es verdad y no sabia que sucedía en la casa ni en los sitios que frecuento, me llenaban de mal irritándome. Bueno esa tarde no se quedaron mucho tiempo mis amigas se fueron a las 2.30 pm, y esa tarde vino una visita de Mrs. Rich que había trabajado antes, y ella lo llevaba al bano y hacerlo su te para ella mima también.

sería las 6pm ya estábamos solas otra vez, y pensar que vamos a tener para comida, yo ya estaba llena, solo comí dulce de manzanas, para Mrs. Rich comió otra ves un poco de leg lam con panking eso fue todo, y solo tuve que apagar las luces que estuvo prendida cerca el piano una grande lampara, que lo había prendido su amiga.

I love God only one
Because he is our Maker

I'm in his right way
I know very well he is right
God is God for generaciones.

Cerca las 7.40pm Fui a serrar las ventanas de su dormitorio de Mrs. Rich, luego tener un rico bano, después Tresure se había orinado en la carpeta, que malcriada, Mrs. Rich doce es ella una gran malcriada chica (girl) tuve que secarlo la carpeta y luego ponerlo a Tresure afuera, ya son las 9pm pronto tendremos que ir a la cama, y tener un buen sueno, porque tuvimos un duro día.

The leg of lam was very tender
Mrs. Helps said: it was very nice!
The meet was very tender
Miss Brighten said on the dinner table
All were very quiet and not comment!

Miss Brighten was very tire and went to the bed at 10.20pm after to put to Mrs, Rich on the bed, and sleep untill 9.00am.

5th DAY:

Brighten e levanto a las 9 am en la mañana para darlo su te a Mrs. Rich, luego tomar un baso de agua caliente, Mrs. Procter call up to Mrs. Rich (daughter) pero Mrs. Rich pensó que su hijo lo había llamado, luego Mrs. Procter dijo: que en su jardín in Perth esta floreado su gardenia de varios colores, pero ella prefiere el color azul, it was funny comentó, en esos momentos fue abrir las ventanas y la cortinas de la casa, para que entre aire freso a la casa luego escuchaba que el primer ministro de Israel estuvo mal porque habían asesinado al Ministro muy mal estuvo por Israel, es muy triste que suceda tantas cosas malas en el mundo.

después vino Sandra a banarlo a Mrs. Rich pero ella engaño porque dijo que no iba a venir, seguro cambio su parecer, entonces miss Brighten se fue a barrer el patio que estaba muy sucio lleno de hojas que habían caído y el viento lo había traído, y como me gustaba era para mi fenomenal los fines de semana así cansada hacía todo y contenta, pero con mala suerte durante la semana me trataban solo mal.

Pronto fue hecho todo, y le preguntaba que vamos a tener por almuerzo, y le digo solo para sandwich, porque no a sobrado mucho, porque Margaret ella es grande y gorda a comido lo que a querido, luego me dice: ahora Arene va esta enojada, porque le digo, ella no lo a comprado yo he gastado todo en el almuerzo para mis amigas, ella no tiene porque meterse cuando yo compro, ademas Arene le gusta el dulce peras, ya no sirve, esta mal también la fruta de khwifruit están mal también, ya no se puede comer, comeremos para dulce helados de chocolate.

Mrs. Rich dijo: también tu no le digas nada a ella (Arene) porque le gusta solo aire fresco, yo nunca le digo nada, porque tengo que decir es su house keeper? Eso es todo. Luego dice quiere irse a dentro a su silla para descansar ya a tenido suficiente aire fresco, también dice esta cansada de freso air, ya era 2.25pm, a las 1pm estuvimos en el jardín y Dr. David había llamado y yo conteste que su mama estaba en el jardín, y que volverá a llamar, y dijo: he is very tiry and married!, y cuando le digo lo que dijo he is tire and married! Y contesto los dos están casados y casados. Era domingo debo ir a mis Iglesia Asia muchos días que no voy, y es lo mejor que tengo los Domingos dedicarme a Nuestro Dios.

I love you God!
His name Jehovah and Jesus
Only one, I'm in his right hand

God is in Heavens
And we in the earth
I respect him because
He is my maker.

I regrese a casa cerca las 9.10pm la noche estuvo fría y un poco oscura, llame a Carolina, diciendo porque no había contestado mi llamada el Sábado dijo que estuvo ocupada y no podía venir. Lo que pasa que no aman a Dios por eso no le importo de mi, son una tira de pecadoras y no están limpias el cerebro por eso no les gusta nada que les llame ni les invite. He día tenia un regalo para Sandra y Arene dos tallas pequeñas, Arene me dijo: que no quería nada de mi! Eso es estupidez.

6th DAY:

Me levante cerca las 8.30am y fui a la piscina al Club de BJ, estuve allí hasta jugar el bingo luego me fui a jugar el mismo Club las maquinas de allí gane $75 dollars, luego me fui a Doble Bay a comprar mi sombreo a $40 dolars estuvo a mitad de precio, luego me fui a ORC almorzar, como siempre gastar en el almuerzo solo $2 dolalrs, te bones and chips salad muy rico ademas nos daban any soft drink. después me regrese a a casa después de jugar el bingo, y cuando llegue a casa mostré mi sombrero a a Mrs. Rich y me dijo que esta bonito, también me dijo tienes que ponerlo un cinta para que no se te vuele y el viento lo lleva, si lo are es fácil.

Cuando me encontré en casa con Arene me dice donde esta la tijera que se corta las flores, Yo le digo seguro en algún sitio porque lo uso todo los días para cortar las malas yerbas, luego fui al cuarto de donde escribía vi que las flores que estaban allí no estaban, Mrs. Rich lo había sacado, y Yo les digo porque, allí escribo, ya se que su hijo Trove no esta es muerto, pienso que nunca le gusto,

81

ademas son personas que ya no escuchan ni ven, menos amaron a nadie, tienen una vida infeliz, solo mucho existente y se olvidaron de todo, y no se amo el mismo. (cuando a sido joven se le veía muy guapo hombre)

> The people don't understand
> The earth is to live moderate
> because is fool of reviles
> And tentaciones so strange
> Also the people so weakens
> For money they do every thing.

De todas maneras fui adentro de sunny room y Mrs. Rich has the photo de su hijo muerto, y le decía: hallo son! And I said he doesn't hear and see any more, luego deje el cuarto y me fui a mi cuarto y veo que estaban en mi cama dos calzones, de persona joven y pregunto a Arene y ella me dice pregunta a Mrs. Rich y ella dice si puedes Usalo, luego le digo yo no uso esos calzones, igual como las mujeres del Club me dicen que uso calzones de mujer vieja y me ponen cabezona.

> Why do, or copy from me
> In first priority
> Love to God is on the Heaven
> Every day, and do the right
> Because God known every thing
> He red the mind and
> Does every thing good for us
> Because is God of love.

Arene me dice toda basura se amarra bien en la bolsa para que no entren las cucarachas, Brighten contesta barre todo la parte de atrás, para que Mr. Rich pueda ir a tomar su almuerzo, y me contesta creo que no porque esta haciendo viento y a ella no le gusta el viento.

Ya son las 9.30pm y deje mis platos en la mesa, me olvide y cuando fuei a verlo Arene lo había lavado y puesto todo en las cabinas, bueno primera ves me lo hace así, ya es tarde me iré a mi cama y veré TV 11.10 hora de Australia lo hecho el funeral del presidente de Israel que lo an matado, donde estuvieron muchos primer ministros de alrededor del mundo, como USA E. Clinton, Rey del Jordan, el ministro de Rusia, Prince Charles y otros ministros, estuve conmovida hasta llore por Presidente de Israel se había conmovido mi espíritu.

We must cry for people
Who go for good, never returned
And rest in peace
Who known his soul go for martyrdom
All depend for his life
And death people not hear neither see
They are, death don't feel any more
And people who don't love to God
They are like white bones and death.

7th DAY:

Seria por allí las 9am me levante para escribir algo, pero antes a las 8.am había tomado agua tibia con gotas de limón que me hacia bien para mis kidnes hoy día me iré al Club será especial fiesta del Melbourne Cup, habrá mucha gente, donde tendremos almuerzo así antes como Navidades.

Sandra vino como siempre en su tiempo, y había traído muñecos y me dijo que iba a vender el mercado, luego le digo me gustaría hacer vestidos de niñas y vender en el mercado, Sandra no me dijo nada, yo le digo tus munequecos están lindos suerte en tus negocios, cerca las 10am me fui a barrer la parte de atrás las hojas caídas y ponerlo bonito porque me gusta mucho verlo todo los días horneando, por eso es la causa que lo barro todo los días porque yo paraba mirando como crecían las plantas saludables y no había muchas caracoles como había llegado.ya son son las 10.40am me arreglare las unas and Polish para ir al Club.

Mrs.Helps has dinner an egg soon
On Monday has again egg dinner
Miss Dull has sandwiches
On Monday bees
Tuesday both has meet fry

Arene lavaba los platos con mi detergente que compraba con mi dinero, pues yo nunca le dije no lo uses, porque no soy egoísta ni perversas como las dos eran tan perversas conmigo (Mrs. Rich and Arene)

En el Club compre un dollars y había ganado el tercer caballo, por almuerzo tuvimos carne fría con vegetales and camotes, para dulce tuvimos cake y helados, cuando regrese a casa tuve que poner la basura que recogía de las hojas dos bolsas grandes en la esquina de la casa.

Arene cuando llegaba siempre me daba ordenes, y quiere que lo obedezca pero ella nunca me obedecía, era extraña, es esta ves me dice tienes que ponerlo los vasos de flores para Sunny room para Mrs. Rich, seguro algunas veces sabia que lo pongo flores y como siempre lo hacia, pero ese dia no lo hice, porque estuve ocupada, yo le digo será mañana no hoy ya es tarde, Mrs. Rich le había gustado que lo había regalado una toalla de manos que lo había bordado a mano y lo tenia en su bano.

Mrs. Helps said very allow
The old man stay with Sureties
The old man stay with Asians
The old man stay with high level
And prefer by himself
And no one to stand up
And is one on the run horas.

Fui a la cama y pensaba porque estas señoras me molestan tanto no lo se que sucede de verdad?. Me enferman de los estímulos, por eso mis orejas tanto me pica es insoportable, me enferman de rabia y se enferman ellas mismas no es justo en ninguno de los casos porque somos seres humanos y vivimos en el mismo techo, lo que pasa que no se quieren así mismas eso es que no puede ni tienen compasión por los demas.

I'm not person with out sense
Always I did the things reasonable
Is not human being, please
I can not put uncomfortable to not one
because I'm human being of good
Please don't irritate me,
I'm sick of every thing.

8th DAY:

Me levante como de costumbre a tomar una taza de limonada, porque es bueno para mi salud, y Arene estaba haciendo mucha bulla en el lavadero de platos, y yo le digo como siempre lo saludo: how are your Arene? Pero ella nunca contesta, pero que puedo yo esperar son australianas peor que no tienen educación ademas para mi lo respetaba porque era house keeper de la señora Rich con quien vivíamos, pero como toda australiana muchos son ásperos y yo en especial ya hacia tiempo que vivo y he trabajado con australianos, ya les conozco, y la razón yo me separo de personas cuando están alteradas, y de todo argumentos groseros y brutos porque no es para mi esas clases de situaciones ordinarias.

They don't have any purposeless Tito: 3:9 "But avoid foolish controversies genealogies strict and wrangling about the low for they bad are futile and purposeless."

Solamente personas ignorantes de algo de ser seres humanos que no tienen sentido por los seres humanos, esos son aquellos que les gusta molestar a los demas por ninguna razón mala, es consciente si si una persona es mala perversa es justo, ni aun tienen derecho de molestar porque no es sus obligaciones en casos de amistad, en fin en familia porque se conocen como son crecen y bajo en un mismo techo pero no cuando se conocen y después se vuelven enemigos y contrarios cuando es demasiado.

De todas maneras ya son 8.55 am, voy a saludar como siempre a la señora Rich, Good morning Mrs. Rich!, how are to day?, y me dice: cual es to play para ahora, y le digo me voy al Club, you going off, luego me dice pone esta tetera a way!, también las flores que ya no se Ben bien, como siempre lo hago sus gusto pero ella nunca es agradable a mis sentimientos eso me disgustaba, por eso era mi actitud con ella siempre, soy libre y tengo la razón de salir y irme a pasear y ver gente afuera para que me lleno la mente de diferentes momentos.pongo mi dinero en el bingo aun que no es mucho mi pensión pero me gusta comprar cosas expenses porque son mas valiosos.

Yo regrese a casa 8.30pm las luces estuvieron apagadas, y le digo a Arene tu no pones las luces nunca mas!, siempre se pone las luces asta las 9.30pm, Arene dice que estaba muy ocupada haciendo la comida que fue muy dura, también me dijo que sabia que hora regresare, Brighten dice si es cierto!, pero la casa debe estar con luces, y no oscuro, cuando personas pasan por la calle ven que esa casa tiene luces y saben que en esa casa viven personas que están contentas. Mrs. Rich luego dice: ponlo estas rosas afuera que ya no están buenas, Brighten dice seguro luego lo cambiaré por frescas flores, algunas veces la house keeper le gusta fumar solo áspero, miente, perezas dulls, y no tiene ninguna paciencia, también tiene terribles hábitos, y manas. Ya son 10.50 pm miss Brighten se va a dormir.

> I don't like to Tess me
> Because I'm tender all so
> Have a lot patients
> The old man is not maker his main
> Only annoying with his dogs
> And made only bloodier psicosis
> They don't get tire to made me psicosis
> Myself I need 3 dais only.

Especial cuando llego de la afuera a la casa, siempre tengo inconveniencias, también Brighten nunca pone mal a nadie porque le gusta respetar y le gusta la paz y la tranquilidad en una casa.

Las dos bolsas de basura al entrar de la casa y penen un confortables de esa manera me molestaban, yo no se porque era así Arene, seguro que Mrs. Rich le decía molesta solamente a Brighten.

9th DAY:

El día esta maravilloso, con un sol muy bueno, me levante rápido para llenar el frasco de flores con agua todavía hay 5 flores están lindas y buenas desde el Viernes se mantienen frescas, ya son 8.45 am me cambiare y me iré al Club fui afuera con pantalón y cortas camiseta con sombrero, por el camino creo fue en David Jones y me quede a mirar allí hubieron modelos, and tome muchas fotos había estado sentada con una persona extraño Josefina, y ella me preguntaba varias preguntas, como decía donde vives, que haces, tienes familia etc, mi contestaron eran yo vivo no muy lejos de aquí en Woollahra es un lugar bonito y me gusta mucho, vivo con dos señoras Australianas una fue la dueña pero lo a vendido a mi novio, un Californiano, yo me dedico a hacer muchas cosas, me gusta siempre estar ocupada así el tiempo se pasa tan rápido sin sentirlo, después ella Josefina me dijo que tenia una hija en USA esta con su novio y lo a dado residencia, también aquí en Sydney tiene 3 hijas mas dos son divorciadas y una esta con su esposo, luego le digo es un gusto conocerte y nos veremos otra ves en el bus, luego salí rápido para ir a mi bingo Nelson Point. después del bingo regrese a King Cross almorzar donde me dieron pescado con ensaladas y chips, pero el pescado no estaba rico, así que no lo había terminado, y las otras señoras les gusto pero no a mi, pero que esperaba era solamente dos dollars, luego había tenido $20 dollars me puse a jugar las maquinas, allí una había una mujer también jugaba bingo fue áspera con su mano me ponía a mi casa, que personas con tantas actitudes malísimas para conversar no son buenas, y ella se veía que tenia dinero jugaba mucho. Luego lo me salí temprano, y siempre lo perdía y me volvía a casa sin nada, fue mas temprano cerca las 4pm, estuvo lloviendo no estaba un bonita tarde.

Cuando llegue a casa como me gusta me puse a hacer los post y corta lo que estaba mal sus tallos, y había calmado la lluvia me puse a barrer también, me gustaba hacerlo y era mi casa que vivía. Y puse flores para Sunny room y mi cuarto.

Miss Brighten offen vicim
Of the people ordinary
They don't have plums cheeks
Like me, because they are sins,
mysterious of God never known,
because there are sines
not, witches neither devils
God is in the Heaven and
The man is in the earth,
Miss Brighten, knows often
Her spirt, they read
Because they want, what she said!
Or what she thinks
Unfortunately she doesn't think
Always her Brian is empty.

10th DAY:

Me levante cerca las 8.5am para ir al banco y firmar mi pagina de superuanacion, también go to done ejercicios porque me estoy haciendo gorda y vieja, y mantenerme en movimiento para estar flexible y tomar siempre limonada, luego tomar mi desayuno para hacer todo lo que tengo pensado. Cuando estuve tomando desayuno Arene me pone enfadada, diciendo me dame su tenedor de Mrs. Rich, y también dijo no lo dejes pasar mas porque Mrs. Rich consigue enfadarse contigo, yo le contesto Arene yo rápido hago las cosas y no soy lenta como tu, se puso brava y dijo you entupida miss Brighten dice, tu te pasas déjame solo eres perezosa y lenta y tonta, como todas las mujeres. Luego me dice tu eres una dama, si le digo soy en mis cuatro costado una dama, y tu solo te gusta ordenarme siempre desde que vivo por aquí, tu eres la house keeper de Mrs. Rich OK. Yo soy la dueña de la casa, y tu siempre lo Danas mis toallas del bano, también trabajo voluntario los fines de semana par Mis. Rich, luego me fui afuera y luego volví cerca las 12.25 pm y Arene estaba esperando en la puerta era su turno que se vaya a su casa, y Mrs. Rich dice Arene dile que debe hacer por fin de semana, y Arene se fue sin hacerlo caso lo que dijo Mrs. Rich.

Luego le digo a Mrs. Rich yo siempre le cuido bien por fin de semana, y luego dice no te enojes querida! Porque ayer Arene estuvo muy molesta por eso se va apurada a su casa. después me fui hacer exprimir los limones para ponerlo en el frigider, también hice un cake de limones, y nuestro almuerzo, yo y Mrs. Rich siempre lo pasamos bonitos los fines de semana pero no con Arene, parecía que se ponía celosa con Mrs. Rich. Seria por allí las 3.15pm pregunto a Mrs. Rich que tendremos para mañana y domingo el almuerzo y ella me contesta mañana tendremos pollo con todo sus ingredientes al orno, tu ya sabes que se pone el limón, y sazonar con grade cucharada de pan molido, parcelé, sal, pimienta, jugo de limón, y para el Domingo será las costillas de cordero al orno con camotes zapallo y papas.

Acerca las 4pm me fui afuera a regar las plantas, y Mrs. Rich estuvo llamando no lo había escuchado, y cuando regrese cerca las 5 para darlo su Brandy me dijo yo fui a tu cuarto becarte y no estuviste, no me dejes sola yo quiero que este conmigo, luego Brighten dijo: que no era Arene y le gustaba ir afuera a regar las plantas y no estar en mi cuarto descansado, yo sabia muy bien que a las 5pm toma su Brandy, poreso vine a la hora.

Bueno hoy iré a la cocina hacer el pescado con limón para la comida, are arroz también, a las 6.45pm tuvimos la comida, a las 7.30pm ya estaba lavando todo los platos que he usado, después vine a sentarme y conversar con ella, y le digo porque no lo invita a Mr. Schuyler para comida o almuerzo, y me dice quien es Yo le dije que era director de la Technica donde trabajaba, y me dice: si querida donde a trabajado yo le dije TAFE, el habla francés también y puede conversar en francés, después nos pusimos a ver en la TV el Award the Melbourne a las 9pm, luego lo lleve al bano ya Mrs. Rich ya estaba con su vestido de cama lista para que se vaya a dormir, cerca las 9.30pm le di su medicina, como tal me fui a mi dormitorio ya estaba cansada.

11th DAY:

Como siempre me levante a las 8am para ir a poner mis ropa a la maquina que e laven, también cerca las 12pm me dice Mrs. Scott no podrá venir no se siente bien, yo le digo todo ya esta en el horno y pronto ya estará el pollo asado con los vegetales, luego me dice comeremos las dos solamente en el jardín, y se guardara para mañana para hacer los sandwich lo hará Arene, eso quería Mrs. Rich que trabaje duro para Arene y con ella me corneaba, era perversa conmigo, después de las 3.40pm Maria Moya viene a visitar, ella era amiga de Mrs. Rich mucho antes había vivido allí en su casa no pagaba de cuarto y trabajaba en oficina y ayudaba por el fin emana y acompañaba a la señora, Maria Moya era Chilena Brighten lo había conocido en Rose Bay donde vivía, con una amiga peruana Gilda Villagomes, yo en ese tiempo vivía también en Rose Bay tenia mi flat en Salisbury Road, cuando me fui a Peru 1984 hasta 1988, desde ese tiempo no regreso a Peru, 5.20pm había hecho los sandwich de pollo para Maria y tomar te, después de terminar fui a poner mi ropa en los cajones, y luego a las 8.15pm me fui a dar una bano ya estaba cansada de todo el día de trabajar. Luego me puse a leer el libro de Salomon, que siempre me pone mejor, y cuando vengo a Mrs. Rich a Ana, que también estaba todavía allí, solo Maria se había ido luego dice: que hiciste que te siente tan bien, nada solamente me di un bano eso fue todo.

I said have had my shower
With my works, I done
Hire sweep the floor,'wash
the dishes attend to You
I don't want awaken
The jealousy and envy
The human being, said Miss Brighten.

Porque nosotros estamos en la tierra, y no conocemos los misterios y la maravilla de Dios, las personas que no lo conocen no entienden a los demas y no saben lo que pasa en cada uno de nosotros, las personas que conocen a Dios saben que sucede en cada uno de nosotros y de todo lo que sucede en cada espíritu de cada ser humano.

Today I was looking for the scissors
It wasn't, miss Dull took
She took soup, apples
And same vegetales, oil as well
And anther things for
The weekend on her flat
She loves ace creams
And has one a week shower
Lived the room so stink
And very funny in her main
Rare always in her actuate
With miss Brighten only.

Ya on las 8.45pm, estuvimos viendo TV y luego fui a al cuarto donde escribo, había trabajado bastante el día Sábado como siempre luego Mrs. Rich llamaba para que lo lleve al bano seria las 9pm. Lo lleve al bano a las luego a su cama ya eran las

10.30pm, en mi cuarto escuchaba las noticias hasta 11pm luego una película "Accused" con Judy Foster, luego me quede dormida, estuvo lloviendo y calor todo era bad, y me había despertado dos veces en la noche.

Moya said coronación here
She put all cushion in the flor
And the dusty, was so dirty
As well tidy the hold lot
The sofa of sunny Room

12th DAY:

Me levante a las 8.45 am y darlo el te a Mrs. Rich, este día va ser muy fuerte porque esperamos visitas, su hijo David y su esposa Job, así que tengo que apurarme en todo para hacer el pollo con todo sus vegetales y que este listo para las 12pm y poner los platos a la mesa, y tal ves venga Jenny su nieta, luego Sandra había nido a las 9.15 am temprano para banarlo a Mrs. Rich así que yo estaba libre para hacer todo o que tenia que hacer en a mañana, había dos pollos, uno lo hice asado y el otro lo hice sopa para que tomar antes del asado, Dr. David y su esposa llegaron 12.25pm, y Dr. David vino a la cocina para llevar te a su mama y su esposa, y me pregunto que había hecho y le dije : que había hecho el asado de pollo y sopa para el frío, esta bien me dijo, luego pronto lo trajo Dr. David a su madre en la silla de ruedas a la mesa, y yo había puesto la sopa primero luego comimos el asado con sus vegetales y grave. Ellos tomaron vino y me ofreció tambie si quería y e dije que no tomaba porque me hacia dano a mi estomago, Dr. David todo lo preguntaba a su mama que iba a tener del pollo y ella dice que le gusta el pecho con poco de vegetales y grave, y le gustaba el vino blanco, así ellos conversaban siempre en la mesa yo escuchaba solamente, como si me habían ignorado, Dr. Job también estaba callada no decía una palabra hasta que todo terminamos.

We were the conversaciones finish
La señora Help dice: que no tenia ganas
De comer, estaba lleno su boca.
Miss Brighten, creo que el remedio
Que le di le hizo mal,
Dr. Beheld penso porque esta aqui,
Miss Brighten, yesterday she was well.

Cuando terminamos les digo si iban a tener el café, y Mrs. Rich dice que si pero en el Sunny Room, y los tres quería el café, y Dr. David vino hacer y lo llevo al Sunny Room, y yo continuaba con los platos y ollas para lavarlos y ponerlos en su sitio. Dr. David se fue afuera al jardín a ver y trajo una rosa rosada y lo puso en su baso luego al Sunny Room.

Dr. Behold, spoon te
Miss Brighten you in home came again
Were owner, now, see clean and orden
Miss Brighten, how liker and stretch all them
They received a lot money
Mrs. Helps, she likes stretch a lot
Miss dull, said I don't liked (her, Brighten)
Mrs. Help said she has back small balcony
Dr. Job said that is a house.

No podía comprender todos me atacaban a las ves, pues yo no les voy a tolerar mas, pues que se creen todo los sábados vienen almorzar, porque tiene a su burra que cocine y haga el jardín, no saben decir gracias por me esta la casa limpia y ordenada, con el jardín verde, pero antes nunca an venido como estos anos vienen a seguida y a mirar todo mi trabajo en la casa, eso es de personas que no les importa nada que ellos siguen siendo los dueños y se acabo todo, y el resto que se jodan, así me hacían Psicosis, pero el culpable es el Californiano que a comprado la casa, y que me jalen los pelos porque solo soy domestica, y no entiendo nada de nada.

increíble no se cansaban todo los sábados venían a molestarme y no se cansaban de irritarme, nunca les voy a perdonar porque yo la verdad no digo lo malo que decían por me pero mas adelante diré.

Parece mentira personas egresadas de las universidades con personas que no tienen educación se valían para tener ventaja en mi persona. Y no apreciaban que yo solo me dedicaba en el jardín todo los días, por la simple razón me gustaba el jardín y la casa había sido vendida y ya no eran de ellos, no sabían respetar tampoco al viejo Californiano que les a dado bastante dinero. Y todo mi amor era que yo no era una persona transgresora de mentira ni me gustaba humillar a los demas yo era una persona que les respetaba todo los días inclusive a la house keeper de Mrs. Rich. Solo Dios sabe cual era la verdad, como ellos eran Jews.

> I'm not sin in this earth
> My spirit is free
> No witches, no reviles
> Cannot take my spirit
> Belong to, my God
> No one going to intimidate
> Because they are sinners
> Who will don? Will be accused
> Por long time stupid people
> They got from me profit

And I have to live
With little money
Is no reasonable attitude
Stupid they abuse of me
This time I'll never pardo
Jesus, die only ones for the sinners.

13th DAY:

Mrs. Rich estuvo llamando fuerte a Arene, entonces yo me levante para ir a la piscina en el Club luego jugare bingo, estaré hasta 12.30pm luego me ire almorzar A King Cross. Donde jugare bingo también después de almuerzo, ademas me veo con las demas señoras que van a menudo al Club.

Pero mala suerte no tenia nada de dinero, así que lo buscaba a mi amiga Miss y que me preste $5.00 para almorzar y bingo, y luego lo vi estaba allí ella venia temprano porque vive en Cross, y le digo Por favor Missy puede prestaré $5 dollars, y me dice dice en mi bolsa tengo solo $3 dollars, yo le digo necesito $5 dollars para almorzar y jugar bingo, luego saca $20.00 dollars, y me da me traes el vuelto esta bien Miss y, así Corry y compre y luego regreso con su vuelto, donde me senté almorzar con ella, one Woman was near to us, y decía soltera solo anda prestando dinero, esa mujer siempre quería comerme como cualquier almuerzo, y luego Miss y dice: este almuerzo me enferma, (that lunch made me sick) era una mujer ordinaria, que no tenia ropa solo 3 vestidos tenia y lo usaba todo el tiempo.

también me dice después de terminar pon los platos a su sitio porque el olor me enferma también, y le digo no te preocupes tu te pareces a Margarita, era su amiga siempre me decía también algo que no me gustaba yo no soy una niña que esta aprendiendo, lo que pasa las viejas me hacían su hija, siempre lo asían así conmigo.

Al terminar el bingo nos fuimos a jugar las maquinas con $10 dolars que había ganado en el bingo, pague sus cinco dollars a Missy y luego a 5.30pm deje el Club para irme a casa temprano. Cuando llegue a casa había basura en la entrada de la casa no se si era de la vecina, y entre y le digo a Mrs. Rich que una grande bolsa de basura esta en la entrada y me dice tal ves Arene a puesto la basura o es da la vecina, luego corrió a preguntar a Arene y me contesto que no era la basura de ella, sino era de la vecina. Luego me dice porque dejas toda tu ropa en todo el cordel, porque no te estorba, hoy lo iré a recoger, y deja me sola por favor.

también viene como una mujer estrena cuando habla pone sus manos en mi cara, que me molesta en esa forma, fui y le dije a Mrs. Rich que había pasado, y me dice ella no lo hace por molestarte sino habla en esa forma, esta bien que hable lo que quiera pero no que me ponga sus manos en mi cara. Yo le he dicho muchas veces porque me molesta por la nada.

In Perth at 2.30 am was in the night
Stoping people in the track
Have very allow music,
"Always I love you"
Myself, get for the window
You are idiotic people
Here is a hotel, many people
Are sleeping, don't be nasties
For long time get from me profit
You not allow, to made me sick
Only sick and stupid done
I did ones, pardon, true not twice
I hit to look for phone
I didn't want speak such rose

Also with another men
I'm sick, tire do that
It was plenty enough
For 14 years made me sick
I live to got advantage from me
And a lot people thing, I'm silly
What's going on all the time
They don't understand me
Are silly fullness and silly eses
Why only made me mad
For 14 years I was work like
A Sofia Loren in one way
I'm not like her, I'm Miss Brighten
And no one made me intimidate
I'm never will be pardon again
If made me sick like in Perth
Like an ignorante people will be to bad.

Cerca las 10.50am fui al bano, y Arene estuvo allí, espere que salga para poder entrar, pero ella me vio y se quedo 10 minutos allí, pretendía que estaba haciendo algo pero no fue solo para hartare y que me orine en el calzón, después se salió y dejo el bano con un olores terribles, así que tuve que abrir las ventanas y luego cerrar la puerta, quiere que lo este tolerando sus graciosos bromas mas pesadas que pueden tener las personas cuando quieren molestar a una persona.

They are brutes on the way
For long time they don't understand
Miss Dull, she old and humpbacked
Who cam fixed, all the miss
That's the Michels own life

The same of Julius, Teresa, Diannas
And a lot New Zealand, own life
Who fixed, the diverse, widows
Devil, witches, is like money gets money
Why not sorrow? Have my God

14TH DAY:

El día estuvo amables muy precioso y me levante a escribir que mas tarde a mi misma me va dar gusto de leer, parece mentira lo que sucede lo que paso escribir absolutamente es increíble, pero no escribo todo, si escribiera todo no hubiera papel y tinta para escribir porque lo que me sude es demasiado, mas me hace su víctima. Después de escribir me iré a la piscina en el Club donde estuve cerca unos 30 minutos y allí me golpee mi cabeza que dolor yo misma me hice al voltear, y allí había dos hombres quienes se reían de mi y conversaban no escuche que decían pero les veía que hablaban.

Luego baje a jugar pokermachenes, hasta las 12.30pm, luego me fui al otro Club a almorzar, y y jugar las maquinas, donde perdí total $120 dollars, estuve con una rabia, que solo el mal me persigue.

Porque me dan de oír tanto, se ríen, y me hacen su mártir, piensan que no me duele, y se hace los tontos, y dice: "a ella no le duele ni siente nada", eso es la ignorancia, porque si no fueran ignorantes pensarían que todo el mundo es hecho de carne y huesos, por lo general somos seres humanos. Lo que pasa que son idiotas, y sucios con migo, ya no tengo palabras para expresarme y decirles que puedan entender, igual que Dr. David le decía a su mama: 'blow, blow'.

Ya en casa, había regresado temprano y salí con Tresure a caminar con mira de ir a su casa de mis relativas Julia, su mama estaba contenta pero no Julia porque su renovación de su piso no le

gustaba, pues yo le digo tus amigos lo arreglaron y debes reclamar
que lo puedan cambiar de color si no te gusta.

Miss Brighten dice has dos amores
She toll so many times
Since told, so many times
Since long time ago, she wrote
In many times and ways
But the people, just today take notes
Thats unbelievable the people
They don't understand at all
They like made me sick
One man there said, never servant
The ultimo histories
They don't have brain to make
Un common histories and not copies
All history are writing
My history is uncommon
Because is came from God.

Estuve mirando en la TV la película 'No con my hija' seria
or allí 9.30pm y mi compania Tresure estuvo conmigo, es una
perrita viejita pero extraordinaria (13 anos) ella duerme conmigo,
ya no duerme afuera mita de cuerpo es su casita pequeña que los
an hecho como para perro, por eso me dio mucha pena al verla
en esa forma que lo trataban, ella es maravillosa camina como u
Cavallo, corre y salta como un caballito, su color es plateado con
su collar blanco, por allí las 10pm Arene and Mrs Rich estuvieron
en el bano hablando fuerte para que escuche y decían:

Dr. Alexander gives her present
This house, and, no is interesting

Any more, he has more friends
And he's like a Travel
yes, Mrs.Helps live here
And put uncomfortable
Made me offen her servant
And said you have nice room
I don't thing so, you back to Julia's
Miss Brighten said, she is not!
Paid rent, neither Mosaic
house, And save money on the weekend
Also I have to cook, look after
And grading, and keep to
Put uncomfortable long house (near hours)
I can't can, stay with her
In the sunny room
Because she, has another servant
also, she received a lot of money
For the house!
I have to work on the weekend
To pay, old furnitures, gas and
Electricity is very hard
plus, miss Dull keeps annoy me
Every weekend has visitors, because
She has, her good cooks, and look after
For long houses, sowing as well
I buy food as well and gives
Her family, come and feel very comfortable
That's Dr. Alexander with his God
Since for long times own my profit
Only Brighten is the silly girl
Blessed until when would be like that

I don't believe any thing
My earth, is sick and tire!
To catch the bus, shout the money
Anger with the people annoy me
Not cloths, not pleasure!
Only mierda! I have got!
Every Christmas made me sick
Told me a lot, nothing is truth
His stupid man never paid me
I'll never received nice presents
With card "that is for you"
Only paid good money to
The detectives to annoy me.
It no right of nice close friends
That is always I'll be miss him
Of not came likes gentleman (Doctor)
But his dogs, they don't understand
Every one like to give with big spoon
They don't understand the language
Or pretend they don't understand
I'm not silly, I pretend silly
That's very different

Dr. Alexander (can't not) his new name.

En los anos 1984 estuve trabando con la dueña de casa familia Rich, estuve trabando de lunes a Viernes, era atroz venían a whasing up, y los fines de semana también venían a remplazarme yo en ese tiempo vivía en Rose Bay tenia mi flat y viajaba con mi bicicleta, pero cuando yo estaba en su casa de Mrs. Rich era terrible, era miserable en todo, en la comida no quería que coma mas, y cuando venían sus familiares comían en la mesa y yo no en la cocina, porque yo era la cenicienta, y me daban lo que a sobrado, algunas veces eran extranos conmigo nunca me dirigieron una palabra, y Dr. Alexander llamaba all the time con la voz de Dr. David (hijo de Mrs. Rich) oh! Mi Dios, yo pienso que este hombre Alexander no siente nada por me, solamente quiere ventaja sobre todo las cosas, porque me cerebro es saludable y no enfermo ademas soy una persona un común y libre, lo que pasa es una persona que no tiene conciencia de si mismo, solo le gusta molestarme por todo sitio, que no hay ninguna razón, eso es lo que me martiriza enormemente. también paga a sus detectives son copistas de Tony Lowry (TAFE) ademas me a sacado de mi oficina de TAFE y yo solo vivo de la superuanacion desde 1981, es un entupido hombre hace lo que se le da la gana conmigo, es un pobre bastardo.

Solo es descasten, así como en Perth hizo lo que quiso me saco del hotel donde vivía con los policías acusándome con falsedades, tale un día contare lo que paso, es una lastima no le funciona la cabeza para bueno para darme algo bueno es completamente extraño y mal hombre le gusta jugar conmigo escupido bastardo, no puedo mas soportar tanta basura en el camino como el aire que trae solo basura y no se sabe a donde va ni donde viene. Esta tarde llegue a casa y encontré una postal de mi amiga Aida que un día estuve en su casa en Brisbane, (1994) en ese tiempo estuve enferma que los doctores habían mandado que me pongan ampolletas para que mis nervios estén duros y sentirme un confortable, digo eso que los doctores mandaron de una estornudo sube, ya dijeron que estoy enferma, poreso algunas veces los doctores son algunas veces asesinos y ponen mal a las personas y o les hacen enfermos como a mi, de la nada me ponían ampolletas cada semana, pedazo de doctores son verdaderos unas mierdas porque dan mierda cuando les conviene. Seguro hacen esto porque era como una niña Silvia no habré su boca para nada, y hacen lo que quieren y Silvia aguanta todo shit que los perros hacen shit en la calle, eso es su pensamientos de los perros no le duele ni reclama nada, eso es cobardía y de personas que no les funciona la mente para nada bueno, eran ciegos Miss Brighten era inocente y no miraban que eran de carne y hueso y tienen un espíritu y que ama a su Padre Creador. Miss Brighten siempre cerraba sus oídos y sus ojos, su boca para que pase como basura y no pensar en nada malo que hacían conmigo.

La verdad Dios es el único que me conoce y me ama luego mi familia, también a ellos les martiriza terrible no justo, la vida vale mas que sus propiedades les de a mi familia, porque es tan necio y no piensa un poquito de bueno para hacerlo que vaya bien en el camino si siente algo por me y mi familia, también molesta a mis sobrinas, es el colmo es realmente un bastardo hace 14 anos, que no comprende nada de nada, y su "sentir mantenga el secreto" que inocentes son yo veo, siento, pienso, todo lo hacen en mis ojos, oídos, porque pretende tanto y se mantiene diciendo "mantener el secreto" yo tengo mi TV un hombre dice: "I can't no", "I'm no a friend" "I miss too much", and keeps, and keeps doing, no cense, y no hay sentido at all.

15th DAY:

El día estuvo maravilloso para poderse mover y ir de lugar a otro en bus y en tren, bueno mi decisión fue ir a Nelson Point y salí cerca las 9.05 am, y llegue a tiempo para jugar el bingo, terminado me fui a Chadwood para hacer mi compras porque me dijeron esta de oferta zapatos y necesitaba y otra cosa me quería comprar algo para mi, después de mis compras me mi a Hungry Jack, y me senté cerca de Hungry Jack en unas mesas, y donde el mesero vino y me dijo que las mesas era privado tengo que moverme, allí estuve esperando por mi Desert, y le digo estoy esperando por mi Dulce luego me iré alas bancas del frente.

Luego después deje el lugar para irme a King Cross, y jugar el bingo, que comenzaba a las 2pm, bastante tiempo y llegando a las justas, después, también jugué $110.00 dollars y no gane nada, luego cerca las 5 regrese a casa hacer el jardín y ponerlo en orden y se vea bonito, eso a sido mi vida en ese tiempo y ademas siempre escribía tengo muchos poemas y líricas escritas cerca de 3 mil, que lo voy a publicar también ya que tengo que tiempo por las tardes y manas, ya no voy bingo como antes in King Cross, había todo los días de Lunes a Viernes así que me quedaba almorzar y conversar con las señoras que Ivan allí.

Seria las 7pm Arene paso por donde estaba y me dice: have you feed de dog? No le digo me iré a darle de comer seguro ya tendrá hambre ademas ya era tarde, y luego me dice: no te olvides de darlo de comer al perro, estaba bien ya iré a darle de comer.

Después que regrese de darlo de comer me puse a escribir otra ves, y luego otra ves Arene : Mrs Rich dice que se esta gastando mucha agua, y se paga mucho, yo le digo yo siempre me voy al club a la piscina a nadar luego me doy un bathrooms allí, por acá solo lo hago fines de semana eso es todo. Siempre tenían que molestarme sea de uno y otro, completamente personas judías que en todo se fijan. Pero yo no le decía nada, que yo compraba mi papel ingénito y Arene lo usaba demasiado en 2 semanas se terminaba como recién lo he puesto y ya se termino, parecía que robaba y lo llevaba as su casa los fines de semanas.

Parece mentira en una casa donde se vive con dos personas diferente que se fijan en todo es bárbaro, yo la mayoría de lunes a Jueves salía al Club a hacer YGM o nadar en la piscina, solo usaba los fines de semana, pero como eran judías en todo se fijaban, por eso Arene no lavaba su cama por meses, ni sus ropa porque seguro

Mrs rich lo mezquina todo o también Arene era una persona aantigenic-a apestaba todo los días, yo veía porque vía allí, ella no le gustaba cambiar su sabanas yo veía porque hace 2 meses que estoy viviendo por acá en Woollahra Home.

16th DAY:

El clima sigue muy bonito no hace viento no frió, esta soleado la mañana, me iré a la piscina, y GYM, pero tendré que tomar mi desayuno que sea muy bueno para que me sostenga toda la mañana, pues tomare dos tostadas con un huevo hervido, un plátano cocido también y con mantequilla y tomare solo agua sino será muy pesado con un desayuno fuerte. Seria por allí ya estaba en en bus, para ir también a la peluquería que me hagan un corte de las puntas solamente de mi cabello. Seria en el club almorcé comida Italiana, y un mesero le di 2 dollars porque fue de Argentina y me servia bien lo que le pedía. después del almuerzo fui a jugar el bingo, y me había sentado con un mujer que se llama Cecilliana, cada ves que me sentaba con esta mujer, las viejas se ponían celosas, y decían algo no agradable, y no se puede tolerar, y yo les dije cuales son sus negocios que tanto se ponen celosas, que no viene nada en común con nuestra amistad, solo las personas son brutas con sus actitudes y sus ásperas palabras no vale la pena estar peleando por la nada que no vale con estas mujeres. después del bingo me ponía a jugar los pocker machines hasta las 5pm luego regresaba a casa, para sentarme con Mrs. Rich, y me decía que había hecho hoy día luego le digo, llegue temprano me puse a barrer y poner agua a las plantas porque había hecho un gran sol que tal ves se habían secado sus raíces, a mi me gusta verlos las plantas verdes y bonitas porque yo vivo aquí en Woollahra Home. Arene ya estaba con nosotras sentada luego Mrs. Rich se movía las piernas de un lado a otro lado so mana times y decía: Arene que vamos a tener para la comida, luego Arene contesta, No lo se! Luego dice Mrs. Rich hazme un un huevo pasado con una tostada y lechuga, luego apple and pequeño de crema. Y Arene dice que quiere decir, Mrs. Rich dice es solo para tu opinión. Miss Brighten dejo el sunny room para ir a su pequeño cuarto y mirar TV i las noticias, todo es increíble, ya no se puede las extracciones y palabras arruina a cualquiera, en mi cuarto ya estaba con Tresure ella no habla ni hace extracciones solo lame con su lengua y su cola mueve y decir tu eres mi owner a quien lo amo.

17th DAY:

A las 7.45 ya estuve en el bus para ir a Bondi Junction y hacer mis compras, y volver temprano como a las 11.30am mis compras fue una almohada de plumas, y pequeñas toallas para secarse las manos, luego me di un bano, Arene ya estaba lista cocinando en una olla con huesos de pollo para la sopa con vegetales y hizo sopa para el almuerzo.

> Miss Dull, took today
> One big tomato, one 1/2 lettuce, cream
> She took as well milk
> Us well despair towels
> All so despair blues towel
> Thats miss Dull done
> And said, miss Brighten
> She must move next door
> Here, she is feeling very uncomfortable
> Toilet papel is only for 2 weeks.

Algo extraño sucede con Arene, todo los días hace pequeños Roll and Roll de toilette papel y los Viernes lleva a su casa, parece mentira es algo extraordinario con pequineses se hacen transgresoras a nadie hace mal a mi no me hace mal porque son pequineses y vale barato también es una ridiculez que se puede hacer estas cosas de robo y es una house keeper para mi no me gusta esa clase de house keeper que son sucias con sus extracciones y son cochinas. Ella se hace mal porque eso es robar y comete una transgresión para condenar su alma.

Thats house, live happier
Who people work in home
Is ridiculous robos same times
but, they are recibe money
Why should take little things
unconscious is steal
Is no nice people to rob
Put them self dirty his soul
I-am not accepted such habits.

Ya son las 7.45 pm ya terminamos la comida, que fue pescado y fideos, Betarragas, luego helados, y tuvimos una conversación con la señora me decía que Arene no topa nada es muy buena persona en esos asuntos, luego le digo ya estoy paraca viviendo cerca de 2 meses, y veo lo que pasa, especial en el bano que comparto con ella, siempre se pierde el jabón o las toallas pequeñas, y yo le regalado a ella que lo use en el bano, yo tengo las mías, pero no ella lo lleva a su casa los fines de semana, y el jabón lo pone el mas usado y sucio, no es posible, poreso yo le digo que todo lo que sucede en la casa yo lo pongo en mi cuaderno de notas porque es mi diario, luego me dice ponte en la cabeza ella no topa nada OK., eso dice usted Mrs. Rich, yo siempre la respeto a usted y a ella y porque se porta así conmigo.

Luego me dice es tus ideas debes cambiar, luego cambia de conversación y lo llama a su nieta Jenny pero no estuvo allí, y me dice tu eres igual a Jenny, Yo le digo no yo no soy igual a su nieta, menos su pulsera.

Ya son las 8.45pm ya termine de lavar los platos que habíamos usado y las ollas, luego me voy al vano a lavarme los dientes, y estaba sucio es imposible como lo a dejado que mujer tan sucia no tiene ninguna consideración que yo también lo ocupo el bano, y el jabón lo pone en donde esta sucio y en el limpio lugar su jabón, solo hace para molestarme en esa forma, tal ves porque es vieja de 55 anos es miss Dull, no escucha, no ve tampoco algunas veces me da lastima como terminan las personas que no se aman por si solas en grande cabeza pero no le funciona para nada, ya me imagino como lo tendrá su flat será miserable llegar allí y ver como lo tiene porque yo veo lo que pasa cuando esta en Woollahra Home también Mrs. Rich no lo cambia su servilleta lo usa uno tras otro por semanas, parece mentira, yo lo cambiaba antes que lo vea los fines de semana, porque ella lo agarra la servilleta hasta cuando tose y estornuda. también por anos los muebles nunca lo an limpiado, especial de los libros esta completamente sucio que nunca les a interesado por pasillo de los libros de sacudirlos por el polvo lo termina las hojas de los libros.

Today to Miss Brighten kiss to miss Dull
Tell to Mrs Help what is wrong
And happened with miss dull
After Mrs Helps said:
I feel very awful really bad
Made me bad the kitchen
Miss Brighten what's happen
I put up set to you about Dull

Don't worry about that
It's nothing the little things
You must be strong
And hear on TV happier
That's the sinners
Condemn they re spirits.

Con migo miss Dull es también muy mala especial en el bano y la cocina con sus extracciones son peores que no me gusta nada. El día Lunes había llegado Jenny y estaba en la cocina yo había comprado un melón y estaba en la mesa de frutas, y Jenny agarra el melón y lo corta y lo da uno para Arene y otro pa ella, luego le digo te gusta la fruta si me dice, y para mi nada, si era mío no de ella graciosa, pero yo no le dije nada. Solo callada estuve para ver que pasa, después antes que corte el melón había traído galletas y le dice a Aren ponlo allí y tu vas a ser que vas a mandar, Jenny también era fresca agarraba solamente Arene nunca compraba fruta solo frutas pequeñas eso era todo. Luego yo me fui a mi cuarto ya era las 9.30pm, y Jenny se mantenía conversando con Arene pero conversaban de reja a oreja que no escuche, nada eso a sido la Jenny cuando venia por woollahra Home.

Was have told miss Dull
You eat and sleep in big room
And has't pay any thing
How come she steal
The food and lazy in works
Also con miss Brighten
She has been nasty.

18th DAY:

Me levante temprano a las 6am para lavar mi poto que me picaba mucho luego me volví a la cama a dormir untill 8.30am luego me levante para darlo su te a Mrs. Rich y yo tomar un grande baso de agua, también lo ayude con su medicina, luego le di el periódico que lea hasta que Sandra venga a banarlo, a las 9.30am. luego iré a la cocina tomar desayuno luego preparar el pollo al horno con todo sus condimentos y vegetales porque ese día vendrá Mrs. Scott, era una de sus buenas amigas para el almuerzo desde que yo he vivido cerca dos anos siempre venia almorzar igual que Dr. David y su esposa por el fin de semana.

Mrs. Scott había llegado cerca las 12.35pm, y cuando llego a casa afuera me llamaba decía puede ayudarme mi falda se a caído, necesita arreglar el botón, puede arreglarlo si le digo pero no ahora porque estoy ocupada en la cocina, y luego Mrs. Rich venia en su silla de ruedas caminando para ver que sucedía, y solamente Mrs. Scott le dice que a sucedido y se dirigieron al sanny room. luego me dice Mrs. Rich puede arreglar la falta con su botón que se a perdido si le digo pero hoy estoy en la cocina ocupada para el almuerzo después lo are. Pero las señoras insistían que debo hacerlo rápido antes del almuerzo, bueno le digo necesito aguja y hilo, fui a conseguirlo y lo puse su botón a su falda de Mrs. Scott, luego ya ellas son viejas ya no podían nada ayudar, pero todo lo hice rápido y todos en la mesa y Mrs. Scott cortaba el pollo y repartía, y en la mesa comiendo dice el asado esta muy rico, ya esta buena para esposa, luego le digo ya soy esposa, y hubo un silencio luego Mrs. Rich dijo: si ya es esposa, solo que el esposo esta de viaje, y se ríen las dos señoras, estuvo muy bueno el asado así que se repitieron mas, y Mrs. Rich nunca se repetía pero hoy se repitió mas pecho y gravé, yo no porque Mrs. Scott me dio suficiente pierna completa así había comido demasiado estuve de hambre también. Cuando terminamos les digo café, si dicen pero lo tomarán en Sunny Room, así fue su orden y rápido lo hice su café luego los lleve, y Miss Brighten se puso a lavar los platos y todo lo que había sucio, rápido todo, ya estuvo listo en menos de 1/2 hora y estuve en mi cuarto descansado 45 minutos después de haber escrito lo que sucedía hoy día en el almuerzo.

después me levante a ir al jardín para ver que esta haciendo Tresure, y vi que se había hecho shit en el Graz y me detuve a recogerlo todo lo que había hecho. Luego escuche unas llamadas que alguien había llamado con mi nombre salí corriendo, era la pareja Betty y su esposo venían a visitarlo a Mrs. Rich. heló! les digo! How are you? Y me preguntaron por Mrs. Rich, esta con compania por el momento con su amiga Mrs. Scott, entren ella esta en Sunny Room. Luego les deje y volví al jardín. Para jugar con Tresury, y otra ves me llamo Mrs. Rich con la Campania y fue que pasaba y dice ya son las 3.40pm puedes darnos una tasa de te, esta bien lo haré y les traje su te con galletas, y Betty me dice te gusta hacer el jardín si le contesto, porque vivo en la casa y para que se vea verde y bonito me gusta hacerlo.

Cuando Mrs. Scott dejo la casa y se fue a la calle esperar el taxi, pero no venia rápido luego la lluvia vino y pedía una paraguas, y Corry con un paraguas vieja que le pertenecía a su hija Mrs. Procter y estuvo esperando en la calle por 45 minutos con tanta lluvia. Y yo me moje con la lluvia fue fuerte, que se hace tuvo que suceder. Pero para Mrs. Scott fue terrible el taxi no vino, hasta llamar otro taxi, y una vecina me dice Miss Brighten Ya llame un taxi ya viene En un minutos, así que le digo a Mrs. Rich el taxi ya vino no llame mas, la vecina a llamado ya esta arreglado es taxi ABC. Ya era 5.45pm fue terrible that day por Mrs. Scott.

Esa tarde también tuve mojada y cambiarme ropa seca y luego mi cama cambiar también, porque not tengo muchas sabanas tengo que comprarme otra mas y almohadones que necesito.

I really like in hotels
Every sheet day change.
All the cloths send to dray clean
Wear every day clean and fresh.

Esa noche seria por allí 10.25pm Mrs. Rich se fue a su cama, después de muchas horas que he trabajado tan duro ese día, parece que he trabajo de Lunes a Viernes, me voy a la piscina a nadar, hago GYM, hago compras, juego bingo, luego las maquinas es un trabajo duro porque se maneja la mente y el cuerpo físico así es la verdad, también tengo los ojos fijos, la mente que la gente me mira y me desprecian y en seguido me fastidian.

Miss Brighten often nasty dais
She make and try a good days
Because she loves God
That's she keeps happier and tidy
The life is wonderful with
Sun, rain, birds, trees, flowers, etc.

19th DAY:

Me levante cerca las 7.10 am para escribir mi diario que usualmente no escribo mucha chifladura o asuntos porque no son interesantes, y también no escribo mucho porque seria que se gaste mucho papel y tinta, ya son 8.25 lo daré su te a Mrs. Rich y yo me tomare un grande vaso de agua tibia.

Miss brighten has been read
The holy book proverbios
And hear the birds sings
Also Tresure is pissing.

Hoy día tome medio vaso de apple juice con agua, fue un mes de viejo, luego lo cambie por un nuevo, los fines de semana uso todo lo que es mío, y lo doy a Mrs. Rich también y a sus amigas que vienen visitarlo, como mi arroz, mi fruta, y algunas veces lo agarro sus dulces de Mrs. Rich de su pequeña botella que lo tienen en su mesa a su lado. Esta semana no hice ningún torta, por hay ya se va malograr lo daré a los mormones que vendrán esta noche, ellos vendrán a las 3pm también pienso de hacer un día comida para los elderes porque ellos trabajan para Dios, otros no ni les importa tampoco dan caridad y no es bueno, porque God es God y esta en los Cielos.

9.30am Sandra viene y me dice he comprado pan para ti, puedes tenerlo para tu desayuno, verdad! le digo, estuvimos en la cocina, luego se fue Sandra a banarlo a Mrs. Rich y le decía tal ves le guste la mejor posición creo que eso fue para me, porque Arene no esta aquí, y yo hago su trabajo de Arene. Yo trabajo largas horas y quieren que me sacrifique por las dos ancianas, no es posible no son buenas conmigo. También decía Sandra que a comprado una falda para Mrs. Rich pero le queda grande, si quiero yo puedo acomodarlo a mi sisa, y a costado $15 dollars, gracioso yo no quiero nada. Parece mentira Mrs. Rich y Arene solo esperan el cementerio, porque no se acuerdan de Dios, y para ellas en estas situaciones no les interesa nada. Luego Mrs. Rich dice si no te gusta déjalo otra persona le gustara pero no lo vas a cambiar por son unos par de dollars solamente. también dice la casa esta maldita, perdón que dice! yo contesto porque dice así, no es bueno decir así por la casa, yo trabajo bastante por los fines de semana, y usted no paga mas por your old furnitures, cerca las 10.30am lo traigo su desayuno también el pan que Sandra a traído, y me dice el pan no porque Sandra hace caridad para ti. también dice tu no as tomado para ti regresa a la cocina, pero Mrs. Rich se pone con estrés, y dice estoy conmovida me siento cansada, luego le digo que va a tener para su almuerzo, y me dice solamente un huevo pasado con un tostada eso es todo. Yo me hice una tortilla con tomate, luego dice tendrás un rico almuerzo, también le digo hoy a las 3 pm vendrá personas de mi Iglesia a darme una charla, y ella me dice bueno vete a la cocina y ella tiene que hacer negocios en el bano.

Así que se llego las 3 pm los elderes vinieron y lo presente a Mrs, Rich eran de NZ y les daré torta y una bebida, cuando estuvimos en pleno mensaje del libro Mormón, una grande cucaracha paseaba por su mano de un elder, y lo tiro rápido que susto, parece mentira como vino esa cucaracha ese día no había en casa, no se si lo trajeron o que se yo.

Ese día también vinieron hombre a cortarlo los arboles del jardín y del frente de mi cuarto, que no higa nada de plantas y que no vea flores de mi dormitorio, que personas tan egoístas no puedo creer so perversas no quería nada bueno para mi, pero si todo malo que pueda haber así estaba contenta.

Ese día fue maravilloso para mi mi espíritu se regocijo tremendamente, porque simple mente por leer las sagradas escrituras, y el libro de Mormón DC 31, terminamos cerca las 4.30pm, les di bebida de naranjas y torta, y todo se hizo en 30 minutos los elderes fueron uno de USA y el otro de Canada, nos despedimos luego nos despedimos, y yo me fui a dar un bano ya estaba cansada de todo la mañana que he trabajo con Mrs. Rich. Ya son las 5.25pm muy cansada me fui a cama temprano.

What a wonderful done God words
I believe with my hearth and mind
And all my holy spirit
because only one we must honour
God is our maker of the universe.

Mrs. Rich estuvo comentado acerca de Dios y dijo que es su
profeta también, and she looks fresh and and she is in Home, y
se ira a dar un bano, cerca las 9.30pm, así fue Arene takes to de
bathroom y conversaban por el pasadizo, pero no entendí que
decían porque yo ya estaba por dormir, pero pude oír lo que un
poquito decía she is Beautiful and cooks the dinner, and has the
shower and look very fresh. Arene decía ya estaba en la cocina,
que ella también es así, and mas Watch out!, sino va ser como
la Asia Woman en Paramata, que su novio lo mataron (político
se llenaron de envidia de la Asia Woman y lo mataron) también
decía que es a business man, gives a Lots jobs por people, and gives
charity por Poor peoples.

Miss Brighten, star and not hassle
And Mr. Can't care for the people
Both love God and not the divil
Miss Brighten, very popular
And a lot people only offended to her
many tell silly because works hard
Also a few said she's proud
I thing Miss Brighten, for her wisdom
She keeps bright and success
And she is not has enemies
Only has, jealousy the people and
a lots covetous of my lovers
Also a lots want to be like miss Brighten

Ready to best wish love a my God
Said miss Brighten with the heart
Many have being envy of her
That is stupid way all the time
And not make sense since long time
Keep the secret she is not understand
The old man care for her likes that
And Mr. can't said I miss so much
Both play the game of hide
And every one laugh and learned
Miss Brighten has a lot that's patience
Why many abused and nasties on the way?

20th DAY:

A las 7.30am me levante para escribir lo que entube escribiendo luego a las 8.45am tome un grande vaso de agua y deje el lugar para ir para Bondi Juction para cambiar mi sobre cama y ademas comprar dos almohadones mas que necesito, ya lista de mi bano me puse crema a mi cara, y sentirme limpia, luego jugare bingo, en el Bingo ESClub unas mujeres se abrazaron y decían to no me reconoces, y otro mujer se sentó cerca de mi y me dice tu no me reconoces yo te vi en King Cross jugando bingo, I don't answer at all yo no. se a que se refiere, nunca lo he vista a esa señora. despues de todas maneras usted me conoce pero yo no, yo vengo siendo popular desde 1974, cuando las Australianas me hacían popular por los radios y todo la technica ya era conocida, yo se que soy muy conocida por esta fecha, pero si no quiere aceptar que puedo hacer nada absolutamente nada, solamente puedo decir que se ponen celosas hasta cuando uso un vestido nuevo, también he recorrido tantos lugares del mundo para escribir y contar de mis experiencias yo se que los hombre me aman también porque no soy bruja tampoco deshonesta o desigualdad ante los demas.

Every Sunday on the church
Always clean and tiny
I Not speak bad for the another
Keep always be quiet look and hear
Every thing in my hearth
My secret of the human being
That is why my success of my life.

Al terminar fui al Club King Cross and I say to the woman I will see next week.

I don't comment same thing else
Made me, only sick
I'm being bear a lot only nasties.

De todas maneras ya en el Club ORC tuve almuerzo y allí las mujeres siempre me atacan con sus extracciones y palabras que me alocan siempre, muchas hablan gracioso para que se rían, siempre pensaba y decía porque estas mujeres no cambian de actitudes sirven para molestar hace mucho tiempo que estoy aguantando sus insolencias que no van por ningún lugar bueno, ni hacen nada bueno, por eso les dejo y me voy a conversar con las meseras, eran jóvenes y sus cabellos se parecían a mis familiares, así muchas personas que me recuerdan a mis familiares o amigas y siempre lo he guardado en mi corazon, que hace mas de 15 anos que he estado en diferentes países del mundo eso me hace feliz porque en chica mucho anhele viajara y conocer el mundo.

Investigates were said:
One another, or another
And keep in press-ion
Miss Brighten doesn't like that facts.

One woman on the bing said: can you see, that woman is the ones bing (Teresa solterona a her age wants to be interesting) no lose porque las viejas se ponen tan envidiosas que ganan bingo, en todo se fijan y tienen que hablar solo mal de las personas eso es codicias porque no se fijan entre ellas, se ponen envidiosas que gana mitad de bing eso era todo.

Regrese a casa cerca las 4.30pm fui a darme un bano estuve cansada de que las viejas en el bingo solo tienen la palabra de molestarme y están en mando de poner me molesta cada ves que estaba allí, entupidas mujeres. Arene allí en casa cuando estuve en la cocina ponía azúcar a mi te y me decía: You put to much sugar! and expendes to much! No es verdad solamente gasto mi azúcar marrón y no su azúcar blanco de Mrs. Rich, luego me puse hacer mi comida sopa y me fui a comer con Mrs. Rich and sunny room y mirando TV, luego a las 7,30 pm Arene viene son su comida para Mrs. Rich luego me dice as dado su comida a la perra, no le digo siempre estaba ordenándome y estaba en charge, y decía van a ser las 8pm Poor Tresure tendrá hambre yo me salí a ver TV en mi cuarto por eso les dejaba siempre a las viejas malas.

"miss Dull keeps ordering and she is in charge"

At 9pm lo abrir mi cuarto para que Trusure venga a mi cuarto, luego Arene dice: no lo traigas yo no lo voy a poner afuera, tu tienes que ponerlo, no lo conteste nada serré mi puerta con Tresure.

estuve contenta con Tresure y nos pusimos a ver una película "Robin Hood - Príncipe of thieves" hasta las 11.30pm estuvo muy bonito es una historia de romance, eso es yo que aprendo de las películas de buenos argumentos y no nada aprendo de horribles argumentos de personas que les gusta molestar y no dejar en paz eso es lo pasa con personas que no están confortables y se sienten terrible mente solas, entonces piensan que con molestar van arruinar sino ellas se arruinan mas porque es la lógica las personas egoístas es su camino es molestar y se ponen peor sus sentimientos malos que tienen en eso termina todo. Bueno yo me dormí cerca la 1am porque estuve meditando y me acordaba de mis hermanas y sobrinos.

21st DAY:

Me levante a las 8am para tomar un baso de agua, y me fui al cuarto de Mrs. Rich para preguntarle si va a mirar la entrevista de la Princesa Dianne en la TV, y su contestación fue que si, luego le digo iré a prender la TV en Sunny room para poder ver la entrevista de Lady Dianne, así fue todo abrí el cuarto y toda las cortinas y prender la TV, así podremos ver bien, luego Arene viene con Mrs. Rich y me dice: last Night you sleeping with Tresure!, ella apesta, si le contesto necesita un buen bano hace varios días que no se vana por eso es lo que huele feo, ademas ya esta vieja no se puede estar banando mucho cuando hace frió, y en las manas come su zanahoria y Célere.

Cerca 8.45 am a esta hora ya estuvimos viendo la TV de la Interview de Lady Diana esposa de Prince Charles.

> She has her own personality
> She is clever and strong
> She is being suffer a lot
> For the press-ion public
> She has the last fact
> She likes to Miss Brighten

And she is still love to P. Charles
I like Lady Dianna!
In my home I have a big photography (both of them).

10am ya termine mi desayuno, luego me iré al Club, pienso antes iré a visitarlo amigos familiares su prima de mi mitad sobrino que no viven muy lejos donde yo vivo, parece que va llover igual que ayer, es bueno que moje los parque y me ahorro de regar el jardín de la casa, ahora estoy allí y los pájaros están que cantan les daré u abrazo porque me gustan ellos, tienen lindo pico que no hablan mal ni cantan mal solo bueno alabando a Dios.

Ya son las 10.45am caminar a Julia, su mama, y sobrina Carolina, también lo preguntare a Carolina que quiere venir a mi casa para almorzar y irnos al cine pero ella nunca quiere, pues yo no tampoco lo exijo, porque tengo que rogar a personas que no tienen a bien con mi compania.

Parece mentira ya no me gustaba el lugar tampoco, por tantas cosas que no lo mencionaré nada por ahora, después cuando estuve conversando y preguntarle el teléfono de mi Half nephew, suena el teléfono así deje el lugar, pero su mama a sido una linda señora de 94 anos, nunca dijo nada por nadie eso es bueno, como decir: "yo hablare todo bueno de alguien" de todas maneras salí y me fui a Bondi Juction para ver cuanto tengo de balance en ANZ banco solo tenia $590 eso era todo, luego me fui a West Bank if my supper esta allí ya, sacare $50 dollars, y me iré a King Cross almorzar y a jugar el bingo.

después de mi almuerzo me fue arriba para jugar el bingo y allí estaba una silla vacía con las señoras Missy y Margarita pero a mi no me importa que me tratan mal también allí me senté con ellas, y solo conversaban en alemán y yo no entendía nada que decían por eso me mortificaban y se reían algunas ves es completamente malas las viejas. después conversaba con una tal Monica pero no se quien era pero le decía que su hermana no me quiso dar el teléfono para llamarla, no es importante.

Last Maria Elena, she is the priority
And not miss Brighten because
She is not family for blonder
That is why Lucho, doesn't like much
because they are same times funny people
They circle is short and lower
There are silly and many ways.

De todas maneras jugué las maquinas y gane $500 dollars compre mi ticket para bus y tren, luego me fui al cine a ver King George ($8.00) fue desde las 6.45 hasta las 9pm después fui a comer pizza on McDonalds y llegue a la casa cerca las 9.15pm, Arene me habría la puerta y le decía como estas Arene y me dice no pongas las luces off, luego mrs, Rich me dice: tuviste buen día, si me fui al cinema y vi la película de King George no estuvo mal pero no fue muy bueno, fue gracioso la película, antes cuando llego a la casa la lluvia comenzó a llover, pero ya estuve en eso fue maravilloso.

Ya en mi cama me puse a meditar y decir que bueno es Dios, te doy las gracias por ponerme en casa antes que me moje en la calle porque tenia que caminar varias y largas calle de Woollahra, y también le di las gracias por tener viva y sana, Dios es Dios y el esta en el Cielo y yo en la tierra.

Arene estuvieron en el bano conversando solo de mi comentaban y decían que hacían lista pero no se incluye a ella, por muchas razones no le digas nada ningún comento ella no debe saber nada.

22nd DAY:

Muy temprano me disperte y pensé que era las 7.30am, pero no ya era las 8.30am fui a tomar desayuno y un baso de agua, Arene estuvo allí en la cocina y me dice que se a levantado a banarse a las 5am, luego le digo as hecho lo mejor porque es bueno para la piel y la salud, pero no fue cierto solo me engañaba, ella no se vana mi se levanta temprano, para cerciorarse fui al bano y no hubo ningún rastro o senal que se a banado, solo abierto el cano que corra el agua eso fue todo para mi no me engañan porque yo veo los hechos luego digo lo que es yo no me justa juzgar a nadie pero a la persona mentirosa se busca los hecho y de allí se habla.

Miss Dull, lie to me has shower
Not signal she has one
Only change a week cloths
She wants lie to miss Brighten
And lies she self is fanny
That is Australia too.

De todas maneras el tiempo estuvo mojado y frío lloviendo corría viento en una palabra estuvo miserable el tiempo, luego me fui a Kiriville Club luego me había sentado con una pareja que tenían acento americano ya me había sentado antes y ya les conocía, ningunos ganábamos luego el hombre dice por momento tenemos malos libros, luego yo gane medio juego que pagaban $5 dollars, y la mujer era como mi amiga Missy de King Cross, después de bingo la pareja se fueron a jugar las maquinas y yo me regrese a King Cross, para almorzar y jugar el bingo, yo siempre estuve allí en el Club ORC porque el almuerzo era bueno solo $2 dollars, algunas veces era T-b-one, con chips y saldad era siempre bueno por eso muchos estuvieron allí, después Missy estuvo jugando las maquinas y no ganaba nada, y yo había jugado también con 5 dollars y había ganado $65 dollars y fue magnifico y Missy se puso rabiosa y me dice tu debes pagarme el bingo, porque le digo porque me prestas dinero para el bingo y almuerzo$5 dollars, verdad? también me dijo tu tienes suerte y ella nunca tiene suerte por eso se ponía celosa y mala algunas veces.

Algunas veces era perversa con ella misma porque ella tenia dinero su propia casa y tenia pensión y trabajaba haciendo la costura y cobraba bien y se ganaba, otras veces era buena me invitaba a su casa a comer o almorzar, por eso yo lo llevaba o lo acompañaba para ir algunos sitios a hacer compra acompañada (ya murió varios anos) ella tenia su hijo y nietos que su hijo tenia restaurante, y todos sus familiares lo quería y lo pasaba bien pero no vivían con ella, Missy tenia su propio flat.

One mesero boy Driart trabajaba ally y me dice: you are made too much travel? To much works made me sick, is no made any sense, very funny, and call me Mrs. Fisher, no comprendía porque tanto me hablaba de esa forma, yo siempre era mi acquitted siempre normal, tambien dijo Driart 'que lo desprecio mi fortuna, y eso es por long time eso me gusta'.

I wish put in my eyes
A big diamante blue white
Likes a big orange in basket
I can said not, I tell money.

Todos estuvieron allí, y se mantenían diciendo, ella es tonta, entonces les dije: "porque tanto me arruinan", ya no tengo palabra para explicarles, por favor no me molesten es demasiado, escupidos idiotas, entonces ellos dijeron otra ves seguro esta 'sufriendo por el', eso era de ignorantes personas, no hay sabiduría, en ellos hablan porque sus instintos les dice que hablen mal de mi, piensan que yo no siento ni tengo sentimientos, soy santa, pro estoy hecha de carne y huesos, también ustedes son comunes y yo no por la simple razón pertenezco a Dios Padre, y ustedes solo les pagan para que me martiricen, es no el punto que me van hacer especial si ya soy especial por mi Dios y Padre Eterno. En el mundo hay muchas gente comunes divorciadas, separadas con hijos, eso sufrir y hay una gran razón en estas personas tienen que trabajar para mantener a sus hijos luego a buscar otros maridos eso e sufrir tercamente porque ellas mismas se dan su propia maldicion.

One India woman said:
To miss Brighten, do you like see movie,
please, she is not in a good mud,
and, sinner people, same warm person
Why put me often upset
And Mr. can't is only a dog
Whet can, I will do, in the circumstances
Only get, away from this people
And avoid the las circumstances.

Estuve sentado jugando el bingo con dos mujeres una era so áspera y ofendedora no recuerdo sus nombres pero eran nuevas, una de ellas me dice: 'me an dicho que eres millonaria', y 'porque estas aquí jugando el bingo, comiendo como una vega con 3 dollars', entonces le digo si soy millonaria y popular, no estas viendo y escuchando que solo de mi hablan mi mal, me ponen siempre an confortable, y yo me mantengo en pie y eso es un trabajo muy duro para mi solo mi Padre Creador sabe mi dolor pero las demas personas nadie sabe nada de mi solo saben decir tu eres millonaria, también tengo mis hábitos y juego el bingo es cierto mas me sacrifican como personas ignorantes y no entienden de la nada, nadie me da un centavo demas solo tengo la pensión, eso es todo yo ya no puedo expresarme en ningún lenguaje y decir porque son tan ignorantes, deben pagarme por lo tanto que me hacen sufrir y no entienden ningún extracciones eso es personas sorda y mudas.

1981 my picture was in the newspapers
The news paper is not free
My picture was in the TV
Is not free and writing few years ago
Is in the radios and public por free
All the time on the TV and radios
Is not free ether,
And many my susses they used,
Please don't pretend
All I keep in my heart
until 1984, after only sick
I can't any more, please
I have eyes, hear and small TV
I am not 18 years old any more.

Retorne a casa estuvo lloviendo y me había olvidad mis lentes en el Club así me hizo muy difícil, también quería comprar un radio pequeño que no tenia.

Mr. Can't, no le importa de mi de nada,
Only pay the detectives and said
Care for her, and remain me
She must suffer for me
That I said hi is a stupid
Because he looks awful and pallid
His eyes awful, because is
Likes a barn awl, it was cry

And suffer likes a stupid
Has a broken heart and sorry for himself.
And feel happier buy him self
I'm sick and tire this things
I have another way to made understand
But I don't want to made me sick
It was enough I'm human being.

Había llegado a casa temprano, 6pm y entro a Mrs. Rich para saludarlo como siempre lo hacia, pues le digo como esta, como a pasado el día, espero que todo a salido bien, y ella me contesta no my malo hoy día estuvo Dr. Davi con su esposa y an comido pescado, (no se si me mentido o decía cierto) luego Arene me dice donde as puesto los limones que as sacado del árbol, no he podido encontrar nada, bueno le dije los buenos lo exprimido y lo puse al fridge para que se conserven mejor y puedan durar mas tiempo, y los malos los tire a la basura porque no era bueno tenerlos que no sirven para nada. Y yo no quería que se haga con las naranjas que se a votado todo a la basura porque no lo comen ni se pueden guardar, ya era 10.10pm, ya estuve cansado me fui a mi cama a descansar y los dejo a las viejas piconas mas era Arene.

Tresure estuvo mojada y apestaba feo, porque todo el día había estado lloviendo y Poor Tresure nadie la quiere tampoco y no había lugar que pueda descansar y no mojarse, su casita era pequeñita, así que solo su cabeza estaba seco después todo mojado.

Tresure is smell awfully
I tray to put out but refuse
She bite me, and stay in
She is very naughty girl
As well, she move and snore
And very noise and shaking.

Estuve mal no pude dormir, la alarma de mi reloj radio sonó varias veces e,3, y creo que me dormí a las 4am hasta las 8.30am

23h DAY:

Me había despertado cerca las 8.30am y estuvo lloviendo y mucho frío, vuelta de regreso al Invierno y tengo que usar ropa de Invierno, como siempre me fui a Club Kirribilli a jugar el bingo, como siempre lo hacia

Y a las 12am me regrese a King Cross para almorzar y ver a las personas muchas agresivas conmigo, siempre eran como perros que ladran en el camino pero perro que ladra no muerde dicen, siempre pasaba algunas veces por alto. después el bingo pero me había sentado con una Joab era Australiana fue bien áspera que solo hablaba fuck a cada momento me irritaba tremendamente también decir shit así se deletrea, luego le digo porque solo hablar ordinaria y áspera y me dijo que le gustaba y pronto se va no se queda para todo el bingo que no le gustaba nada.

después baje a jugar las maquinas y ganaba $4o dollars no estuvo malo hice una ganancia, necesitaba para comprarme un nuevo teléfono lo are mañana. Ese día había recibido muchas cartas de mi familia, donde me decían que mis familiares todos bien de salud solamente mi hermana se fue a USA ella tiene 4 hijos, y que se casaba su primer hijo que era Ingeniero Químico en Peru pero no se en USA, también mi hermana mayor están ya en USA con su hija y nietos todos se encontraban bien de salud. también me decían que me deseaban que tengo unas buenas Navidades y que no me preocupe por la nada y que viva la vida. también comentaba del hombre que digo que me molesta tanto que no me preocupe, yo pensaba como ellos sabían muy bien pero estaban advertidos que no me digan nada que no debo saber, por eso es la razón que mis pensamientos ese hombre que tanto me molesta no me ama solo le gusta molestarme no es justo por que nunca me dio un solo regalo que diga "de tu amor que te ama y te molesta" eso hubiera sido algo maravilloso, pero ningún sobre nada solo le gusta molestarme eso es que me molesta tanto en mi vida, porque no tengo ningún recuerdo, no foto no carta, no tarjeta ningún centavo me a dado como es posible que lo este aguantando tanto por la nada, solamente dice sus perro va recibir su cheque, cuando eso es venganza y odio que me tiene no hay ningún amor por me eso es que me mortifica tanto.

For 15 years never send mi a present
That is matter his address or name
I don't wanted where is him
Or his bladder signature
That why I'm never attest
Because he doesn't wanted
But he likes and wants
Made full and anger
And keep, doing, and doing
He is a cruel and nasty
That is why is it not made sense.

Por ahora ya son las 9.45pm Arene and Mrs. Rich estuvieron en el bano comentando acerca de mi, Arene decía: solo apesta, no se bana eso es la razón que apesta tanto, (Brighten) ella siempre se va a la piscina todo los días, Arene contesto verdad! tal ves es una grande broma solamente son los últimos comentarios acerca de ella.

Miss Dull and Mrs. Helps done big jest
The joke is miss Brighten has stink
She is not has a shower every night

In her room is stink
Miss Brighten sleeps with Tresure
And her she's not has bathroom
For near 4 weeks because is cold
And she's stink, but not the room
The room has 2 doors and window
Her stink of Tresure is go out
But miss dull has shower only Fridays
But put talco change new flat mattress foots
And her towels live on the washing plastic
Miss Dull not wash either the wash stand
Miss Brighten, did ones after only half done
She is not wash her shell either
near 2 months and never open her window
Neither wash her head
Either on Fridays when has a shower.

24th DAY:

Un día maravilloso como para poder ir a la piscina y nadar,
ya son 7.40am me levante para tomar un baso de agua que es
bueno para mi sangre, no había tomado desayuno como para
ir a nadar, luego haré unas pequeñas compras como 2 kilos de
azúcar, 1 pequeña toalla y un tapete para los pies del bano para
no resbalarse cuando uno se bana. Había salido a las 8.45am,
y retorne a las 11.45am, pero veo que el día estuvo mejor que
ayer.

Miss Dull said live the pop
Don't cut is still green
I live the strawberry, fruits to For Mrs.Rich
Miss Brighten said, many times

Don't give me orders?
I'm in home and I know all
I don't give to you orders
Because You don't work for me
Miss Dull said, sharaup! Why you are rough!
Miss Brighten said, when was the last
You didn't wash the curtains of passage
Miss Dull answer for few weeks
Why you ask me is not dirty?
Miss Brighten said, I will do to be clean
Because I'm being in the home near 2 months
And the curtáis need washing up.

Hoy did es Viernes y Arene tiene que irse a su casa para que descanse, luego me fui a Mrs. Rich para preguntarle que va tener para su almuerzo, me dice me gusta tu sopa de espinaca con una tostada mantequilla eso es lo que quiero.

Mrs. Help said: have you hear
To miss Dull what have to do
And what I have to eat
Miss Dull said: no I didn't tell
Any thing because she doesn't like
And she left the house
Whit her big bag of a lots of things
Miss Brighten doesn't answer at all.

De todas maneras puse la olla con huesos de pollo para la sopa, y me fui a barrer las hojas del patio y todo el corredor que estaba sucio y se veía feo no arreglado todo la parte de atrás luego tuvimos almuerzo las dos, Mrs rich estaba muy contenta con un rico almuerzo.

Luego lo sacare el pollo para mañana hacerlo asado porque siempre se tienen visitas on Saturado, pero de Lunes hasta el Viernes nunca visitas porque Mrs. Rich esta con miss Dull they have dinner and lunch, miss Dull has easy dinner, and always sit with Mrs. Helps and she has big room and eat free and annoy to miss Brighten since she arrive to live home that is crime and why they got always profit of miss Brighten that is over and over since miss Brighten arrived home.

Por ahora son las 3pm Mrs. Rich espera la visita de Mrs. Woodman (a lawyer) ella vendrá a las 3.20pm, y tengo que poner las tasas y galletas y cake para las visita, antes que venga Mrs. Woodman, la vecina que era Ruth, y venia a ver sus libros de Mrs. Rich, todo complicado tenían su Cenicienta que trabaja duro así que Mrs. Rich se aprovechaban siempre de mi, en esa manera me trataba mal siempre por fin de semana, después de 10 minutos Mrs. Woodman llega, y salí a recibirlo era una señora de edad avanzada también, pero yo gustosa les atendía a los que llegaban, así que eran 2 visitas tenia que poner 4 tasas para el te, luego los llevaba y así conversaban no mucho luego se Ivan rápido mas una hora era todo que estuvieron en casa eso era todo de las visitas, igual sus hijo y nuera, llegaban a las 12pm y ya se Ivan a las 2 o 2.30pm eso era todo.

> Miss Dull this week got
> For her own place butter
> chicken fleets and butter
> Every Friday take butter
> And got a lot ace cream.

El ultimo Miércoles estuvo por aquí su hijo David y su esposa, y tuvieron almuerzo después su esposa lavaba los platos y me dijo si no seria mucho trabajo para ella (Arene)

Mr. Behold cooks the fish
Miss Dull said to much work
Because she only wash the dishes
And want more money and
She loves lest, lest work.

Los fines de semana ellos les gusta el pollo asado, también el grave del pollo, con sus vegetales, y siempre se Ivan contentos sin hacer nada pero entre semana tenían que hacer ellos porque lo veían a Arene tenia 55 anos pero estaba flagelada por completo, tenia una joroba grande y su columna estaba volteada, y a cada momento trataba de enderezarse, pero su cara lo tenia bastante unas chapas rosada naturales, comía mucho salary, zanahoria cruda lo comía tarde y mañana era su desayuno y cualquier hora comía sus zanahorias y célere o apio así era su vida de Arene y solo se quejaba decía que mucho trabajo tiene para ella sola.

Esa semana Domingo Lunes y Martes, por las tardes hacia comida para Mrs. Rich y Arene que descanse me daba pena verlo que sufre mucho fisicamente, así que lo había dado comida el Lunes y Martes, el Lunes siempre salgo al Club pero regresaba temprano y preguntaba a Mis Rich que desea para su comida y ella me dice Fish con espinaca y sus condimentos especial nutmeg era muy al pescado, y algunas veces lo llevaba al bano también, pero como su sirvienta no hacia nada estaba en su cuarto ya había estado descansado viernes y Sábado, lo que pasaba estaba cansada de todo, pero no comprendo ella tenia su propia flat porque no se iba a descansar y vivir de su pensión, pero no quería dejarlo a Mrs. Rich ya eran 10 anos que estaba con ella, largo tiempo eso era la razón.

después Arene me dijo que porque no trabajaba full time con Mrs. Rich no le digo yo lo conozco desde 1982, y trabaje con ella por 3 semanas y estuve aburrida Mrs. Rich se fijaba en todo, y me servia lo que quería y a mi no me gustaba nada sus actitudes, era miserable, quería que lo arregle con la costura y la maquina y no me pagaba nada eso no se hace con el emigrante cuando están en tu casa y trabando, eso era la razón que no me gustaba. Era tu fase y pagaba poco dinero, y cuando le reclamaba algo era como una shark porque no le gustaba nada que reclamen.

Miss Brighten went to bed at 10.30pm
She was taking with Mi
Mrs. Help about Mrs. Woodman has 2 suns
Both are Drs. And she is solicita
In Australia the first lawyer
And she lives in Darling Point.

25th DAY:

Ya era las 8.30am estuve durmiendo muy rico, porque me a coste tarde, y luego miro la hora y era tiempo que le de su te, Y Mrs. Rich me estaba llamando duro en la puerta, y me levanto y le digo si Mrs Rich, y me dice quiero que me des mi te querida, en un minuto la llevare a su cuarto, así le hice rápido el te, y lo llevo, y me dice esta caliente hecha mas leche, luego me dice Arene hace muy rico te, yo le digo Arene lo hace de bolsas de te, luego me dice no lo critiques a Arene ella hace un rico te, tu también pero hacer errores, Arene hace errores pero no como tu, tu haces mas error mas ellas. Ella hace ricos tes que lo prueba todo los días y no creo lo que dices de Arene porque no es cierto ellas es muy buena.

De todas maneras dame mas te y leche, porque le gusta tomar bastante te y es recomendado por su Dr. de cabecera, poreso toma bastante te todo los días y tardes.

> You made a mistakes, she is very good
> You made a mistakes, you show not
> About you criticise to miss Dull
> And why criticise to miss Brighten
> not, she is not criticise to her
> Miss Brighten, is correct and tidy.

A las 9am Sandra viene a darlo su bano a y ponerlo en orden su cuarto de Mrs. Rich, y yo después de barrer el patio de la casa porque todo los días caen las hojas de los arboles y las demas plantas, por el viento que corre muy rápido, después que ya terminaron las dos vinieron a la cocina a ver que estuve haciendo, ya era las 11am, estuve lavando el pollo para el asado, y luego busco el zapallo no estaba en el frigider, sino estaba en el andamios de los demas cosas menestras, y al abril lo veo el zapallo, y cuando lo veo ya estaba malogrando la mitad, y Sandra dice it it go off!, si le digo pero la mitad no esta tan mal, Arene se olvido y lo puso a los andamios y no al frigider, se a equivocado.

Todo estaba listo en el horno nadie vendrá hoy día podemos tener el almuerzo en de Baco yarda, Y Mrs. Rich dice no mejor en Sunny room es mejor porque esta haciendo viento, y lo tendremos a la 1pm, todo estaba listo para la 1pm, cuando lo traigo para tener el almuerzo me dice los as quemando el ala del pollo, porque lo vio en mi plato a ella le gustaba solo el pecho, no es verdad no esta quemado, y me tenia diciendo todo las veces que as hecho el asado lo as hecho muy rico pero hoy se ve que esta quemado, no es verdad? Solo se ve un poco marrón que se a tostado.

Cuando termino rápido lave los platos y me pongo a peinarlo a Tresure afuera porque el día estuvo maravilloso, con un sol muy bueno, yesterday estuvo con truenos, lloviendo y mucho frío, hoy día esta muy hermoso como para correr con Tresure adras de la casa porque tiene un grande espacio como para jugar también.

A las 4.20pm la vecina Betty viene a visitarlo a Mrs. Rich para que ver el video de Macs Party, ya son las 7pm le doy su blandí a Mrs. Rich siempre tiene a las 4 pero hoy tubo tarde, cuando se fue Betty. Con Mrs. Rich lo llame a Mr. Schuller que venga almorzar, y me contesto que a estado en el extranjero y esta muy ocupado y ya viene las Navidades, esta muy ocupado, pero será después de las Navidades. Luego le digo que tenga una buenas Navidades y nos veremos después de las Navidades.

Her bisnieto the Mrs. Helps
Leia su discurso en la fiesta
Mentaba a su tatarabuela
Y una the su fiesta decía
Oe, Oc, Oc diciendo
Suertuda la mas popular
Girl esta de su sirvienta
Poreso, algunas veces
Mrs. Helps se hace la engreida
Barias veces me hace su sirvienta
Y quiere igualarme a su miss Dull
siéntate aquí yo no soy entupida
Tengo bastante que hacer
Soy intelectual, bastante que hacer.

Ya son las 9pm estoy cansada de transplantar las plantas de colores a otro sitio que se vean mejor.

Mrs. Helps siad: to Sandra
She is not any more Cinderella
They wanted all the time full lowering
Cursis, they want profit only.

Desde 15 anos an pasado solo me tratan mal, hablan mi mal y quieren solo ganancias de mi persona, es una mala suerte de mi que no tengo alguien que habla por me mi bien, por que en todo ojo y mente de los que me conocen hablan mal de mi, que no soy Cenicienta si peor de Cenicienta solo es tonta y no entiende ni habla bien por eso es la razón que comete tantos errores. Nunca conocen sus errores que me molestan tanto son culpables no es posible es un crimen que me hacen.

Mrs. Helps sad to mi is a crime
Only people an educated
To bother is to make no sense.

A las 10.05 pm estuvimos en el bano y me dice ponlo la basura en dust - pan. Si yo lo hago todo los domingo, y usted siempre me esta aventando por todo yo no soy su Arene.

Put the napkins to te dust pan
Why remind me, Im no miss dull
Please remind her to do
Not only, she is remind to sit there
She lives the towels undoing
On the laundry dirties
Is your full time worker remind her.

Son las 10.35pm me fue a la cama después de apagar todos las luces de la casa a Mrs. Rich en la cama con toda sus medicinas.

26th DAY:

Anoche seria por allí la 1am me levante a prenderlo el radio y escuchar un documento hasta las 4am luego me quede dormida hasta las 8.30am Mrs. Rich ya estuvo llamando, veces y veces, Brighten, a you there Brighten, quiero mi te, me levante rápido y lo puse la tetera que hierva y rápido estaba listo su te, y lo llevo a su cuarto donde estaba esperando, luego yo me regreso a tomar un grande vaso de agua hasta las 9.30am que venga Sandra a banarlo, y antes le digo El Domingo pasado no a comido bien, espero que este Domingo pueda tener mas hambre, y ella me contesta si a la 1pm ya tendré hambre no te preocupes

así que fue una tarde buena terminamos bien con un buen almuerzo, pero antes Mrs. Rich me dice que lo perdido sus dientes postizos, tal ves el perro lo a comido, entonces fui a buscarlo estaba por allí caído, y le digo esta allí así que el perro no lo a comido. Esa tarde estoy pensando en ir al cine y ver EL Postino (the Portman) en Pitts Street y terminaba a las 5.30pm no se que paso pero estuve también en Summer Hill donde estaba mi Iglesia de los Mormones, estuve allí también y me había salido a las 7.30pm donde les había invitado a mi casa que vengan a visitarme.

I take the note today
The Asian people
Feel very happier
And Australia burned
Is not fear, that's
Last night I dream
Big cucarachas fly
They are yellow, like blacks
And have children

Like animales no reasoning
I'm not races, is truth
South Africa, not food to eat
And the die of hungry
Asias like their own country
And increase like cucarachas
In came to Australia
Every where have a jobs
In Australia is employment
Also have mafia to kill
Every where is miss and done
Black in Uniat State and
Chainis are every where.

La verdad regrese a casa cerca las 9.30pm y mire la película
the las Monaco y escuche que todavía Mrs. Rich estaba despierta
yo me pase no le fui a saludarlo estaba cansada, y me dormí hasta
las 9.15am.

27th DAY:

Esta mañana fui a la cocina y le digo a Arene Hi! Y ella me dice
as dormido en la casa, yes I did, silly woman! siempre lo malogra
mis toallas de su sitio, solo se lava las manos eso es todo, no se
porque me malogra tanto mis cortinas del bano tanto.

Miss Dull pretend has a shower
And keeps miss my towels
And wants to keep and tell hi!
Hi Dull! How are you to day?
Maybe a joker in her dirty mind.

tuve mi desayuno y luego me fui a regar las plantas y barrer después deje la casa para irme a Boni Beach estuvo muy caliente, y por mala suerte me olvide mi ticket de bus en casa así que tuve que regresarme a buscarlo donde lo he dejado.

The todas maneras me regrese a recoger mi ticket y caminar fue atros en este calor inmenso que no se puede soportar, así que fue rápido camine lo mas pronto posible para tomar el bus otra ves para ir de frente a la piscina luego no estuve mucho tiempo allí solo unos 45 minutos y me fue a King Cross almorzar justo llegaba como siempre porque toda las veces ando corriendo porque me gusta llegar a tiempo para almorzar y jugar el bingo, eso era mi vida hasta cuando será esta vida solo de apuros los apuros y todo igual las veces cansa ademas que estén solamente molestando es atros que otra no lo aguanta se pone mental enferma, y maldice a todos y si es débil hasta a su Dios maldicen que les cae la flagelación, pero se que es estos tiempos la mayoría quiere fácil y bueno y si es malo no lo aceptan que es una gran trampa para las malvadas y personas develes que no pueden soportar.

En el almuerzo me senté con Missy y me dice: no with food is bad smell! Go off, any way donde tuve mi almuerzo, y allí alado habían dos mujeres que me decían tu te vistes algo gracioso, porque estuve usando corto pantalón con medias largas, y no les gustaba lo que usaba estas señoras no pueden usar así porque eran gordas y viejas. después me fui a jugar a las maquinas que gastase $350. 00 fue demasiado que nunca había puesto a las maquinas ese dinero fue atros, era así con las condiciones que un ida voy a tener mucho dinero porque los perversos detectives decía que soy muy adinerada y luego muy pronto voy a recibir mi cheque, pero era negocios del viejo Californiano Mr CAN'Nt, su hobby es hasta la fecha así con sus condiciones y actitudes de vil hombre (Digo así porque esta novela lo escribí en 1995, ahora son Junio 2020) ya no se puede tanto solo trata de arruinarme es un hombre que no tiene amor solo le gusta o su amor es molestar especial a mi que no me da nada ni un centavo yo vivo del Govierno Australiano desde que me pusieron las Australianas de mi Oficina en TAFE en 1981. Y he sacado mi cuenta que ya estoy gastando cerca de $2.000 dollars espero que me de esta semana me devuelva las maquinas mi dinero que he puesto, es otro problema cuando las maquinas no pagan ya no te devuelven nada.

Regrese a casa pero antes pase por su casa de Julia donde encontré varias cartas de mi familia y una tarjeta de invitación de mi sobrino que se casaba, yo no se si podré mandarle regalo pero le mandare dinero de mi Credit card, me are un sacrificio de unos $200 dollars, ellos son hijos de mis hermanas, y todos ellos hemos vivido cuando estaban chiquitos y yo estaba con mi hermana Gemma, recuerdo mucho de toda mi familia, también lo llamare por teléfono es mas rápido la comunicación es bueno conversar con la familia quienes te estiman de verdad y te respetan. Ellos tienen un hermano hijo de su papa Lucho que es mi familiar también en Australia.

Luego regrese a casa a regar el jardín y a toda las plantas estaban secas porque fue un día muy caloroso y necesitan agua para que se vean frescas para el día de mañana, y otra ves hará un sol tremendamente fuerte. Luego me hice una sopa de zapallo, y Mrs. Rich tendrá carne con hongos porque lo veo que Arene esta haciendo, me iré a ver el show de Don Lane en eso Dias era muy popular y era muy bonito ya son las 9.40pm (ya Murió)

Arene y Mrs. Rich ya estaban en el bano conversado y decían Mrs. Rich Alexander his wife, Arene decían y she is looks New Zealand y se mantenían conversando solo mal y reírse de mi y del viejo Alexander, luego me quede dormida 11.10pm untill 7.50am.

141

28th DAY:

Bueno dormí tanto ya me imagino que ya son 7.50am me levante a tomar un grande vaso de agua, y Tresure también salió y Arene le da su leche, yo me iré a la playa porque el día esta muy bueno como para irse a disfrutar del sol y de la agua del mar.

> To day miss /brighten said to Dull
> And how is like the whether to day?
> She answer is going hot
> Miss Brighton, didn't said hi! Any more
> That is all Australians.

I have to leave de home at 9.45am because the bus is come at 9.50am.

I wish have money to send a good present to my nephew

> I debit near $600 dollars in the
> banco ANZ and my credit card
> Same times are very funny
> So popular, not car, no money
> That made me mad.

La verdad no fui a la playa solo me fui a la piscina donde disfrute nadando hasta 12pm en ESC the Bondi Junction, de allí me fui a ORC para almorzar, vale la pena porque era tan barato solo $2.00 dollars carne papas fritas y ensalada, esta ves fue chacho asado con vegetales y papas fritas, me senté con un Italiano y le decía no me gusta que ponen en todas las mesas servilletas para agarrar lo que uno quiere, eso es malas manas después del almuerzo me puse a jugar las maquinas y lo había puesto $300 dollars y deje el club sin ningún centavo, y no pagaban nada las maquinas solo nos quitan los sirvientes el dinero que la mayoría son pensionadas. De allí saque de mi credit card $100 dollars para comprar una tarjeta para llamar al extranjero especial a mi sobrino, en esos días no sabia bien el internet así que no sabia bien exactamente el tiempo en el Peru, poreso no podía conversar mucho tiempo con ellos porque estuvieron durmiendo. A mi hermana en lo poquito que converse le decía que estoy molesta porque sus detectives del Californiano me ponen enojada con tormentos o me martirizan flagelan mi espíritu que no es bueno de nada.

How come the silly eses
keep and annoying me
What they thinks to get from me?
Only got from me is condemned
Why made me mad?
I hear said one silly
To have to remember, what?
I have to remember only
Made me anger and sadness
I'm human being
Please don't be idiotas
Why only put me madness?
Is the worst in the person

Regrese a casa cerca las 10pm en taxi, y Arene me abrió la puerta y me dice you have talk with your sister! si le digo con otra nota pero estaba enojada de todo lo que me flagelan el espíritu, why te preocupas? por tus hermanas si son mayores que tu, si le digo la razón no tengo mucho dinero eso es todo.

Why I have to remember ?
Of every Christinas

Made me sick and never
I have nice present
For the dog why said
He knows every thing
Of me and know since 15 years ago
Why I have to remember the worst
Maybe is joke, I have a nice things
To made hope but don't they let have.
Only I have my God
Who gives me peace and a
Lots of joy and happier.

Ya son la 1am no puedo dormir porque estas personas me enojan tanto, estos idiotas juegan y se divierten molestándome y flagelándome eso no es justo, ya era las 4am y porque tengo que aceptar solo sus basuras de estas personas insolentas que me ponen solo infeliz, era mis pensamientos malos en esos momentos tal ves estuve nerviosa porque yo no dejo que me mente hile pensamientos malos y no pueda dormir.

29th DAY:

Esa mañana cuando me levante como siempre a tomar agua, Arene trata de molestarme y no me dejaba que tome agua, y yo le digo mira el Macraway la tasa ya esta hirviendo, y quieres hervir agua en la tetera, que te pasa Arene, luego ella me dice no son tus negocios, con rabia me voy y le digo a Mrs. Rich que pasaba y ella no contesta nada. Siempre le decía y nunca me hacia caso que le decía acerca de Arene. Ya me tienen harta me cambie y me fui al Club Kirivilly y jugaba las maquinas con $100 dollars era atros solo tengo tormentos de estos bastardos stupids idiotas ya no tengo palabra de decirles. I por mala suerte el almuerzo que come me dio nauseas, eso es los nervios que las malas personas solo me molestan yo no comprendo porque tanto me flagelan idiotas! Para dormir tome pastillas pero no comí nada estuve enferma. A las 6.30pm pregunte a Mrs. Rich porque an puesto esa cinta en la cabecera de la mesa, y ella me dice si quieres comer vete a tu cuarto y no trates de sacar nada, y se alegraba cuando me hacia su Cenicienta o peor que su Cenicienta y Arene me dice pis off! Ya se todo lo que hacen es algo entupidos ya era las 7.40pm me fui a mi cama. I don't know what is going on?

30th DAY:

Esa mañana es fue difícil con Arene, me fui al bano estaba serrado, espere tanto y no salía me parece que ese día se hacia sus personales aseos solamente y no se banaba como todo los Viernes lo hacia, era todo extraño y tenia que ir de compras para volver temprano que Arene se vaya a su casa y cuando sale hasta sus palabras que hablaba apestaba y olor horrible.

Who stink words
Is the person bad person
And stink a good person
Aquellos que florecerán
Aquellos que desfallecerán
Los montes se llenaron
Los collados se alegraron
Temblaran pero no caerán
Porque ya están en balanza
Medidas con tierra y polvo.

Parecía mentira el piso lo dejaba con agua no lo secaba o al propósito lo echaba agua para que me resbale, ya hacia tiempo que estaban en guerra conmigo ellas eran varias y yo una, pero todo lo que digo es cierto sin copiarme de nadie ni exaltar nada sino digo lo que verdaderamente era lo que sucedía en la casa de Woollahra Home.

Las que no creen en Dios
Será muy difícil florecer
Pero los que creen y tienen su corazon
Temblaran pero no caerán
Esos serán los hijos del Padre Creador
Aquel que conoce y pesa los espíritus.

A las 10am me fui a visitar a Tea Rural mi amiga vieja desde 1974, me decía que esta haciendo cortinas para que entregue el domingo y ya se acerca las Navidades
se hace cada día mas difícil para entregar sus trabajos.

De allí me fui al Club a almorzar y jugar bingo, estaba todavía muy molesta mas seguían molestándome en el Club, y yo enseñando mis dientes por eso a a ella no le duele nada aguanta todo, que esperan de mi cual es la causa que me aborrecen tanto, no van a sacar nada de mi mas es para que les desprecie de sus malas actitudes que aquellas sujetos que no son buenos ni hacen buena causa para mencionarlo como algo agradables personas pero no es así. Deje el Club y me fui a pasara por la ciudad ver las tiendas, luego me regrese a casa cerca las 6.30pm cuando llegue lo saque a Tresure y nos fuimos por Doble Bay a sacar dinero de my credit card para comprar una tarjeta y llamar a mis amigas que son mis amigas desde 1974, es Aida y vive el Norte de Australia con su esposo, conversamos largo tiempo luego lo llame también a luego a su Prima que vive en Brisbane con su esposo y hija, es muy bueno conversar con ellas en mi idioma Castellano. Luego estuvimos ya en medio camino me había olvidado de mis lentes en la casilla de teléfono así que nos regresamos a traerlo. Pero Tresure ya estaba muy vieja14 anos ya no podía correr menos caminar y ya era de noche para regresar a la casa, pero poco a poco regresamos a casa.

Arene no quería nada de mi ni que la pregunte ni que le diga algo, así que ya era las 9pm Tresure no sabia se a comido o no, y le pregunto si lo había dado de comer a Tresure no me dijo así tuve que darlo de comer que no se duerma de hambre.

Capitulo IV

1st Day: Diciembre

Ya era las 8.45am Mrs Rich estuvo llamando Arene, luego voy y le digo good morning! Y luego ella me dice Deli a Arene que me traiga me te, y así fui a su cuarto estaba dormida y lo llamo y le digo Mrs. Rich quiere su te, luego lo deje y me fui a mi cuarto a vestirme para irme Bondi Juction para hace YGM, luego salí pronto para hacer un poco de comprar para el fin de semana, y tengo que regresar pronto porque Arene le toca su salida, y todo hacia rápido para estar a tiempo que pueda salir en la hora Arene.

Para mi fue atroz perdí el bus así que tuve que caminar unos 10 minutos para llegar a la casa, cuando llegue Arene ya no estuvo ya se había ido, pero Arene me parecía que se iba a llorar en su casa como en su cuarto escuchaba que lloraba pero ella decía que esta con gripe, así que no podía cree nada de ella porque llevaba su propia cruz, pero era culpable porque no se iba a su casa por good, y vivir de su pensión, pero no quería dejarlo a Mrs. Rich era estreno Mrs. Rich lo trataba mal, pero como ella lo trataba como era lesbiana por eso no lo dejaba a Mrs. Rich.

Ese día lo hice sopa de huesos para nuestro almuerzo, antes ponía todo mis sopas sucias y sabanas de mi cama tenia que cambiar y lavarlos en la maquina, y cerca la 1pm su almuerzo abocado con tostada, y no quiso mi sopa de huesos de pollo, así y en su plato lo puse hojas de corona de las Navidades para hacerlo recordar que estábamos en Diciembre. Cerca las 3pm una amiga de Mrs. Rich vino con short bread y ademas un vestido para arreglarlo, así que lo arregle su vestido y no me pago nada, luego les pregunto si querían te, Mrs. Rich dice que si y su amiga quería café, así que les traje y tomamos el las 3 en Sunny Room, luego a las 4pm me deja la casa, también le digo que tendremos para comida y ella me dice espinaca and Fish, así como las Viernes si me dice pero con la diferencia de espinaca, luego miramos TV hasta las 9.30pm, luego nos vamos al bano la luz no estaba bien, trate de arreglarlo pero no pude, y ella me dice prueba otra ves, I can't Mrs. Rich tal ves mañana, hoy no puedo peor será mañana.

Lo ensene a Mrs. Rich la tarjeta que me mandaron del Peru su mi sobrino

Luis monge Seminario	Carlos Anorga Vida
Tienen el agrado de participar	Gemma Vigo de Anorga
el matrimonio de su hija	Tienen el agrado de
	Participar el matrimonio
	De su hijo
Mariela con el Sr.	Enrique con la Srta.
Enrique Anorga Vigo	Mariela Monge Norgrut.

He invitarle a la ceremonia religiosa que se realizara el día Sábado 2 de Diciembre a las 7.00pm en la Capilla de Santa Maria Reyna San Isidro (ovalo Gutiérrez, Lima Diciembre, 1995.

Después de la ceremonia sirvas e pasar a las salones de la Capilla.

A las 9.20pm llame a la casa de mi hermana, y me contesto su hermano menor en el Peru Lima era 5am Pablo pero estaba triste porque no tenia chica todavía después converse con Enrique y lo felicitaba y me dijo que se sentía nervioso porque es la primera ves que se casa, luego se eran a Mexico de luna de miel por una semana, Enrique era el segundo Hijo de mi hermana ella tiene 4 hijos, 3 hombre y una mujer, y le dejé que lo mandare $200 dollars americanos para su presente de matrimonio. También les dije que los llamare para las Navidades para saludarnos.

también estas Navidades no mandare muchas tarjeta de Navidad porque es muy tarde, pero les llamare por teléfono y conversar personal con la familia también a todos les extraño y les deseo todo lo mejor por su casa.

Hoy día pensé que era el 31 de Noviembre, me había confundido pero es muy bueno que estamos el mes de su nacimiento del Nino Jesus que se celebra mundial en toda las casas familiares gozan del amor de sus pequeñitos que tienen el semblante del Nino Jesus. Que es nuestro Dios

I'm the little child!
always my heart
In the little babus!
My name is Jesus!
And lives in all
Hearts with love
Also in the souls
Always happier
Happy Birthday to mi
All the hearts rejoin
powerful on the times (card for Nelson Peter Pan, Kind Garden)

2nd DAY:

Como siempre me deserte a las 8.30am para tomar un baso grande de agua y luego escribir que hice ayer, varias veces me levante para ir al bano para lavarme mi poto porque me ardía y picaba. En eso estaba luego abrí la ventana para ver como estaba el tiempo estaba lloviendo y un frío, pero tenia que por la ventana entraba riquísimos olor de las plantas, también de las dalias que floreaban rosados, depuse Mrs Rich me llamo and y luego me dice to me to tienes que banar porque Sandra no vendrá se ira al mercado a vender sus juguetes, entonces le digo se va ahorrar $10 dollars, asi que no pierdas tu tiempo hoy día vendrá almorzar Dr. Max su amigo y se pondrá su vestido celeste con su collar de perlas blancos porque esta bien y le gusta, solo se hará los Banos higiénicos y después como siempre se echara talco todo su cuerpo, eso es lo que pasa ya son las 10am me estuvo diciendo anoche a hecho frió y a estado lloviendo con truenos y relámpagos pero hoy solo se ve que esta lloviendo y esta mas claro, también me dijo que lo tenia pánico a los truenos.

también lo guarde a su ropero sus 5 vestido que Sandra lo pone a su ropero por los 5 días y yo tenia que guardarlo y lavar su bacín y ponerlo debajo de su cama, y el dinero lo pagaba a Sandra y a mi no me daba nada extra esas son las viejas también viles y egoístas.

después de tomar su desayuno cereales y bizqueaste con leche me dice para el almuerzo que podremos tener, luego le digo en el fíes hay filetes de pollo también hay carne de oveja, y luego me dice bate huevos y lo fríes ya sea el pollo o la carne de oveja, luego le digo porque lo hago guiso o mejor lo hago tallarines con pollo, luego me dice te lo dejo a ti tiene que ser para tres personas y pon la mesa para tres personas ok, así lo haré.

Tal como cual herví los tallarines, y en otra olla puse aceite, cebollas tomates, ajos, sol, hasta que se pongan marrones luego cortados lo puse los billetes de pollo, por unos 5 minutos luego lo puse al orno hasta que se termine de cocinar.

después haré ensalada de lechuga con aceites francés

Today I did like Mrs Wash
Miss dull, and gardening
And made lunch for widow

And two of us
Lunch: spaghetti with chequen
Salad—of lettuces
Sweet— of mango salad

De todas maneras Dr. Mx estuvo por la casa cera las 12.30pm, traía piccolo que el había hecho y maceteros con plantitas, luego la puerta lo deje abierta para que entre y yo fui a cambiar de vestido porque estuvo de aceite y estuve lavando las cosas que había usado, luego me presento a Mrs. Rich y Dr. Mx, luego Mrs. Rich me dice trae la silla de ruedas y lo traigo y después le digo Dr. Max puede hacerlo y yo iré a poner los platos de tallarines a la mesa, así fui porque no puedo hacerlo todo en una ves, así que haré que pasen bien y felices en casa.

En la mesa Dr. Max dice que Marco Polo a trajo el espagueti de Chaina, y luego yo digo en Australia cuando estudiábamos Ingles hemos estudiado the Marco Polo, justo fue el General light Way yo ya no decía nada, entonces seguía las preguntas Dr. Max dijo bajos business, yo estuve estudiando ciencias pero lo deja y me cambie a letras. Cuando terminamos los dos se fueron a sunny room a tomar su café y yo a continuar a lavar los platos.

después me fui a transplantar los maceteros que había traído Dr. Max y tenia bonitos colores para que dure mas lo puse al jardín.

estuvo un día maravilloso como para disfrutar del jardín y de sus flores y perfumes, eso es la felicidad también, muchas personas no le importa nada de su jardín menos tienen felicidad, eso es el espíritu de cada persona, la naturaleza en hermosa su aire que respiramos el sol que nos da su luz y calor y la noche también es bonito para pensar lo que se ahecho durante día y disfrutar de lo bueno o ya sea de lo malo trabajar duro y luego disfrutar, pero si no les interesa nada que hicieron solo mal eso no esta bien es un espíritu solo andará apagado triste y mucha soledad así son los pesares del ser humano, y cada uno nace con su destino, que muera joven o muera viejo tenga éxito en su vida y mal o solo accidente en su vida que no será nada de bueno.

What a butterfly with
Myself works very hard
I'm very tired and happier
I see the trees, flowers, birds
And the little Tresure
Always follow me any where
She's sleeping en from of me
Day is sunny and nice.

Por ahora ya son las 6.30pm, y ya lo di su te y Brande to Mrs. Rich, y de dog, su comida a la perrita tan linda ya viejita ya va morir, pero para mi es hermosa, y me sigue a todo sitio donde voy en la casa, poreso se da de querer no tiene boca grande que pueda hablar y decir lindas palabras pero si con sus halagos y sus extracciones es maravillosa poreso estoy con ella, también duerme conmigo aun que apesta demasiado pero no importa a pesar que la bano cuando hace sol, así apesta apenas que de dejo de banarlo y se seca después esta apestando.

Después fui a la parte de atrás a poner los maceteros en el árbol para que lo pueda poner plantitas, y de allí ya sabia que para la comida vamos a tener solo sopa con tostadas eso era todo, por el momento me siento demasiada cansada porque los fines de semana y trabajo tanto mas me molestan no me dan una vida de paz o un poco de felicidad, es estreno solo les gusta dar mal, pero ellos quieren todo quieren recibir son egoísta y maldita los seres humanos no piensan uno es hecho de carne y hueso y no siente y su brillo es bueno, eso es a la razón que mi diario lo estoy escribiendo para que vean los que lean que tengan conciencia y les pueda funcionar la mente para mejor y hacer mejor la vida a los demas y no como unas personas fatuas que no entienden.

Escucho que dicen miss Brighten trabajo duro paraca por la casa, porque quiere que cuando vengan vean mi trabajo y puedan apreciar que yo lo hacia todo los fines de semana, pero cuando venían nadie me decía nada ni una palabra que esta bien o mal nadie eso es el egoísmo del ser humano, pero yo lo hacia porque vivía allí en la casa y la casa era de un hombre que lo conozco, no me da nada por ahora, tal ves me pueda dar mas adelante si su conciencia le busca a ser un hombre que piensa bien y no piensa solamente para hacer bien para otras y no para miss Brighten solo quiere que salga, para que otras tengan buenas muelas y pelen todo el tiempo y miss Brighten amarrada de la felicidad es el colmo eso es llenos solo de corrupción y sirven para hacer mal.

Para mi me gusta mucho ver en el lugar que vivo sea verde entonces hermosea la casa hay felicidad, eso es la verdadera naturaleza en la tierra.

Who doesn't love themselves?
Ever has a house with garden
They don't care for nothing
Because grading is love
Joy the creation so beautiful
And made the house right
Is like a person like this made
Has flesh and bones and nice
clean spirit pure
That is work hard to
Looks nice and clean.

Por ahora ya son las 6.50pm me iré a tener la sopa con mrs. Rich y luego ve la película Never, Never again with James Bones (7tv) ya termine de lavar los platos y darme un buen bano ya son 8.15pm y se ve afuera oscuro.

Dr. Widow said, he's not
Play bingo, for ignorance him
fanny, and he's servants
Any way every one have
To work, myself work hard.

Ya serian las 9.30pm había serrado las puertas y apagado las luces y Mrs. Rich en su cama y luego ya estaba en cama viendo la TV la película never Never said again, pero a las 10pm tenia colitis la sopa me había hecho mal, ya era viejo de 8 días que se había hecho, bueno espero que me pase, la película fue hasta las 11.20pm y entonces dormí muy bien.

3er DAY:

Ya era las 6.30am a leer el libro de Mormón (1 Nef 14) Biblia Isaias 2nd ya son las 8am fui a Mrs. Rich a darle su te y yo un vaso de agua con bicarbonato y escuche que Dr, David a llamado y conversaban con Mrs Rich y decía estará todo el día en el jardín, eso era seguro el Dr. CAN'T porque todo hablaba de mi preguntaba que hago eso es su vida le gusta averiguar que digo, que hago, y como estoy, así que yo me fui al jardín a trabajar hasta que venga Sandra ella viene a las 10am, yo me iba a estar con Tresure a jugar también y disfrutar del sol y de todo el jardín. después de abrir las ventanas y puesta que entre Sandra eso era para mi todo los fines de semana.

Oh! Tricia you getting older
You have now 14 years old
Oh! Tricia you getting older
And have terrible smell
Oh! Tricia you getting older
And your hear is all off
Oh! Tricia you getting older
Your eyes is one withe blue
And your ear one is down
Oh! Tricia you getting older
Is not funny, but is truth
Oh! Tricia I am sit on the ladder
And laugh and hold you
That is not funny
But you don't care, don't you?
Oh! Tricia, you getting older
That is life! I said all is true.

Hoy día no me siento con ganas de comer porque ayer estuve con la barriga mal la sopa de zapallo que había comido seguro estuvo con bacteria y me hizo mal. Ya son las 10 am el día es fabuloso con un sol brillos maravilloso.

I came out 2 big birds
Were lining in the yard
And one came, to me
How are you little darling?
And fly away, Don't go
Came little darling
On the chair little caterpillar
And another on the floor

Both they are fears
Poor little are caterpillar.

Cerca las 11am fui adentro a darle su te and galletas, y a preguntarle que vamos a tener para el almuerzo, y me dice seguro debe haber filete de pollo que sea frito con papa frito también y ensalada para mi no porque estoy con el barriga mal desde anoche, así lo haré. Pero ella quería con huevo que se fría el pollo, y comer afuera en en l patio, porque el día esta maravilloso con un sol muy bueno, también le llevare un libro que pueda leer después de almuerzo, porque no hay aire y esta muy bueno como para estar toda la tarde afuera, así se hizo como ella quería para que pase bien el fin de semana de Lunes a Viernes Arene no lo hacia así mas le gustaba adentro y su cama ya estaba demasiada cansada de la vida no podía nada mas solo su cama y un gran resto de su vida.

Ese día después del almuerzo me conversaba de su pasado cuando estuvo con su madre de 110 anos, ya no venia al jardín, pero han pasado muchos anos desde que murió su madre, también me decía que le gusta mucho el jardín también pero no puede hacer nada, y yo sus maceteros viejos lo había sacado que estaban co helechos pero muy viejos yo lo saque, y cuando lo saque los helechos de un macetero viejo escuche como de un gato que grito, que susto me dio un gran miedo pero así lo termine todo de hacer lo que estaba malo y se veía muy mal y viejos antiguos los helechos.

Algunas veces me hacia su Cenicienta y otras veces me hacia su hija, se reía y me ponía contenta también, por los fine de semana lo pasábamos muy bien aun que me hacia su peor Cenicienta, no importaba yo estaba contenta de trabajar así aun que era insoportable y no aceptable porque era mala, mala como cuando almorzábamos en Sunny Room ya estábamos sentadas comiendo luego me decía dear necesita sal, lo traía la sal otra ves decía puedes traerme la pimienta, así trame la cuchara la otra con filo para cortar cambia mi servilleta esta mojada etc. Tantas veces parece que no me dejaba comer así me molestaba demasiado era algunas veces bruta en varios momentos.

Desde 1983 yo ya lo conozco a esta señora y venia a trabar los fines de semana también pero su antigua house keeper ya dejaba de trabajar, entonces quería que venga a trabajar los 5 días, no lo acepte estuve 2 semanas eso fue todo y desde allí ya sabia como era mala miserable, no quería que como decía no se come mucho es solo para ir al bano, y nadie de las house keeper lo aguantaba mucho tiempo porque era fastidiosa.

El Dr. Alexander ultimo le gustaba que me hagan trabar duro, y que no debo quejarme de la nada y también decía que Mrs. Rich y su familia que vienen por la casa que me degraden y que tengo que trabar como estrella en todo los lados, poreso todo los que venia a casa se estiraban como fideos, ya había sido vendida la casa y seguían los dueños únicos poreso Mrs. Rich decía que a ella nadie lo saca y saldrá de la casa cuando se muere.

Así que estaban como conejos porque el Dr. Ultimo (Alexander) habla todo mal de mi diciendo que me gusta trabajar de estrella como para una película así que háganlo que trabaje porque a ella le gusta y no se queja de nada, así como por 1974 trabajaba como niñera de 4 niños en Rose Bay, allí trabaje por un 2 anos y medio y la señora me invito a vivir en su casa, primero trabajé cerca un ano y medio solamente 4 horas en las tardes y en la mananas estudiaba en la universidad NSW, y de allí me pasaba a Rose Bay a trabajar y los días Miércoles su house keeper tenían su descanso era atros todo la casa estaba una ratonera, los platos tasas ollas en distintos sitios nadie lo recogía ni lavaban y cuando llegaba tenia que hacerlo todo en 4 horas, era demasiado después hacia comida en el horno tenia que poner a la mesa y era la hora que tenia que salir me salí, allí tampoco a sido buena era judía pero allí fueron o eran mis primeros amigos de Australia (sus hijas) así que no me quejaba de nada sola hacia todo lo que me decía que tengo que hacerlo pero yo aprenda English y los niños eran muy lindos de ojos azules el esposo era mas bueno pero la mujer era avara judía me a a dado terribles momentos he pasado ellos eran típicos Australianos sus hijas eran buenas, hasta la fecha son mis amigas que un día pueda decir lo que paso en esos anos en la familia Burns.

Me estoy saliendo de la vida fría en la casa de Woollahra Home que duro dos anos y medio hasta que les fallaba sus nervios de estrecharse tanto conmigo eso es lo que pasa cuando se aprovechan de una persona cuando no reclama nada solo obedece lo que quieren que haga cuando nos tienen en sus manos, pero es demasiado peligroso cuando una persona es manso y sumiso se aprovechan y se pasan de verdugos, pero fue por mucho tiempo ya se pasaron como avaros y no tienen sangre caliente solo frío.

Cerca las 2.30pm el sol estaba muy fuerte y Tresure apestaba horrible así con la manguera en el Grass lo bañe con un buen jabón que lo usaba de mi porque no lo había comprado todavía su champo o de perros. Ya son las 4 pm Tresure esta todavía en el sol secándose bien, después me di un bano y luego me salí al sol que se seque me cabello porque no tenia secadora de cabello no me había comprado la que tuve se había quemado.

Y los vecinos estaban lavando su carro con música sus hijos jugando ball en el jardín y veo que es suficiente para mi trabajar en el jardín, todo es demasiado cuando se trabaja demasiado yo había trabajado atendiendo a Mrs. Rich, con Tresure, escribiendo, y en las plantas. Hoy tengo que ir a mi Iglesia a las 6pm Sunday.

What a day today
At 2 pm we were in the garden
One big bird sing for me
He gives me a good show
He sing for while
Nice song, with sentimientos
!To, ro, ro, to, ro, ro, ro!
It was a very tire song
He fly to the chair
And then to the roff the house
And keep and sing
I have a very good serenata.

A las 3.30 pm Mrs Rich tiene visitas de dos damas y Arene les da servia el te, y yo me fue a mi Iglesia en Summer Hill, hoy día es conferencia, también es día de testimonios, se da testimonios cada primero de cada mes, que a mi me gusta testificarlo a Nuestro Salvador quien murió en la cruz por nuestros pecados.

Good evening sisters and brothers
En the name of Jesus Christ
I'm glad to testify his name our saviour
I'm in the Asia wards I like
really love to give my testimony
To people understand and love
And earth have two church
One church belong to Jsucchrist
And other is belong to the evil
I'm belong the church of our
Jesus Christ, who I love
Jesus came to me, just
When I was 9 years old

Since them I love a Jesus Christ
And many ways and right way
I received his light and love
Also I went in many church
Like in 1984, two young men
Came in my door and knock,
To me invited a their church
I did not refugee, and I bautizar
After of the one week
And I will be Morrone for ever
Because is my church
Is belong to Jesus Christ
And later of saints

Regrese a casa a las 9pm con mi comida que había comprado en Doble Bay, sopa the guantón de chancho y lo tuve en Sunny Room con Mrs Rich y Arene, y Mrs. Rich me dijo si voy a estar el Lunes para las Navidades, si le digo pero me iré al Club a tener almuerzo porque he pagado $35.00 dollars para las Navidades, porque Arene quiere tener un día de descanso verdad? De todas maneras para las Navidades comprare un pavo y voy a invitar a mis amigos que vengan y tendremos Navidades en casa, Arene dice: no es tu casa que traigas amigas por acá, y Mrs. Rich dice deja lo sola porque interfieres en estas cosas. Please Arene porque me molestas tanto en estas situaciones, tu no puedes traer ninguna amiga paraca, lo siento mucho de decirte esto pero es la verdad.

Parecía mentira todo lo que decía era malo de Arene, como si ella fuera la dueña de la casa, en todo se metía, después estuvieron en el bano conversando las dos diciendo que Brighten es perezosa por eso quiere traer amigos en el fin de semana. Y ahora quiere traer amigas para las Navidades no son buenas ideas es ridiculos sus actitudes, porque no le dices que no traiga amigas parque ella no es su casa, y es gracioso tampoco.

Ya era las 9.30 pm decía también porque no te vas mejor y nos dejas solas que la casa no es de ella, (Brighten) ella esta aquí come y duerme graties y no paga nada, pero yo lo ignore lo que decían las dos en el bano, luego me levanto y lo enseño a las dos la foto de Jesuschristo y Mrs. Rich me dice lo iras a poner en tu cuarto si le digo, y Arene dice con celos es perezoso también y es de ultimo residente, and she no es de la dueña, y yo le digo a Arene mejor debes lavar tu maceta del lavandería para que se vea ordenado y limpio, y ella me contesta you a áspera vete de aquí! Luego Mrs Rich dices: don't be like that? Y luego dice que dices dear (Brighten) que dices acerca de maceta? Y Arene contesta lavar la maceta de la lavandería, es áspera y sucia mejor deja el lugar! Y también es ridícula! Luego le digo porque tanto odio y celos eso son de personas que no conocen a Dios tampoco van a la Iglesia por eso es la razón tienen solo odio por la nada, son de personas develes y no felices de la vida.

Ya son 4 am No puede dormir con tanta agitación de mi espíritu, hasta también en las calles, buses y trenes y en los sitios donde yo iba, mas en la casa que yo vivía era atros con la house keeper toma derecho y al frente era mejor que Mrs. Rich, eso es desprecio a los emigrantes se veía terrible, para mi era algo absurdo que pueda suceder así con las sirvientas, yo trabajaba drama pero no ofendía ni les maldecía porque yo respeto a las personas con categoría que tengan o como están, por ejemplo Arene era una persona de baja categoría solo hablaba el English que nunca a terminado la primaria, y viajaba de su casa al trabajo eso era todo ni le gustaba ir al cine menos leía libros no le gustaba escuchar las noticias o las ultimas noticias del día o mundial, y les gustaba las mujeres era lesbiana en una palabra, y solamente tenia su verdugo que le decía mantienen fuerte cada día y estate como jefe de la casa. (Jenny) yo le escuchaba todo lo que le decía, porque conversaban de oreja a oreja y estaban cerca a mi cuarto, era perversa porque lo ponía an confortable a su house keeper de su abuela, poreso lloraba mucho en su cama yo lo escuchaba pensaba que le dolía algo, una ves le pregunte Arene te duele algo y ella me dijo: déjame sola!

Today I today panty
Clean the laundry
swept the flor the leaves
I tidy the pots
I give food for the snails
All over in the gar-ding
I made lunch for Mrs. Rich
Chicken, potato and green beens
All so I come grading
For my self I pick all
My clots from the line clean
And tidy in my cabinets

4TH DAY:

Era las 5am me había levantado a tomar un baso grande de limonada, porque mi corazon se sentía afligido por tato discrepar en la casa y afuera, pero todo pasaba porque fue mi deseo trabajar lo que he aprendido de las películas he visto y sus actores eran profesionales que valía la pena seguir sus pasos pero no de mala porque no me gusta tener espinar ante nadie porque no es de una persona de tiene sesos en la cabeza, sino para ensenar que la vida no es fácil para nadie para tener éxito, a los malos no reciben ninguna gratitud porque les gusta trabajar de malos y para mi no es mis espinas de trabajar con tanta holgura especial molestar a las personas y ponerles unconfortables no es de una persona inteligente.

Luego tome desayuno y irme a la playa Bondi, después jugar bingo y luego deja irme almorzar a King Cross y allí también jugaba bingo y las maquinas y regresar a la casa que siempre estaba triste y muy fría, que algunas veces me enternecía mucho de hablar la verdad de la casa fría en Woollahara.

Antes de llegar a casa me iba al banco a sacar 20 dollars para darle a Mrs. Rich porque voy a llamar por teléfono a mi familia en Peru, que será su cumplido de mi madre y su matrimonio de mi sobrino y muchas cosas tengo que contarles y les decía todo lo que pasaba en Australia conmigo, y cuando estuve conversando Mrs. Rich me llamaba y decía estas hablando muy fuerte no dejas dormir era por allí las 11pm, luego me controlaba y bajaba de voz algunas veces no entendían bien por eso les hablaba fuerte para que oigan.

Que puedo decirte tu estas aquí por UN PROPOSITO, no es el tiempo para discutir de esto yo se cual son las condiciones de la casa, y se viene a mi cuarto por la cocina, y Arene dice mejor es que lo des de comer a la perra que ya debe estar de hambre es algo que debes hacer por el momento. Brighten replica y ice no me gusta que me estes diciendo todo el tiempo tu no eres mi jefa, ademas estoy hirviendo espinaca para mi sopa, tampoco yo no soy to Jenny, y and ella dice ella no a aprendido el idioma English antes que vengas a Australia. Brighten dice no entiendo lo que quieres decir Ok Arene, luego dice otra ves no pongas otra olla a la cocina, solo tiene 4 hornillas son y no entra otra, porque va a cocinar para Mrs. Rich y ella, luego pretendo que tosía por 3 veces, y Arene viene a Tresure y le dice, estas bien, tienes que comer comida frescas y caliente para que te haga bien, y no importa como te sientas! Eso es la razón que tu enamorado se mantiene lejos de ti!, eso a sido Arene de Brighten se fijaba en todo ya pensaba que estaba enferma poreso lo que lo decía a Tresure así son personas que no les importa nada de nadie y son ofendedoras y se ríen cuando una persona sufre de algo, Brighten lo tenia lastima a ella que a cada momento se enderezaba porque su columna estaba curva y tenia un gran dolor nunca le dije nada ni lo ofendía porque estaba con su cruz, y Jenny le daba mas cruz eso es la razón que lloraba tanto en las noche.

No another one for said
I have a TV in my back
To much silly people to calumny
And said I'm sick of my flesh
Oh! Why silly done
That is why my boyfriend keeps away
And eat fresh food
Has some thing in her back
Why they like calumny in own mind
They don't know, who I am.

I fue algo irritante Arene desde que llegue a casa tosía siempre desde el día 23 de Setiembre gracioso that is ignorancia del ser humano cuando quieren hacerlo dano inventan muchas cosas que no son ciertas eso es calumnias que hacen sin conocer nada de la verdad pero se cada personas que calumnia se ganan transgresiones para su alma y mas se hacen unconfortables y se siente solas y no tienen felicidad de nada solo les gusta hacer mal a los demas.

Esa noche ya era las 9.4pm yo me encontraba en mi cuarto viendo canal 10 the Award in USA y escuchaba en de bath room conversaba (Mrs. Rich) decían: Arene tira ella es perezosa también, ella también le gusta y no le gusta banarse es mejor que deje la casa y nos deje solas después Brighten vine al bano y le pregunto to a Mrs. Rich 'no sabe cuanto va hacer el tiempo para manana', 'porque es algo estrano ayer estuvo lloviendo y hacia viento y hace sol', y Mrs. Rich contesta y dice: 'un Rato anterior estuvo lloviendo' así que las dos me echaban de la casa parece mentira pero era cierto.

5to DAY:

Había despertado a las 6 am para ver y escuchar las noticias al rededor del mundo y termina a las 7.10 am y ademas comía un plátano, y tenia que escribir, porque escribía en el otro cuarto de (Trevol) pero el no estaba se encontraba en España, después me iré a la piscina, también tengo una cita con mis contactos lentes, Arene estuvo en la cocina lavando las tasas y le pregunto !Arene tu comes dulces en tu cama! Y me contesta "porque te gusta preguntar! Luego se va a Mrs. Rich con su medicina, y Mrs Rich me dice: cuando vendrán tus amigas para este mes de Diciembre? Le contesto Ellos vendrán el 16 y vamos a tener nuestras primeras Navidades, yo comprare el pavo, también habrá panteón y leche con chocolate así se celebra en America, luego me contesta Dr. Max estará paraca y le darás también el pavo, si por su puesto todos que estén en casa comerán eso es Navidades, luego Arene dejo el cuarto y se fue a mi cuarto y había puesto mis sabanas que lo encontré en la lavandería, y Mrs Rich dice eso es Navidades! Bueno tengo que tomar desayuno y irme a Bondi Juction a la piscina y jugar el bingo y irme almorzar a King Cross luego irme para mi cita que tenia a las 4 pm. Había jugado a las maquinas $160 dollars y no gane nada, después de mis citas regresé a casa cerca 5.30 pm había hecho mi comida arroz con espinaca, y me puse escribir 3 cartas para mi hermana Edita, Alfredo y mi amiga

Marie de Perth, and me fui a la cama a las 10.30 pm y escuchar las noticias en canal 7.

6th DAY:

Me levante a las 6 am para ir al bano para orinar y lavarme mi poto que mucho me picaba es atros tengo unas pequeñas bolsas de los que bailo y corro se me hincha o luego me pica seguro se inflama por eso es la que me pica mucho, ya he ido al Dr. y me dijo que no se puede hacer nada solo ponerlo cremas, eso salían de lo que se corre mucho o se baila.

Pero Arene estaba lavándose la cara o las manos estaba ocupada Tenia que esperarlo hasta las 7.15 am, cuando entre lo usaba mi jabón y no de ella que lo había comprado le gustaba usarlo mis cosas y de ella no, porque se veía claro que su jabón estaba seco y amarillo y el mío mojado. No le lo se porque lo hace así, ayer luego fue tomismo, pero no tome cuenta la deje hoy otra ves, y le digo: 'Arene porque no usas tu jabón que te comprado no lo uses el mío por favor, que pasa con tu cabeza ya no funciona para hacer el bien solo para molestarme.

Poor miss Dull, her mind is fail
Her head is not good any more
I take so many notes
Since I have being live here
She is going off, poor woman
Only feel sorry for her.

At 7.45 am fui a la cocina, y pregunto a Arene si a tomado desayuno y ella contesta solo un baso de agua, luego le digo yo toma agua todo los días porque tengo úlceras en la vagina, (lo engañe) porque todo quiere ser como yo uso mis cosas y no quiero que use mis cosas eso es todo, es tiempo que te retires de tu trabajo porque algunas veces tu mente ya no comprende cual es mejor para la vida.

We can use personal things
Is antigenic por human being
We can not sharing the same pants
Even I can't sleep in other bed
I am rarely meticulosa, and rely
Loved the clean and neatness
The best people are lovely
Really I hate the people dirty
When they are healthy?
And the mind is health as well
All are they lovely people.
She is not in the correct way
She is really very dam
Who can fixed the mind?

A las 8.45 am Arene estuvo conversando con Mrs Rich acerca de mi y le decía que ella es igual a miss Brighten, que es tonta y no acepta nada algunas veces es culpable de las cosas negativas que hay. entoces yo escuchando decía como una persona quiere aparecerse a otro es imposible todos nacemos unigénitas en acciones y físicas rasgos de seres humanos, yo quiero parecerme a mi salvador que a muerto por mis pecados y no a otra persona así tenga categorías blancas como Arene es blanca y rosada, o Mrs. Rich también blanca de ojos azules y tiene 90 anos bastante mayor ella es ella y no otra menos yo no quiero ser como ella menos de Arene, ella me ofendían y decían entre ellas es india que no se bana y es perezosa y miente solamente, eso es desagradable hablar mal de una persona.

Algunas veces es una coincidencia que una persona se parece a la otra, yo nunca quiero parecerme a la zutana. Poreso les aborrasco a las personas quieren parecerse a mi persona, ya había terminado de leer el Libro Mormón, y me mantengo leyendo porque son libro que nos enseña la vida de amar al prójimo, en estos momentos mi corazon me esta palpitando mucho porque la gente se ríen de mi y hablan mi mal o de la comida que como mi corazon esta palpitando hace unas semanas porque como los fines de semana como pollo al orno o asado con Mrs. Rich y lo como el cuero que esta seco y muy rico.

Todo esto lo que digo no es misterio sino es la verdad de decir lo que sucede, por ejemplo muchas personas se van a ver una película y cuando salen quieren ser como uno de los personajes que les gusta, eso son ideas solamente porque tengo que aparecer me a esos artistas ellos an estudiado para ser estrellas de películas, es mejor copiarse de su arte eso es bueno como yo desde chica aprendi de las estrellas de cine y sacaba álbum con sus fotos era maravilloso.

también es bueno tener el espíritu bueno feliz y no triste ni decaído que traen nerviosismo y infelicidad en la vida eso es cuando el espíritu pertenece a los develes o caminos erróneos

os. Yo siempre digo hace 15 anos adras que siempre hablo de esto pero nadie quiere comprender.

10.45 am fui a la piscina de Club luego a ORC para almorzar luego jugar el bingo y regrese a casa cerca las 5.30pm estuve conversando con Mrs. Rich y le digo lo perdido mi tarjeta de HCF y quiera cobrar $80.00 dollars de mis lentes, tendré que buscarlo otra ves espero que este allí, sino tendré que ir a las oficinas, ella me dice por allí debe estar porque son tarjetas que nadie lo usa y es personal. Luego me fui a a la cocina a cocinar mi sopa, pero no como de ayer que medio veneno estuve my mal porque todo como y no miro si están con bacterias y hace mal.

Luego a las 10.30 pm me fui a ver las noticias canal 7,9,10 siempre están buenas y algunas veces son diferentes o en otras palabras.

7th DAY:

Me levante cerca 7am a tomar un grande vaso de agua, luego ir a Bondi Juction para mi cita con el oculista, y pagar HCF $40 dollars luego ir al consultorio del medico para que me vea que tiene my poto mucho me pica, como antes decía que tengo unas pequeñas bolsas que me a salido por que hago muchos ejercicios, pero esta ves es para que me de el nombre de la crema porque se me a terminado. De todas maneras pague por la crema $20 dollars por las dos que debo usar día y noche porque esta infectado.

después fui a Grace Brother para hace un pequeño compra para las Navidades como mis amigos van a venir a casa tengo que darles sus pequeños regalos, de allí me iré a King /cross a tener un almuerzo de pescado que a sido asado muy rico el precio igual no cambia sea lo que sea es igual mas nos dan un bao de bebida pero no alcohólicas. después del almuerzo fui de compras otra ves para las Navidades que se va a comer, y tenerlo en el frigider ademas algunas veces esta bien barato y vale la pena comprar y guardarlo hasta el día indicado. volví a casa cerca las 5.30 pm después de mis compras a darme un pequeño bano y hacer algo en mi curto que necesita arreglarlo que haga espacio y sentires confortable.

Ya para mi comida hice una sopa de espinaca y una tostado con abocado, y Mrs. Rich a tenido tortilla ya con una tajada de pan y su dulce mango, luego me vine a mi cuarto para planchar mi pijama de seda dos que lo compre en Perth ya son viejas pero están bien conservadas y me gusta y lo cuido lo lavo especial jabón para seda, que son floreada y la otra de color rosado pálido, luego escribir tengo siempre que hacer en la vida.

Ya son las 8.20 pm voy a escribir una carta a mi hermano Gualberto y una tarjeta para Ruth (prima ya murió) y Carmen que viven en London (solo su esposo a muerto es mi sobrina) también una tarjeta para su hermana de mi cunado Carlos (murió por esta fecha) Chabelita, y otra para mi cunado Carlos.

to: Gualberto Vigo Montero
Que mas quieres
Hermano que tienes
Una hermana popular
En el mundo entero
Santa, escritora, estrella
Siempre con la frente en alto
Cuando la gente tratan
De humillarme.
No han podido ni podrán
Mi valor esta en mi mente
Feliz Navidad y un venturoso
Ano Nuevo con cariño tu hermana.

8th DAY

Me disperte a las 6.15am para mirar las noticias internacionales en canal 9 am y luego a 7.30 am tomar un grande vaso de limonada, y a las 9.00 am tomare mi desayuno y irme a la playa Bondi Beach cuando llegue ya era las 10.30 am me daré un grande gusto y nadar, hubieron bastante personas joven en la piscina también había bastante olas del mar que venían pero estuvo entretenido, luego salir para irme a luego a Bondi Juction para hacer comprar para el fin de semana ya son las 11.15 am tomando el bus para ir a casa, porque Arene se ira a su casa por el fin de semana o su descanso que tienen. A las 11.50 Arene estuve echando o mirando a los maceteros y cuando me vio dice no haches muchas agua a las plantas, bueno hace varios días que no lo hecho y necesitan hoy y todo esto haré hoy día, luego entre a casa y a la cocina luego ir a saludarlo a Mrs. Rich y me dice quiero que me des helado para el almuerzo, bueno le digo que quiere para el almuerzo, luego me dice no se que a dejado Arene para el almuerzo, y le digo a dejado pollo, luego le digo yo voy a comer hígado con todo sus condimentos y va estar rico, luego me dice bueno eso comeremos, luego me agrego diciendo que el hígado tiene bastante yodo, si le pones tomate, jugo de limón, ajos, cebolla, todo estará muy rico delicioso, si le contesto luego lo comeremos con arroz es mas rico a mi me gusta así, bueno me contesta lo dejo a tus parecer. Si le digo por mucho tiempo no he comido hígado y es tiempo que coma que lo necesitamos.

Mientras estuve conversando con Arene y le digo porque no lo pones agua a los maceteros están muy secos mas las orugas lo comen. Y ella me contesta dice se 'olvido' lo que pasa que no te gusta echar agua a las plantas eso es no que te olvides porque esta a la vista que pasas todo los días, porque están en la puerta a la entrada, ademas tu no eres la jardinero es trabajo para las jardineras y para la dueñas de la casa, no te preocupes que yo lo are y lo arreglare, están muertas sus raíces, y otras an entrado tantas plagas y ellas lo terminan a las pobres plantitas tan bonitas son begonias, plantas de sombra y de sol, paraca no entra el sol mas son sombra pero necesitan agua, estas plantas al ano florean y tienen lindas flores.

también fui atrás a ver las camillas que habían reventado muchas están muy bonitas y había arrancado varias y llevado a Mrs. Rich a sunny room y también para mi cuarto lleve me gusta las flores, pero también con mala suerte las plagas de orugas lo arruinas las demas plantas y flores que lo comen sus cogollos y sus hojas, pero comprare veneno para echarlo, y voy a preguntar a Mrs. Rich que debo echarlo a las plantas o debo comprar si no tiene, y ella me contesta anda donde esta toda las herramientas del jardín allí hay spray para matar a las plagas que higa en el jardín. Tal como cual fui y vi que había pero estaban pasado de tiempo pero de todas maneras lo echare tal ves les haga bien en algo, así le dije a Mrs. Rich están fuera de tiempo vencidos, pero así lo he echado espero que lo haga bien.

también salí afuera frente de la casa a barrer había muchas hojas caídas y allí salieron las vecinas y conversamos, luego entre a casa y a las 3.30 pm viene a visitarlo a Mrs Rich Betty, ella había trabajado allí, yo le pregunte si desearía una tasa de te me dijo que no que pronto se va ir, así 4. Pm se fue y luego vino Dr. King su Dr. de cabecera de Mrs. Rich, y me dijo que venia a tomarle la presión y ver como se encontraba de sus males, así fui cuando termina le deja su receta y el Govierno lo pagaba las visitas del Dr. ya se conocían 15 anos que era muy conocido después no tenia otro doctor de cabecera también dijo que lo había conocido a su mama de Mrs. Rich. Cuando sale le acompañe a la puerta y me dice no more asados! Yo le digo a ella le gusta los asados.

Por ahora son 6.15 pm escuchaba las noticias que Michael Jackson se había desmayado en su residencia y rápido o llevaron al hospital donde estará por varios días que con mucho cuidado de su salud.

A las 6.40 pm fui hacer la comida que era pescado con huevo y arroz estuvo muy jugoso y a Mrs. Rich le gustaba mucho y de dulce tuvimos mango y scrub of apple, después di de comer a Tresura, luego lave los platos todos, y me lave los dientes y un caliente bano para dormir bien y ponerme mi crema que el Dr. me a recomendado para mi piel, la Cream fue buena no mas me pica la piel especial mi culo que es atros porque tengo las pequeñas bolsas.

A las 8.30 me estuve limando las unas, luego jugaba las cartas, después vine a Mrs. Rich a preguntarle que escogiera su carta y escogió 8 diamantes rojos, y yo escogí 8 club negros. Ya seria las 9.25 pm tengo que serrar algunas luces y las cortinas, luego llevarlo al dormitorio a Mrs. Rich, ya son 9.45 pm dejamos sunny room para serrando las luces todas de donde estábamos solo la luz de la puerta de adentro lo dejábamos prendida si nos olvidamos la casa se me miserable pobres y se ve que nadie vive allí.

Pero Mrs Rich a cambiado bastante, por los anos 1082 venia a trabajar por fin de semanas solo en la comida era perversa después siempre me trato bien, me decía querida y no me hacia pasearme miles de veces como hoy me hace cientos de veces caminar para traerle algo que necesita, ya hace que estoy 3 meses en la casa, y es perversa quiere que este mas tiempo con ella hasta las 10 pm es demasiado yo no soy Arene y no me paga por sobre tiempo menos me da comida buena, ademas yo compro con mi dinero para que coma lo que quiero y ademas ella siempre come mi comida por fines de semana, ya eran 10.10 pm bien tarde quiere que este en el bano parada mirando que esta sentado en el bacín, algunas veces se pone el dedo a su vagina y me enseña, graciosa la anciana como es posible ponerse el dedo a esa edad pero eso a sido Mrs. Rich a sus 95 anos es terrible., nada me ensenado de esa forma ya son 10.15 pm como siempre a mi me gusta ver la hora como pasa el tiempo así debe ser una persona que hace, que piensa, que dice, es bueno y enseña a otra personas lo bueno y no ser avispadas y malas no es una gratitud y alegrarse tener un amigo o amiga que aprendas algo bueno como para decirle gracias, yo en claro no estoy agradecida de Mrs. Rich ni su misma familia solo me despreciaban poreso digo era como una peor de las cenicientas.

Yo una mujer sin experiencias
En nada, salí del seno de mis padres
Sexo no hay nada que enseñar
Solo puedo decir son transgresiones
Hasta los niños de 12 anos ya saben
Una señora de 95 anos no enseña nada
Solo quiere su conveniencia y humillar.

Eso a sido Mrs Rich con Arene yo misma lo oido que le dice grande querida entonces lo chulapa su espalda la Aren y hacían sexo oral, luego Mrs Rich decía chequea si la tora esta escuchando, Arene decía yo lo vi que lo tiene apagado su luz, eso era su conversación yo salía porque Mrs. Rich en voy fuerte decía grande, grande querida! Y no era por juzgar sino para ver que pasaba entre ellas.

Miss Dull, she forgot every thing
The put the garbage out
Also put water to the pots
On the sunny room, all dry
The pots Dr. David and Dr. Max
Both all dry, she doesn't care
And miss Dull, always sit there
because Mrs Helps ask to sit
Dr. King, Dr. Max, she said sit here
But to me never, I am for here
3 months never said: sit here dear!

9TH DAY:

Me levante cerca las 7.30 am para lavarme y luego tomar y tomar mi te, luego iré a Mrs. Rich llevando su te, y cuando llegue me dice que hora es, exactamente son las 8.105 am, es duro despertar temprano, de todas maneras trame mi camisón de levantarme, pronto a las 10 am vendrá Sandra tengo que estar lista, luego me fui a la cocina para hacer las cosas del día y alguien llamo y cuando vengo a verlo le digo quien fui Mrs. Rich? y ella me dice: no son tus negocios, eso es mala costumbre también es áspero que preguntes' 'y no te interfieres en nada eso es ruda' solo me trataba mal era solo su sirvienta eso era todo, pero mi trabajo es todo para mi ademas yo no aprendo nada nunca me corregía cuando hablaba mal mi English, eso no es amistad. A las 9.45 am me fui a tomar mi desayuno, era gracioso nunca tome leche, porque no supe y Mrs. Rich tenia solo leche en polvo, pero Dios fue grande conmigo mis huesos estaban bien mis dientes, parece mentira tampoco queso comía, solo tenia buen almuerzo en ORC. Siempre salía con amigas a comer afuera eso era todo mi vida por esos días.

Desde pequeñita mi madre
Me a criado con leche de cabra
Por eso tengo los hueso finos
Pero están fuerte hasta estos días.

después me decía: ' te as sentado en la mesa' porque le decía ya termine mi desayuno, luego le digo todavía no me siento en la mesa, pero hora del almuerzo me sentare en la mesa. Era gracioso tomaba todo nota de mi para humillarme como puede ser esto mas lo atendía mas me despreciaba no se que quería sacar de mi, piensa que soy una mujer latiguea con malas costumbres o dejada por los hombres menos divorciada esas tienen todo mal y recuerdos de sus últimos marido pero yo no era inocente en esas circunstancias yo soy hija de familia y no dejada.

En los radios decían: 'estate segura que lo haces la ultima, ahorra dinero y consigue ganancias from her'.

Mrs help save money
She doesn't paid gardening man
And sh doesn't pay me
Only I use her old furnitures
And Saive food on the weekend
because I don't drink her milk
And also I buy food for the weekend
And give to her as well
Miss Dull eat free and
Sleep and big room free off
Never open her window
She doesn't change her sheets
And take food for her weekend
Save energy only sitting for hours
And forget every thing in home.

Sandra justo llega a las 10.25 am se ve cansada y lo va hacerlo su bano y yo le digo Sandra va trabar rápido y mal y solo una hora de trabajo, y Mrs. Rich me dice: 'no son tus negocios son mis y no de ti', vete a la cocina y hace lo que tengas que hacer, lo que pasa usted a encontrado su negra que haga trabajo de sus sirvientas y no me paga eso no es justo, lo que pasa solo quiere ganar ganancias de mi. Real mente es muy malo, poreso Arene quiere tener on día libre para el 25, pero yo me iré a lugar de mi amigas que me an invitado para ir, así que no puedo quedarme, parece mentira me hacen la guerra desde que he llegado, y así quiere que me quede que lo remplace a Arene el día 25, no es posible no tienen ninguna consideración a mi simple persona, yo las quiero pero ella no pretenden quererme después dice la la tora me an puesto mi nombre entre Arene y Mrs. Rich.

Is not muy faults
Ls the fault the killers
Is not my fault the nasties
Is not my fault the laziness
Is not my fault the unmarried people
Is not my fault the unhappy people
Is not my fault the sick people
Is not my fault the who done the bombs
Is not my fault the divorces
Is not my fault the sinners people
Is not my fault the world is bad
Is not my fault the people can't done right
Is not my fault the people doing the worst
Is not my fault of plenty witches
Jesus died only ones in the earth
Where they are our knowledge
The children under the 6 years old
They not need because they are saints.

Mrs. Rich me estuvo diciendo porque no tienes un bebe, esperaba que le de con cuchara todo lo que se y lo que tengo, hay cosas que no se puede decir ni contar, porque algunas veces no es necesario y no les sirve para otra lo que pertenece de una persona a otra is imposible, porque no es microbio ni plaga que se vaya corriendo a otra persona por tantas preguntas etc. entonces le decía mi enamorado desde 1981 me a operado en 1988 en el hospital de Sydney con el Dr. Belsol y el Dr. Mostacho (Cal. bigotón) para que no me venga mi mestruacion sin mi consentimiento, fue un pretexto diciendo que tenia mucho calcio en mi busto derecho poreso necesita una operación, si esto fue solo negocios del Dr. Mostacho para ponerme una pequeña placa en mi corazon, cuando quiera que me punalo es horrible ademas sin mi consentimiento, ademas me a tocado la vagina que doctores escrupulosos ademas quiso romper mi himen, pero el Dr. Bersol no lo dejo diciendo que era muy doloroso, este hombre Mostacho hace lo que quiere conmigo es malo y cruel como es posible se hace que me ama, pero solo me hace grandes trampas a mi personas, pero con mala suerte mi periodo seguía viniéndome por varios anos, aun me dieron pastillas que tome todo los días pero les fallo, era algo raro de estos Drs. porque me hacían así, luego Mrs. Rich me dijo el Dr. mostacho es Trevol (Su hijo homosexual) solo lo tiene el pulgar derecho y me enseñaba su dedo pulgar que estaba derecho, lo que así el Dr. Bigotón no quiere sexo no quiere hacer ejercicios físicos solo le gusta molestar a las mujeres, es grande perro que solamente muerde y ladra a las mujeres. Ese cierto que vale que sea successful o tenga dinero lo conozco muy bien desde 1974. Yo lo se ese día que me operaron yo estuve con anestesia y disperte y lo vi estaba vestido de uniforme de Dr. y me miraba con bigotes y la enfermera vino rápido y me dio de comer, y el Dr. malo bigotón se fue sin decirme una sola palabra, completamente extraño conmigo, ya se que me tiene miedo su conciencia le acusa.

Parece mentira que pretende tanto piensa que no se nada, y soy como una mujer tonta, eso es lo que piensa el bigotón.

De todas maneras ya era cerca la una, y debo hacer el almuerzo, ese día tuvimos chuletas azadas en el horno, venia de vista Mrs Scott por almuerzo pero ese día no comió las chuletas sino comió pollo frío con ensalada, cuando llego a la puerta salí y era Mrs Scott y traía chocolates y galletas y me dice que se apara ti, a ya le digo luego se paso a Mrs. Rich, así que el almuerzo estaba listo a la 1pm, luego de almorzar me salí a lavar los platos y todo luego me fui a regar las plantas, y cerca las 4 venían de visitas la pareja Philips, y tenia que darles te y galletas, luego yo afuera esperaba el taxi para Mrs. Scott, y así se fue el tiempo rápido que la pareja ya dejaban la casa a las 6 pm luego vengo a Mrs. Rich y le digo que vamos a tener para comida y luego me dice sandwich de pollo, luego le digo yo voy hacer sopa de fideos, ya estábamos comiendo ella me dice quiero que me des la sopa, esta bien lo traeré, y después así me ponía un comportable, tree esto era una señora insoportable la sopa era mía que yo he comprado con mi dinero y no de ella. No se si quería que no coma la sopa.

después me dice de donde as sacado los fideos, yo le contesto del paquete de fideos, luego me dice Arene le gusta mucho los fideos si le digo, pero estos son de los que yo he comprado una paquete de fideos y una bolsa de arroz y no es de Arene, luego le digo quiere algo mas no me dice, yo le digo yo voy a comer helados, y ella me dice dame algo de crema of manzanas y crema.

I can't live like that
I clean the house out side
Always made the tidy insides
And the neighbouring said
It is your good money
And now family and friends
The Mrs Helps come and see
The property, and neighbouring
And I, I have to hear only
I can prove and not friends
To speak clear and defend me
That is Since 15 years like that
Always made fool and silly

I wish have a nice friends
And speak clear and progress
The people in every where
They use and now same times
I can prove either
Only I prove with my contempt
And treat only not to know
And never remember
Never talk about them
Because I'm human too
And very sensitive in all muy life
Any way is to much made mi sick
I don't want any more and
Want peace and my older life.

Ya son las 9.15pm es hora de ir a la cama, estuvimos mirando Bill en canal 2, también estaba en mi mente de hacer 3 tarjetas para CArmen y Robert (muerto) mi sobrina en Inglaterra y prima Ruth (muerta) también en Londres, y una par mi Peru.

CArmen solamente y su esposo como es Ingles (only)
How are you? My dear friends
I hope there of you are you ok
And have a good time and a
Good health Marry Christmas
And a happy and wonderful
New year my self ok only
New Christmas Day the people
shopping family and friends
myself, not family and not many friends
Loves a lots David, Robert and CArmen your aunty xxxx

Tarjeta para mi prima Ruth: y sus hijos esposo

Que tal como están
Espero todo bien and
deseándoles unas felices
Navidades, y unas maravillozo
Ano Nuevo
Yo paraca con la novedad
The Christmas Day
Las tiendas, la gente se
Mueven haciendo las compras,
Yo sin familia
Miss amigos sola siempre
15 anos, no buenas Navidades.
cariños a todos prima XXXX

Tarjeta para Isabela hermana de mi cunado ya fallecido

Que tal! como están todos
La familia muchos saludos
pasenla unas bonitas Navidades,
El cumpliano del Nino Jesus, que
todo los corazones se regocijen
Son mis deseos sinceros
Desde las tierra lejanas como
es Australia Sydney, yo poraca sin novedad
No familia no amigos siempre sola
Muchos carinos, such, such, xxxx

Nos fuimos a la cama cerca las 10.20 pm, toda las luces apagadas pero los vecinos tenia una fiesta y hacían mucha bulla y se reían y mucha música y luego dijo una persona, 'todavía vas al colegio y la artificial como van' yo pienso que fue para nosotras, luego me quede dormida estuve muy cansada de tantos quisieres de la casa, limpiar los libros y el jardín pero me gustaba hacerlo, de tantos malestares trabajo mas la artificial solo me molestaba pero así decía tal ves pasara y será todo diferente tenia esas ilusiones pero hasta la fecha (Junio,2020) no cambia nada con sus maldades de vil y crueles que nunca son éxitos en la vida y alguna veces pagan por ser malos y egoísta.

10ᵗʰ DAY:

Me disperte a las 6 am para leer mi libro Mormón, luego me quede dormida hasta las 8.15 am, su te de Mrs Rich ya estaba lista y escuchaba que me llamaba, Brighten, Brighten, cuando fui le digo: 'good morning, how are you to day?' y ella me dice: 'como as amanecido as dormido bien' me sorprende con su te me dice por primera ves, porque me decía así no lo Asia por mucho tiempo ya estaba varios meses en la casa, luego le pregunte 'did you sleep well' y luego me dice: a la 1pm se a levantado, luego le digo su te esta listo, luego dice quiero que me des mi bata de levantarse, también rápido lo doy sus pastillas, y escuchábamos las noticias, luego me dice que su grey daughter Cuqui se va a San Francisco por 6 semanas, y espera que lo llamen de Perth aireo Port, pero no lo a hecho, luego viajara a Honolulu.

A las 8.30 am me fui a buscarlo a Tresure pero todavía estaba durmiendo yo pensé que ya esta muerta porque siempre grita a la puerta, pero estuvo dormida le di su leche, y le digo: 'what is happen not girl!' lo que pasa que estas cansada y sus piernas se doblaban las de posteriores, lo que pasa se esta haciéndose mas vieja 14 anos.

Sandra viene a la 9.25 am pues yo tomare mi desayuno y Sandra me dice eso es para Mrs. Rich o tiene su desayuno verdad? Si le digo pero es otro que Arene compra para ella, ya son las 10.35 am después que Sandra termino de hacer su hacer a Mrs. Rich lo llevo su desayuno y hubo una llamada de su nieta Jenny, vendrá para el almuerzo, también me dice cuanto hay de pollo frío, con ensaladas, tomate, lechuga con pan y mantequilla eso será bueno, así que Jenny llego a las 12.30 pm, y había traído cookie y espinaca también alverjas, y un grande mango, luego me dice ponlo macraway el pollo y las alverjas, miss Brighten dice tendremos almuerzo afuera el día esta maravilloso, y me dice no porque no le gusta el pollo que se enfríe, lo tendremos adentro, porque no le gusta afuera, para mi me encanta estar afuera disfrutar del sol todas maneras I am in Home ok.

Jenny se fue a las 3 pm y yo estuve ya lista para irme a mi Iglesia Arene llego a las 3.15 pm estuvo lloviendo demasiado y Arene estaba mojada, 10 minutos después una pareja venían a visitar a Mrs. Rich, y tocaba la campanilla de la puerta y Arene no escuchaba así que tuve que ir abrí la puerta y Arene estaba conversando con Mrs Rich y no quería oír nada, y cuando entran dicen Arene esta en sus vacaciones todavía no le digo ya esta aquí, de todas maneras estuve lista para salir y les dejo tenia que ir caminando por Edgecliff road para tomar el tren hasta Summer Hill donde había un mitin de mujeres. Y una china me decía que me va traer a mi casa después que termina, pero no fue así me engaño, así que tuve que volverme rápido caminar por Summer Hill a tomar el tren y llegue a casa cerca las 10.30 pm Yo estuve cansada de todo porque la gente es tan mala dicen una cosa y luego no cumplen son una tira de ratas mentirosas eso es lo pasa en la Iglesia, por mala suerte lo había perdido mi ultima bufanda no se si fue en el tren o en bus.

11th DAY:

Me había levantado a las 6 am para escuchar las noticias, luego me dormí hasta las 7 am, para tomar un baso de agua, luego me volví a dormir hasta las 9 am, y me levante a tomar mi desayuno y fui al frigider y agarrar un huevo y mantequilla, y Mrs. Rich viene y me dice mejor dame un baso de agua para tomar mis pastillas con una cucharada, Arene estaba preparando para poner sus ropa en la lavadora, toallas y sabanas, y todo su ropa interior de Mrs. Rich.

Siempre era todo inesperado para mi apenas me veía Mrs. Rich me decía algo para hacer si estaba tomando mi desayuno no me dejaba en paz poreso es la razón yo no me quedaba en casa, y me dice Mrs. Rich puede darme un bizquees Mrs. Rich porque no le dices a Arene esta en este momento en su cuarto, ella me contesta si es cierto Arene esta vieja son 3 semanas que esta mal, entonces necesita que vaya al Dr. para que lo vea que tiene, y me contesta ella no necesita Dr. sino necesita descansar ya esta vieja, luego viene Sandra ya se había pasado una hora que Mrs. Rich estaba hablando, luego Michael estaba haciendo la limpiaba y luego en mi cuarto, y yo le digo gracias Michael por limpiarlo mi cuarto, y me dice no te preocupes cada que vengo lo pasare la maquina, después Sandra viene dice Brighten as recibido tarjetas de Navidad, no le digo hoy temprano fui a buscar mi periódico y no había nada, ayer he recibido solo una de Rusia, tampoco ya no mando porque para America es tarde para mandar llega después de las Navidades.

Yo deje para Bondi Beach para nadar, allí había bastante niños en la piscina así que yo deje mi bolsa en las gradas cuando volví de nadar ya na había, entonces dije a la persona que cobra 'alguien a tomado mi bolsa donde esta todo mis valores, y no tengo nada para regresar a casa, (allí estaba mi sortija de oro blanco con 5 diamantes pequeños que me compre en Holanda cuando estuve de viaje en 1979) y el hombre me dice va a llamar a la policial y me pidió mi dirección y teléfono, también me dio $10 dollars para el taxi, luego me dijo si alguien lo a tomado te lo van a llevar, eso era todo de sus perros del Californiano Bigotón, todo mal les enseña solo que me roben, no es la primera ves que me hacen así me hicieron cuando estuve en mi casa en Peru entraron en mi casa y robaron todo mis valores que mierda es este hombre bigotón se regocija solo haciendo mal ya es 15 anos, solo mal me da es como un hombre criminal para mi persona, pero tenia esperanzas que me entreguen mi bolsa con mis valores, así que que llegue a casa solo con ropa de bano, y le digo a Mrs. Rich me an robado mi bolsa, y el hombre en la piscina me dio $10 dollars para taxi, y ella recién se dio cuenta que yo me iba a nadar y me banaba. Porque decía que no tengo agua y que no me bano, porque Arene le decía no se bana, y así era sus conversaciones de mi solo mal que no tengo agua, que vergüenza algunas veces que dicen cosas absurdas que nada es verdad? Las personas cuando quieren destruir a una persona solo hablan mierdas que solo pone preñadas a todos los que lo escuchan que maldad lo hacen, la lengua es pequeña pero tienen veneno que da veneno a quien lo escucha solo mal de una persona.

así me hicieron en Perth también después del almuerzo en el hotel, y me salí hacerme mi cabello en la peluquería, y cuando regrese al hotel y estaba jugando pool con amigos, y unos dos policías vieron y me sacaron del hotel como una prostituta, y de malos antecedentes o malas cualidades, no me dijeron porque solo me pusieron en su carro de policías, y me llevaron primero a la estación de policías donde me hicieron un interviú, donde me dijeron que no había pagado el almuerzo, y había robado una tetera, que brutalidad del chino era el que era jefe por allí, todo engañaba, pero que cosa solo me hacia su presionare para que los demas se rían eso es una maldicion después que me an crucificado con sus malas extracciones que malditos, pero un día escribiré y diré todo lo que aso ese día había un sucedido mal a mi persona.

Pensaba como les gusta solo darme cólera y rabia que no lleva a nada en un apersona normal, pero yo era una chica que pensaba solo en Nuestro Dios que esta en los Cielos, que el sabe todo de mi mis cóleras, odios, y eso es la razón que me an dado solo odio y hoy les desprecio a las personas que solo mal me dieron, porque yo soy ser humana que me duele, y no deseo a a otra les suceda esto como a mi me sucede, porque es flagelación al alma, y que nadie lo puede curar, pero los dolores de la carne uno va a los médicos y nos dan nuestra receta para los remedios y se toma de acuerdo al Dr, y nos hace bien, pero el dolor del alma nadie lo cura, por eso no lo deseo a nadie que lo flagelen y crucifiquen a su alma como unos condenados y sufrir dolores del ama.

Como deseo tener un amigo verdadero que me ame de verdad y no un hombre verdugo que solo me crucifica y no me da nada, yo tengo solo la superuanacion y me dan poco dinero no alcanza para nada, y todos estos piensan que ganan ganancias pero nunca solo me dan cólera y malestar a mi persona. La verdad solo me enferman y me ponen de mal humor que les desprecie por idiotas en mi camino ya se que las mujeres tienen un grande boca para ofender y darme veneno mas por 15 anos es el colmo.

I'm very sure
The men never
Will put Brian
And never will

Put spirt pure
And never will
Feel up holy spirit
In nasties figures
And never buy love
For money, to be happier
I'm very sure
The men, they inocente
In this things
The man can't destroy
My holy spirts
Only my God
Because my spirts
Is belong to God
And my spirit is pure.

Ya son las 5.20 pm mi bolsa que fue robada lo habían traído a casa, y Arene me dice una china lo a encontrado en el bus y lo traído, y después le digo porque me dices historias que no son cierta, por favor no me digas cosas que no me gusta yo se la realidad, y cuando lo vi todo que estaba en la bolsa lo queme eran todo mi ropa a excepto mi sortija que era mi valor porque lo había comprado con mi dinero y nadie me a reglado.

I'm sick and tire
Of the try to mades me
To think in such things
I know what is going on
Only God knows me
Nasties people don't
Rely wish to know me.

Se esta haciendo negro, no tengo reloj, tengo que ir y ver a la cocina y ver la hora era 8.13 pm Arene esta comiendo un helado, yo me comer 2 helados de bar don chocolate por la comida.

Rusia querida
Deje mi amor timida
St. Petersburgo, I know
The view me fascinates
One day estará allí
Me regocijare, he recibido
Placido en Petersburgo
Te conosco y te vi
Russia querida
Ahora tengo una
carta grande de Ana
Yo se todo lo vi
Mosco, Mosco
Israel, Israel
Yo ya se todo
Mi querida Russia
camine. Mis pies
Recibieron ampollas
Pero me grata ambición
Ya esta hecha
Merry Christmas
Y todos ellos con
Amor de una Israel.

Acerca las 10.10 pm Mrs. Rich con Arene estaban conversando y decían, todo lo que le sucede es ilegal, nosotros estamos en Australia lo que pasa es que el homoxesual es maricon le gusta solo molestar que no tienen fin, solo es extraño con sus acciones que no traen a nada bueno, con sus Jenny y Suritas son son los que llevan y traen y decía que ella sabe muy bien que solo es estreno son los últimos momentos que no traen nada de bueno, y los radios hablaban lo que me a sucedido, per eso los radios y las personas de casa real mente me enferman yo no se que quieren de mi, poro yo siempre toleraba y seguía bailando porque mi mente un día contare lo que me pasa hace 15 anos que no tiene remedio para esas personas que llevan y tren solo malas noticias de mi o de mi persona.

If he is on the street
And see me and don't
talk, is only an idiot
And not a nice gentleman
What I done to him
When he was talking
With me for phone, always
nice, and happier and
Never tire, the said
I love you, In love you
And him only made me sick
Now, only said, he is an idiotic
I don't have any word or
Any More feeling for him

12th DAY:

My temprano me disperte a tomar un baso de agua, luego me volví a la cama a dormir hasta las 9.00 am, después de desayuno me fui al banco a sacar que tenia solo 25 dollas y la maquina me dio solo 20 dollars, de allí me fui al Club almorzar y luego a jugar la maquinas, y jugué las maquinas pero no me dieron nada así que me senté a mirar a las demas personas que tenían dinero y jugaban a las maquinas hasta las 5 pm y estuve en su casa de Julia, siempre iba a recoger mis cartas porque allí vivii 9 meses y dormía en el suelo con un tapete, y ese día tuve una bonita card de Rusia de colores era mi amiga Olga que estuve en su casa de su mama por 3 Dias, Julia me dice que ella no a tenido ninguna carta ni tarjetas, bueno para las Navidades falta ya te llegara, de allí me salí contenta para ir a la casa de Woollahra y encontrarme con Tresure por lo menos había alguien que me quería era muy razonable regresar a casa temprano y jugar con la perrita ya vieja pero era cariñosa y lo pasamos muy bien corríamos y bailábamos en el jardín, luego me fui adentro de la casa para hacer mi mi comida hígado con arroz, y Mrs. Rich viene y me dices que estas haciendo le digo voy hacer hígado al vapor con arroz, luego me dices podemos comer las dos, Arene no le gusta el hígado, bueno le digo entonces haré para dos personas y luego se fue a sunny room, cuando lo traje y comíamos, luego comimos plátanos con helados por dulce, seguro que Arene estaba durmiendo descansando era como Tresura de vieja ya flagelada por el destino, luego en la cocina Arene viene y me dice estaba escuchando las noticias y decían que el hombre que de canal 2 el que reporta a muerto con un tumor en la cabeza, que pena le digo. Ella lavo los platos yo me fui a mi cuarto a ver y escuchar las noticias. También me dijo que Mrs. Rich lo había dicho que me presto $50 dollars y el Miércoles 19 lo voy a devolver, si es cierto lo devolveré el Miércoles.

Esta manana a las 7.30 am Arene me dice:

Miss Dull said why you tell us
Your bag was stolen
Miss Brighten was very anger
And report to the police

Every thing was in the bag
My watched and the money
And the tick for the bus of $20 dls
She was lean, and last history.

también esta mañana Mrs. Rich me dijo cerca las 9.30 am fui a su cama a decirle a buenos días, como amanecido, y ella me contesta as reportado a la policial si es cierto pero no les conté a ustedes porque estuve con una rabia enorme que nadie me consolaba, y cuando anoche lo habían traído mi bolsa con todo nada se perdió hasta con mi sortija de oro blanco con diamantes que lo compre en Holanda en mis vacaciones, y también había sacado $200 doláis del banco, después de pura cólera y rabia lo queme todo mi ropa bolsa a excepto de mi sortija y el dinero no lo queme, luego ella me dice porque sacas tanto dinero, no debes sacar tienes que tener cuidado.

De toda maneras mi tinta ya se termino tengo que comprar otro tintero.

13th DAY:

Me levante cerca las 8.30 am, no había podido dormir, me había despertado cerca las 1 pm, luego me volví a dormir hasta 8.30 am y ahora ya son las 9.30 am llame a Pepe Jose Galves una peruana par invitar a mi almuerzo de Navidad, a la 1pm el 16 de este mes, no estuvo allí luego llame a mi amiga Goran y Rural (NZ ya esta muerta por estos días) ella invita a Alison, luego hice el jardín he lleve camillas rosadas del jardín para Mrs. Rich y para mi, después a las 10.30 am estará en Woolworth de Doble Bay para comprar un Panteón Italiano de Navidades, luego iré a King Cross almorzar como siempre lo hago.

Ese día estuve my ocupada a las 11.30 am todavía estuve temprano para almorzar luego salí y me fue a Bondi Juction hacer mas comprar para tener listo para mi almuerzo, cuando llegue a casa seria por allí las 12 pm y Mrs. Rich me dice no debes comprar cosas caras para comer, tampoco para regalar a los amigos, entonces le contesto Mrs. Rich es es una vez al ano que se encuentra con amigas para las Navidades y se les da como uno lo considera las Navidades para mi son muy especiales por Nacimiento de Jesu, en Belen ademas no he gastado mucho solamente $35.00 dollars eso es todo, almuerzo compre para llevar a casa, ya son 3.30 pm fui otra ves a Bondi Juction para hacer mas compras, luego regrese a casa, a las 7.30 pm Pepe me llama y me dice que podrá traer, luego le digo no te preocupes en traer algo, yo he comprado todo para el almuerzo, y me dijo que iba a traer un chapan, bueno si quieres le digo, también me pregunto cuantas personas Ivan haber, yo le digo 10 personas incluida to mi y Mrs. Rich.

Las que vinieron fueron solo estas personas que pudieron venir y no se les puede obligar a nadie si no quieren venir nosotros estamos en los últimos tiempos el que quiere que venga si son invitados y sino quieren eso es su falta de ellos.

Margaret,
Rural, y su amigo
Pepe,
Mrs. Rich
Brighten.

Los demas que habían invitado son personas que no tienen ninguna consideración ni les importa nada de las primeras Navidades antes del 25 día de las Navidades.

Me fui a la cama temprano para ver TV y Tricia estuve en mi mi puerta durmiendo, luego le digo Treasure entra adentra para cerrar la puerta, cuando entra cerré la puerta.

14th DAY:

El día se ve que esta maravilloso pondré mis sabanas a la maquina que se laven luego me iré a la playa, y después al Club almorzar, cuando había regresado de afuera a mi cuarto tenia un olor terrible, un olor a perro muerto, y era el olor de Tresure que ya despeja un olor terrible, como decir olor de perro muerto.

What awful smelt
Tresure is slept few times
With me, but wasn't smelt
I open the window curtain
To go out the awful smell
And at disagreeable odour
In this moment the smell
Is off, is not with a deodorant
Of shit smell and awful
Tresure has one month bath.

Cerca las 6.00 am escuchaba las noticias del misterio de la muerte de su hijita de Michael and Linda Chambelán, los dos eran evangelistas que traban para Dios que ellos saben muy bien lo que dice la Santa Biblia no matar, entonces no era misterio sino era la verdad que su hijita habían llevado el dingo perro salvaje, eso es mi opinión, por que toda persona que hace mal no es una buena cristiana menos an entendido lo que an leído en las Santas Escrituras, todo matar y torturas son crímenes que son condenados por Dios y por el hombre en la tierra.

Que lastima los dos son separados, y los dos tienen sus amantes, que lastima, pues yo no juzgo a nadie porque el mismo Jesucristo juzgará cuando venga por segunda ves a la tierra.

"And the earth have many justes
what is separate and reconcilie
The human being right"

En D.C. 137: 9 "pues yo el Señor, juzgaré a todos los hombres según sus obras, según el deseo de su corazones".

Cerca las 9.30 am estuve tomando mi desayuno, luego salir a la playa pero después estuve en la estación de tren para comprar mi ticket de bus y tren de $8.00 dollars, después que llegue los buses estuvieron llenos y tome el # bus 400 y tuve que caminar to Bronte Beach solo en 20 minutos, y en la playa estuve solo otros 20 minutos y volver a Bondi Junction, tenia $20 dollars y pague mi ticket con los $20 dollars y no recordé que había comprado mi ticket de bus y tren, y cerca a Taylor Square vino el que vigila el bus y me pregunto donde as subido en BJ le dije entonces me dice tienes que pagar otro $1.50 porque son dos secciones, yo le dije dos secciones solo el cobro y lo puso a la maquina eso no es mi culpa. Bueno me baje y tuve que tomar otro bus para King Cross para ir almorzar con $2 dollars. Eso a sido mi vida real en todo sitio me andan solo loca, pero pienso solo Dios me libra del mal, porque siendo otra ya hubiera muerto del corazon de tanta nocivas de los horripilantes personas me dan o sino estuviera en el hospital de la mente enferma o loca de demencia.

Llegue cerca la 1.15pm tarde para el almuerzo, tuve que esperar porque había muchas personas esperando, pero rápido avanzo luego me fui arriba a jugar el bingo, allí una mujer de Sudáfrica me dice no sabes que es ridiculous comer aquí por $2 dollars, para mi no porque no tengo dinero y luego juego el bingo, ademas comer con los dedos nada es mal, es peor que otras se pone el dedo al ano, eso es ridiculous, luego lo deje a la mujer.

Cerca a las 4 regrese a casa y le digo Mrs. Rich quiero que me preste dinero para hacer mis compras para el fin de semana, y ella me dice oh Darling dile a Arene ella sabe donde esta el dinero, y Arene me dice para que quiero dinero solo mal gastas el dinero, porque no cuidas tu dinero, luego se va y busca el dinero de $50 dollars, entonces le digo nunca mas te prestare dinero, porque no me gusta estos problemas que tengo contigo Arene, tu me vas a prestar no me vas a regalar ok.

después pensando digo porque tanto me aflijo tanto después las amigas no traen nada, como Margaret siempre comía en flat Rose Bay y en su casa de Tea Rural nunca traía nada, son frescas, no tienen sangre en la cara así como Ruth amiga de Julia siempre venia con las manos vacías a su casa a comer. Son sinverguenzas (scoundrels) estoy cansada por haber nadado mucho.

> They are saving own money
> But they go so fast the money
> That is not understand
> Because they not correct.

At 9.40 pm Mrs. Rich estuvieron caminando por el corredor con Arene y decían ella (Brighten) tiene desayuno estilo americano, no deja su costumbres en Peru tienen pequeños animales domésticos en casa, y siempre están con olores de comida, también tienen juegos hechos por si mismos, y lo hacen de algodón porque tienen mucho algodón el Pais, igual como el 'hombre en la nieve' y otras cosas que no podía escuchar mucho que hablaban mal de mi pero no vale la pena hablar lo que decían solo mal de mi no me importaba era mi oido sordo.

15th DAY:

Me había levantado a las 6am para tomar camomila por que ayer había comido corean food estuvo my picante pero rico.y luego mire tv hasta las 7.30 am Are Arene was en la cocina haciendo ruido lavando en el lava platos y comiendo zanahorias, y apio cuando me levanto le digo Hi Arene! Te levantaste temprano verdad? Si me dice porque el abrazo estuvo muy bueno verdad le digo? Luego me volví otra ves a la cama y dormir hasta las 9.30 am, me levante para ponerlo a Tresure afuera que tome su leche, luego Sandra ya estaba en la casa como de costumbre y le decía a Mrs. Rich 'she is going the chip and chip and she doesn't know untill when is going too'

A las 10.15 am deje la casa apara irme a Bondi Junction para comprar el pavo, las manzanas, y mangos, pero con la mala suerte no había mangos entonces solo manzanas, apio, estuve un poco apurado para tomar el bus de 11.05 y llegar temprano a la casa por que Arene tiene que irse a su casa los fines de semana.

Cuando llega a casa ya Arene estaba lista para irse luego fui y revise el bano porque siempre lo arruinaba mis cosas, como jabón. Toallas grandes y toallas pequeñas de mano, y vi que mis tallas grandes no se si lo había mojado o usado, pero estaban completamente mojadas, y luego fui a su cuarto y vi también que sus toallas estaban mojadas, que raro fui y le dije a Mrs. Rich porque hace ella es extraño siempre desde que he llegado a vivir a casa ya hace tiempo que me lo arruina mis cosas y yo soy enemiga cuando me malogran mis cosas, yo lo he comprado para ella sus toallas para que no lo arruine mis toallas, luego Mrs. Rich me dijo porque no lo pones a tu cuarto porque pensará que ella esta en casa y lo usa, ni aun que esta con su mama ella debe usar lo que es ella, porque todo del bano son personales. Que espera de mi es mi casa también no tomes mucho sus notas es una mujer tonta pero me da cólera Mrs. Rich, me pongo furiosa que tengo otra ves de lavarlo tengo que estar lave lave dos veces por semana que algunas veces no lo uso porque me voy a la play y a la piscina, a mi me gusta banarme, y Arene no no le gusta solo se hace Banos higiénicos y eso no es dable para una mujer que traba 5 días a la semana.

A las 12.30 pm le digo que vamos a tener de almuerzo hoy día podemos tener sopa de espárragos con pollo, y una tostadas, si me dice suena muy rico te lo dejo a tu manera, así me puse arreglar la mesa para mañana que será almuerzo de Navidades lo puse bonitos vasos de flores al rededor también porque había muchos espacios para arreglar cuando van a venir amigos especial para el almuerzo de Navidad, luego Mrs. Rich me dice: como los vas a rellenar el pavo, bueno le digo necesito cebolla, parcelé, bread crumps, rices cooks, limones, hongos, ajos, Ginger, muge, sal, Pepper, all fray luego se pone juntos con el arroz y bread cramps, y rellenarlo el pavo, después para la entrada vamos a tener Pick salmón con Parcel mantequilla y poner en un deposito y encima se pone bread cramps y luego se pone al orno y se come con repollo cocido con una tostada. Ya paso toda la tarde del día Viernes, ya son las 5 pm pondré el mantel a la mesa y adornarlo con Christmas decoraciones.

Miss Dull really made me sick
She speaks for her radio
In her room, clamour
And, miss my 2 towels
pretend, she had been used
Because in her room was her
towels wet, and plastic foot
And said keep in your room
All your want the things to do.

En este momento es ya 9.45 pm Mrs. Rich esta en bano y no se mueve quiere que esta parada mirándolo que esta sentada en el bacín no me conversa nada, yo no soy Arene y no me paga nada mas Arene me molesta todo los días, y por eso siempre me quejo a Mrs. Rich eso no es justo solo fatal todo los días, por ejemplo hoy día le di hígado y me dijo que estaba muy delgado y la próxima ves corta mas grueso que sea mas suave.

Mrs, Help, said today
The liver is not tender
Is cut to thing
Next time cut more thick
She is complain since last week
I give my food every week.

De todas maneras me fui a la cama cerca 10.15 pm estuve cansada que caminar tanto y trabajar mas Mrs. Rich no esta contenta, y Arene siempre me molesta algunas veces me pone enferma porque no es aceptable.

16th DAY:

No pude dormir bien me había despertado a las 5 am fui a ver la cocina porque escuchaba unos ruidos, pero no había nada no se si era Arene o Mrs. Rich sus espíritus, luego me volví a la cama y me dormí hasta las 8.18 am y escuchaba que Mrs. Rich me llamaba para que lo de su te, y rápido lo hice su te y lo lleve para que tomase, y me dice otra ves seguro el pavo ya esta descansando con todo sus condimentos para que esta se cocine muy bien y este agradable, si le digo hoy mismo prenderé el orno y lo pondré para que este a la 1 pm cuando ellos vengan ya estará todo preparado, no se preocupe todo saldrá bien, (en mi pensamiento no soy Miss Dull que es lenta) Carolina vino a alas 11.30 am, yo ya había tomado desayuno, y esperaba hacer todo los rellenos de pavo que todo lo tenia listo, y los vegetales y cuando llego Carolina le digo todo ya esta listo hoy me voy a dar un bano porque estoy cansada, luego le digo tu barre la parte de atrás y frente de la casa todo las hojas de los arboles (el trato fue que me ayude y lo voy a dar $20 dollars) parece mentira yo había terminado de banarme y estaba lista y dar su desayuno a Mrs. Rich y Carolina todavía estaba barriendo también era so lenta la mujer, y Mrs. Rich me dice tu as que tengas que hacer y hace lo mejor que puedas.

De todas maneras ya yo me puse lista personal, y Carolina todavía estaba barriendo atrás, increíble luego le digo Carolina ven y pon las servilletas para 9 personas, los demas no van a venir y yo are el Salomon pondré en el orno y prepare que este lista para el almuerzo, tendremos Christmas estilo peruano con chocolate y panteón para después del pavo. así que Carolina puso todo la mesa sus decoraciones y todo salió bien felizmente Mrs. Rich estaba tranquila no decía nada estaba contenta mirando su TV y no como antes o los otros días que solo llamado estaba por cualquier cosa, Are you there dear? así era sus llamadas pero ese día no decía nada.

A las 12.45 Dr. David vino a la casa y le digo usted también va estar para el almuerzo no me dice solo va hacer hervir agua para café, yo le digo la tetera esta vieja y el me dice un día te voy a comprar uno y se ríe, y dice ya esta viejo, luego se va a Mrs. Rich (no lo se si fue Dr. bigotón) luego dejo diciendo Darling dejo el cuarto? entonces le digo porque no se queda para el almuerzo luego dice: que se va al hospital porque su esposa estará allí que tendrá una operación.

To: Mrs Rich, with Dr. David
Going puts off the kettle
She didn't understand
Dr. David, said
She laugh the kettle is old
And I'm going to buy anew one
And told me do you wanted?
Both don't answer at all.

Fue algo gracioso después deja diciendo Darling! I thing was tell me I was funny!, yes, and he laught again and left yo le digo otra ves porque no se queda para el almuerzo, luego dice: que su esposa esta muy molesta de su operación.

El tiempo que estuvimos en la mesa Mrs. Rich al frente todos con coronas de papel de los bombones, todos usábamos diferentes colore, típicamente felices en el almuerzo, Margaret había traído dos botellas de vino negro y rojo, Mrs. Rich le gusta el vino y todos brindamos por las Pre - Navidades, yo a Carolina le digo:feliz Navidad! Y Carolina me dice tu también buena suerte! Y todos nos deseamos buenas Navidades y mucha suerte y todo estaba bien acogido porque todos hablaban el English y Mrs. Rich estaba en su ambiente y estaba contenta, solamente dos mormones me ofrecieron venir pero no vinieron así que hubo mas lugar para ponernos todos y estar relajarnos en nuestro fiesta en "Fría Woollahra Home". El almuerzo de Navidad fui la primera del ano salió mi sueno todos estuvieron contentos y felices y decían: Buena suerte!, Feliz Navidad! Y un Prospero Ano Nuevo! Hasta Mrs. Rich estaba muy contenta, su cara estuvo rosada y no como otros días y por eso me gusto mucho, tal ves por el vino.

I was in the top balcony
And sow a lot people

Downs, should be a party
And sow a two men, one
Came down in parachute
And the another was by car
Of Christmas with horses
Was so beautiful, but them
I didn't know who was
And another man was in the
Front with people with moustaches
And heir white and ask
For me If I see and took
about him, the people
Said not, at all she is care
But I see him, I didn't know
Who was? He doesn't see me
because I'm in the top always
Was funny dream
But the another men look and
Smell and laugh
And looking happened men.

Ya son 8.30 pm estuve pintando una figura de bombones Navidad para los los pequeños niños. Ya son las 9.20 pm estuvimos en Sunny Room con Mrs Rich donde se cambio su vestido de cama para que de allí se vaya a su cama ya era 10.20 pm tuve un día muy cansada así que terminamos bien felizmente no reclamo nada Mrs. Rich se fue rápido a su cama y yo serré todas las puertas y ventanas y con las luces apagadas.

Yo ya en la cama mire en la tv una película "Golden eye" with James Bond me encanta esas películas ver siempre a si sean repetidas. Luego tome una pastilla para dormir valeriana es muy bueno para dormir, y después me dormí hasta las 8.30 am and Mrs. Rich call me up por her te.

Pepe was talking about his single
He doesn't live with a woman
Gets profit the men
Miss Brighten said; she likes
cuddle and company of man
That is why she borne for married
Margaret said: she doesn't main
Rurol : to much trouble
Carolina: said doesn't like single
Mrs. Rich: the most importan in life
Also said have you put on the
Turkey refrigerator all, yes I said.

17th DAY:

Día de dedicarse a Dios, orar y leer las Sagradas escrituras a las 8.30 am ya Mrs. Rich estaba llamando Brighter, are you there dear? Quería su te, bueno había dormido cerca 9 horas y era de levantarme y atender a la señora como siempre toma su te antes de banarse y Sandra viene a las 10 am, era justo que me levante aun que estoy muy cansada del día Sábado con invitados para el almuerzo de Navidad.

A las 9.40 lo lleve su te luego vine a la cocina para ponerlo las piernas del pavo y demas en el frigider, algo para mi desayuna de esta mañana, Sandra viene y me dice has tenido buen almuerzo? Si le digo estuvo muy acogida el almuerzo, después le digo quieres algo de pavo, me dice no por de momento, luego me dice no lo cambies sus sabanas de Mrs. Rich son cerca un mes, y algunas veces apesta porque tienen 97 anos es igual como Arene fui gracioso de decirme así, tampoco le importa nada de Mrs. Rich es igual que Arene. Luego a las 11 am le da su desayuno a Mrs. Rich y yo me fui a regar las plantas, y las plantas están verdes porque me preocupo por ellos yo soy rosa girl, por eso tenemos plantas verdes y arboles y flores.

después le pregunto si gustaría tener pecho de pavo para el almuerzo, me dice seria muy rico, luego me dice pon los vegetales en el macroway y hace un poco de grave, también hice ensalada de repollo y con nuestro dulce de apple, luego me dice scrub of apple, nuca nos cansa de comer.

Desde las 1.20 pm estuvimos viendo tv "Balanceen Celebración" en NY ballet es precioso ver como las mujeres bailan mejor y mas que hombres, que se termino cerca las 3.20 pm cerca dos horas, me hace recordar que Mr. Alexander me hace que baile todo el tiempo con sus perros, hace 15 anos que bailo con sus perros y todo las personas les ordenan que me molesten, yo solo escucho y callada, pero llega el momento que ya uno no puede aguantar mucho es demasiado que solo malo no es justo, porque no algunas veces debe ser bueno pero no hay balance en estas circunstancias. Luego Mr. Alexander llamo por teléfono preguntando como me encontraba y toda las veces se cambia de nombre y por eso es la razón que me pone solo de cólera y me hace rabiar y no comprende de nada. No me da un presente tampoco me da cariño poreso es algo gracioso que no comprendo su actitud de malo solamente. Yo lo que quiere de ves en cuando me de amor, pero hasta la fecha nada me da es el colmo y solo me irrita, yo solo eso quiero amor.

Mrs. Rich: I meet her lover
He is a peruvian man
Told to Arene about Pepe

> Arene said, os he ones of her lover
> She has a few lovers.

At 3.30 pm fui a darme un rico bano para irme a mi Iglesia en Summer Hill y tengo que caminar todo la calle de Edgecliff par ala estación de tren, pero antes Arene fui atros me molestaba diciendo que a leído el periódico donde dice que es lo mismo que es en la tv, que cosa le digo excuse Arene no es cierto, y me dice es como te sentaras al frente y miraras las noticias, luego Mrs. Rich dice stop to Pick, Sharp both of you porque se molestan que mujer tan tonta, siempre lo ese así. Luego cuando llegue a la Iglesia el programa se habrá terminado y un chino me daba la contra diciendo no as entendido, necesitas uno que te traslade, que gracioso los chinos ni ellos mismos entienden sin es la cause que les gusta molestarme en en esa forma.

Cuando llegue a casa a las 9.20 pm Arene me dice es tiempo que te vayas, luego lo tome con calma y le digo si es tiempo para dormir, yo mirare tv en mi cuarto.

18th DAY:

Era las 8.20 am me levantare a tomar camomila, y mirare tv hasta las 9.55 am luego me daré un rico bano para ir a King Cross almorzar, porque aquí estas señoras solo me martirizan no puedo estar un rato sentada en paz ni hacer nada porque todo Arene se esta fijando que hago que como, es insoportable no se puede vivir así en una casa grande que tiene jardín es mejor vivir en un solo cuarto y en paz y no con tantas moscas que solo están molestando y no dejan estar tranquila un solo rato, especial la casa es el lugar donde se duerme y se pasa mas que afuera, porque se come, se duerme, se bana, y todo que puedes estar en paz pero si hay personas que te hace la vida imposible no se puede vivir tranquila en ningún sitio, es igual cuando una persona en la mesa si hay una persona que te mira si comes mas o menos eso es mejor estar en un cuarto y no en una mesa lleno de majares y todo que puede haber, no es agradable la comida que entra para el cuerpo para que puedas estar fuerte antes las asechanzas del demonio.

Mrs. Help said he is a Victor too
Miss Dull said he is red
He is Paula and be careful
With the old man
He wants to be the mocho
Fanny chatting both of them
Brighten said, he copy of the all sally
He is stupid as well
Why I didn't married with nice man
In this days I have a lot loves
In this dies I have a lot as well
I can married with any one
who is nice and gentleman
Last Alexander when, I meet
Was old and look awful and
I like him because is from USA
And his hair, noice, tall also is Dr.
Because I'm very face for a men

A las 9.30 am tuve mi rico desayuno pavo otras de la casa porque estaba el sol maravilloso, cuando termine cante para Tresure porque ella es mi compañera desde que he llegado a la "Casa fría de Woollahra"

After day! After day!
I love the sun, I love the sun

I love the tree, Love the tree
I love the flowers, I love the flowers
And In I love Tresure! I love Tresure!
After day! After day!
I love my God! I love my God!
I love the birds, I love the birds
Because, they love they sing for my God
And I love all then who sing my God
After day! After day!
I love this month!
because, all them remember of my child
I love this month, December is the month
The people remember his born of my child.

El día esta muy caloroso me voy adentro de la casa, ven Tresure a tomar agua ademas nos pondrá frescas, en este momento estoy sudando estuvimos varias horas en el sol, y se enfriara mis oídos y me secare rápido.

Arene dice tu quieres saber de mi foto, Brighten dice esta allí una grande mariposa, y sabes de donde viene, y contesta no, no se donde viene, luego le digo as mirado o oido que he hecho todo los días en casa, que no tengo maquina secadora y me seco en el sol, o también me seco en el Club donde voy a nadar y cuando me voy a la playa mi cabeza se seca con el sol todo los día no sabes que hago yo en casa, y por eso no me quedo en casa porque Mrs. Rich me hace su trabajadora de todo los días, me gusta la casa que esta lleno de plantas, el sol, flores, solamente personas tontas no les gusta lo natural que Dios a creado mas es siempre es correcto en estas ocaciones vivir y gozar de todo lo que es algo monótono por cada persona en la tierra que tiene mente sana. No escuchas las vecinos tienen piscina, gritan juegan lo pasan bonito y felices gozando cada día también tienen grande espacio en la parte de atrás que disfruten jugando, pero aquí solo tiene espacio y no piscina y no les gusta Mrs. Rich no quiere nada, varias veces lo he sacado pero dice no hace viento y regresare a Sunny Room eso es todo.

En 1982, cuando deje mi trabajo del Govierno que trabajaba en Oficina Maria (Chilena ya murió) me trajo que me dio a conocer a Mrs, Rich (83) y desde allí yo venia los fines de semana a trabajar par Mrs. Rich, y venia a trabajar primero fines de semana luego por 3 semanas full time, lo ayudaba a cocinar, nos vamos a hacer shopping y yo en casa siempre me dedique en el jardín echaba agua todo los días, pero no me gusto trabajar mas tiempo porque era una persona fastidiosa y miserable, eso fue la razón que no me quede mas tiempo ella estaba loca para que me quede mas tiempo. Y en ese tiempo era la dueña de la casa Mrs. Rich no estaba todavía en el mercado, y tenia 3 hijos Dr. David, Mrs Procter y Trevol (muerto) y fue su mejor hijo porque siempre lo amaba siempre a un que era maricon y vivía en España era muy guapa su cara cuando fue joven, pero cuando era viejo su cara había cambiado todo tosco, y Mrs. Rich me decía cuando se muera todo su dinero va ser para su hijo Trevol.

Por ahora estuve sentada en backyards un unos zancudo me había picado toda mis piernas, tengo que irme a dentro luego irme al Club para almorzar y tengo Christmas almuerzo, y veremos que es para el almuerzo porque pagamos cerca $35 dollars.

Mrs Help in this Dias 1982
Was so mean in the kitchen
I must drink skim milk
Have toast and butter
Don't eat much is only for the dung
And all the time work and really

208

Made the last sirvienta with her
Family, as well and made me
I lot hear with her gran son
That was Mrs. Help in this dais
And never gives me a nice present
Typical Australia born
Typical Jewish people mean
Same a Mrs. Burns in Rose Bay
But they like to work hard
Now Mrs. Help I do the garden
Sweep the floor, cook and attending her
And said, she attend very fast
She is black same times
Told me live the food for tomorrow
Now I buy my food my own food
What I did buy and
I give for her as well.

Tresure también se fue adentro porque es demasiado calor, yo también me iré adentra pienso que Michael termino de limpiar mi cuarto, por que oía que decía ya paso la maquina por el cuarto de Arene.

Sandra and Michael chatting
And said for Christmas Day
I didn't hear same thing else
And much be carful, because
Because she put every thing in her book
Yes, I did what I hear only.

En este momento Tresure esta dormindo en la sombra de la casa y yo lo carino y le digo:

That is my sweet heart
And touch her head
That is my linda, yes, that is my linda
And she feel, and look to me
And keep and sleep on the floor
I hear Michael is clean the toilet
Almos he is finish the works
One hour o two same times.

Deje la casa y me fui a caminar por Maning road hasta llegar a New south Head Road, luego vino el bus con vía a King Cross tome para ir al Club donde vamos a tener Chismas lunch, yo me senté con una mujer que era de Sur Africa, tal ves a habrá nacido allí pero era mas Australiana, ella había comprado vino rojo, y me di un poco pues yo no tomo vino pero por Christmas todos brindaban el almuerzo, entonces yo pedí limonada para mezclar al vino que no sea muy fuerte, y lo pasamos bonito mucha comida pavo, vegetales todo al horno, budín y bebidas incluida en nuestro almuerzo, después hubo unas rifas que nos dieron un ticket al entrar, y esos numeres lo rifaron como a 10 personas fuimos que ganamos.

después hubo baile todos bailamos dance, yo baile con Dick Australia boy "una paloma blanca" después nos fuimos abrazarlo a Carolina quien llamaba el bingo siempre era buena chica contenta trabajaba, allí nos fuimos a felicitarlo a Glen, Robert, y al chico que hacia la limpieza en la cocina, le dijimos "Christmas Lunch estuvo delicioso" y nos sentimos orgullosas por todos ustedes, muchas gracias todos quedaron muy contentos.

después nos fuimos con Missy a jugar las maquina y me senté con ella, y le digo ya perdí $17 dollars, y después me dice te voy a prestar $10 dollars, así estuve jugando hasta las 4 pm, luego regrese a casa la temperatura había bajado la temperatura porque estuvo haciendo una calor bárbaro y había llegado a las 5.30 pm, antes no había recordado que Luce Medina estuviera en Club con su esposo no lo había reconocido estaba gorda vestida de negro, y me dice que se fueron a Paraguay porque Rey su esposo (Muerto) estaba enfermo y se fueron por dos meses, para ver si allí lo operaban mas barato, pero no fue así se regresaron después de tres mese porque la comida lo hacia mal también y no le gustaba el ambiente, y para cambien el ambiente se vigneron Al Club, porque vivían en Elizabeth Bay muy cerca al Club pero veo que no almorzaron solo tomaron bebidas, eso fue todo, y me dice con quien estaba le digo con esta señora Missy (muerta) y dice: a ya, luego se va a la mesa que estaba Rey, y yo ya me iba a casa porque era tarde 6,30 pm, cuando llegue a casa Mrs. Rich me dice 'como te ido el día, porque me dijiste que vas a tener almuerzo en el club Christmas Partí" si le digo estaba muy bueno también comimos pavo y vegetales budín, y bailamos, lo hemos pasado muy bonito con muchas personas. Me dijo también que tubo contacto con Dr. Job su nuera, y su operación salió muy bien, y que el próximo sábado tendremos almuerzo en casa.

19th DAY:

Este fue día especial, como siempre me levante a igual tiempo a tomar Camomila luego tomar desayuno y tenia en mente de ir al Kindergarten en Padinton, "Peter Pan"para visitar a los niños donde trabaje todo los Miércoles con los niños de 8 a 5 de la tarde, y lo deje cuando viaje a Rusia y cuando volví ya otra ocupaba mi lugar, así que a las 10 am salí a Bondi Junction para sacar dinero de la maquina $180.00 dollars y comprar dulces y para llevar a los niños en Padinton, luego cuando llegue estaba serrado de vacaciones hasta Enero, luego me fui de allí a King Cross almorzar luego a jugar el bingo y de allí me fui a la Opera House a comprar una entrada para ver Christmas in the Opera House, teatro room, day 24 at 6.30 pm.

El almuerzo estaba muy bueno grill Fish con vegetales y papas luego nos fuimos a jugar las maquinas con una extraña persona que gasto mas de $200 dollars y no gano nada, así que me regrese a casa, cuando llegue Aren y Mrs. Rich estuvieron cenando carne azada con vegetales, y Mrs. Rich dice: la carne esta deliciosa, y ambas dicen esta 'muy tender'.

alguien llama con voz extraña (MR Bigotón)

En la manana 9.45 am

Mario call up for phone (hand man)

I am answer, hello! Hello!

Sound very far away

And said, that is Mrs. Rich

I said she is en the bathroom

You want a message, yes I said

Tell her, if she is going for

Christmas away or not

I said she is going to in home

With, her house keeper

She is stay here, you wanted her

yes, I call her, I want speech with her

Mrs. Rich said! And she is here

you will have a nice,

Christmas and come on

January to visit her

I think was Mr. Alexander

And pretend to be Mario

The work in according to Arene

Because, he doesn't want talk with me.

Como deseo que Mr. Alexander fuera diferente y no pretenda tanto, llama con diferentes voces y nombre así, confunde que no se puede reconocer, pero hoy estos día lo identifico rápido quien es porque tanto a llamado y hay entre sus llamadas a un acento americano y repite las mismas cosas que puede hacer llegar los mensajes que quiere decir. también deseo que sea otro hombre con cariño y amor para hacer el futuro y no hombre tonto que mas de 3 décadas se va en peor en peor, y es la razón que no puedo decir es algo agradable o un hombre bueno con migo no le importa nada solo le importa las nuevas que conoce para tener otra víctima en su camino.

Mario is a tool man for phone
He is being working in home said Arene
All so he is working in Woollahra Road
At lots of time is a tool man
And ask who I am, I'm Miss Brighten.

Ya son las 7.45 ya escribe lo que tenia que escribir, ya me di un gran bano, y tuve mi comida sopa de pavo, luego tendré unos dulces y lo daré uno para Arene y otro para Mrs. Rich.

Aun que me molestan tanto pero estoy siempre con ellas, ellas hablan mi mal a mis espaldas yo se lo que dicen pero me imagino que en un libro no se debe poner cosas malas que hablan los demas, no hubiera papel para decir tanto mi vida es muy largo poreso escribo como para ensenar en la vida no es fácil para nadie si uno quiere tener éxito y ser famosas en la vida.

I have being place of miss Cushions
She is like still upset
Only said sit down

I give kiss to Mrs. Cuddle
I'm hurry, is getting latter
Gives this $20 dollars to Carolina
And tell I'll call again for phone
And I left her flat to my home.

De todas manera a las 9.30 pm en la casa en mi cuarto miraba
un video de la cantante Mariah Conway.

Just call me my name darling!
I will be there!
Just call my name sweet heart!
I'll be there!
Just call me my name honey!
I'll be there!
Just call me my name Olguia!
I'll be there!
Just call me my name Cockatoo!
I'll be there!
Just call me my name 'querida'
I'll be there!
Just call me my name Oliva!
I'll be there!
Just call me my name Mariana!
I'll be there!
Just call me my name you know!
I'll be there!
When you call me up?
I'll be there! By Olgaska

20h DAY: otro día de solo agitación para mi tome mi desayuno
pavo sus alas, con un baso de leche de soya, y luego fui a Bondi

Juction en Club y jugar las maquinas luego fui almorzar y comí chuletas no se si estaban frías pero me hizo doler el estomago así mal estuve toda la tarde, pero tenia que ir al medico por mis oídos que me dolían y picaban tanto, no se porque las personas me hablan solo mal y por eso mis orejas reaccionan así, parece mentira todo la vida es un misterio, luego le digo a Mrs. Rich porque tanto mis oídos me duele y me pican, salves porque las personas hablan mi mal, como yo le digo es cierto yo digo a usted que la casa es mía es de mi novio, y usted me dice 'solo es tu imaginación, tu no tienes novio ni la casa es tuya, que no a vendido a nadie su casa y que se va ir cuando muera, nadie lo sacara de su casa que a vivido tanto tiempo con su esposo he hijos y madre.

Sería las 7 pm Mrs. Rich estaba leyendo el periódico local buscaba un hombre o una persona que vengan hacer el jardín, y yo le digo ya ahorrado bastante cerca 3 meses y no a tenido nadie que haga el jardín solo yo lo he cuidado y regado, y usted a ahorrado bastante, y por fin de semana a comido mi comida que he comprado verdad? Ya es tiempo que pague un jardinero ya ahorrado bastante, y no me a pagado nada, mas me trata mal, con Arene también es usted una señora completamente judía, Arene me toco la puerta que Tresure quiere venir adentro a mi cuarto.

Ya no riegues esas flores!
Ya no retoñan mas!
Tienen muerto el corazon!
Mis amigos me dijeron!
Esas flores ya no retoñan!
Tienen muerto el corazon!
Un día la vi florecer!
Y dije te echare agua!
Me avergüenzo de ese día!

Y su pobre corazon se seco!
Mis amigos me dijeron!
Esa planta no es de sol!
Menos de sombra!
Poreso se seco terrible mente!
Ya no riegues mas esas plantas!
No te preocupes nunca mas!
This plants don't wanted
Sun and nights les shades
Because the heart is dead.

Estaba la señora insoportable conmigo no podía verme paseando en la casa, porque yo solo era una de siervientas y no un familiar porque ya estaba completamente picona desde que vinieron mis amigos el día 16 para el Almuerzo, eso era la razón, y me dice Brighten puedes llevarme a bano en la silla de ruedas, esta bien le llevare Mrs. Rich y en el bano estaba Arene acomodando para que Mrs. Rich se vaya a la cama, luego le digo allí esta Arene para que le atienda, luego me dice tu estas aquí en mi casa debes hacer lo que mando que hagas y no solamente replicar que no viene al caso, luego me dice anda y trae el papel tisúes del Sunny Room, luego le digo esta bien iré a traer, pero todo ya estaba serrado y tuve que abrir y traer el papel y luego volverlo a serrar, eso fue para molestarme en esas circunstancias, luego me voy a mi cuarto, ya seria las 10 de la noche estuve viendo tv luego vi a un hombre grande cerca de mi cama (2 metros) fue gracioso apague la tv y me puse a dormir hasta las 7 am.

21st DAY:

El día estuve muy bueno muy brioso, como para ir a la playa y nadar en la piscina como siempre lo hago, después me iré a tener mi almuerzo al Clube, de todas maneras a las 8.40 am me levante para tomar te, luego darle su leche a Tresure, pero no había nada de leche, y cuando vino Arene hizo mas leche y le dio a Tresure, yo luego tome mi desayuno y me fui a la playa a nadar cerca las 11.30 am me regrese para almorzar en el Club, el tiempo estuvo de gres 23 y hacia calor pero hacia viento estuvo un poco pesado poreso yo me fui a la playa.

I love Tricia so much
because she is always with me
Sleep and rest
Tricia has terrible smell
And she is and older also
She is never has speak bad
And never has bat tongue
Any way has Classe home
That is why love Tricia
I love birds as well
Their big hole, open por eat
And open for sing a songs
Why I love so much
And never feel tire of love
I love Tricia and birds
Also I love children
Very much, because likes a birds
I love little babies also
This month is the little babies
I love Tricia, and love little babies

All so love very much children.

Ya era 9.30 am antes de irme a la Club

Antes de irme a la playa fui a saludarlo a Mrs Rich y a decirle como amanecido, y siempre me decía para mi es difícil dormir bien siempre me disperte en la noche y estoy tratando de dormir pro algunas veces es difícil dormir bien, y cuando me vio me dice: 'que vas hacer hoy día yo le contesto como siempre irme a la playa nadar en la piscina, y de allí me voy al Club almorzar, luego me dice ya estarás pensando en buscar donde irte, yo le digo no es tiempo cuando me voy a ir, después viene la vecina con su vestido que lo arregle, bueno hoy me voy a la playa pero déjela lo arreglare cuando regreso, así que medio para que lo arregle y me fui a la playa, después de almuerzo regrese a casa para hacer la obra que me habían dado y me pagaba poco $25 dollars, ademas no fue mucho para hacer.

Yo en la tarde después de almuerzo me quede por las tiendas viendo que estaba bastante en remate por las Navidades, y se veía el movimiento tan hermoso de los adornos en las tiendas del "Espíritu Navideño" mucha gente estaban comprando los presentes para sus familiares, pues yo solo me gustaba mirar, había encontrado personas que conozco y donde nos abrazamos y nos deseamos una preciosas Navidades, especial en estas fiestas que solo es anual, y mas hecho que es el recuerdo del Nino Jesus cuando nació en Belen Israel.

"I wish you marry Christmas
My self had have good healthy
And my heart very happier
And laughs always feel good
Thanks to my God"

también fui a la ciudad a ver las tiendas no había mucho por allí, pero Grace Brothers and David Jones estuvieron acogidos son grandes tiendas que tienen ropa de clase y vale la pena ver las nuevas modas que viene y sus diseños es siempre magnifico ver aun que no compre pero es lindo ver y pasear yo solo siempre sola no me extraña vine sola del Peru así que estoy sola en Sydney todo el tiempo que estoy en Australia por 4 décadas.

Cuando llegue a la casa Mrs. Rich tenia visitas de sus nietos estuvieron ocupados en Sunny Room, así que me pase no les salud, porque Mrs. Rich es áspera algunas veces conmigo, después deje mis compras y regrese a saludarlo a Mrs. Rich y allí lo conocí a su nieto Andrew y Richard, por eso fui porque Arene me dice es su nietos hijos de Dr. David, pero a mi no me gusta molestarles pero si fui a saludarles y desearles buenas Navidades, así que su Nieto André quiso venir a vivir a la casa de Woollahra Home, como se lo habían vendido querían meterlo a su hijo, pero Mrs. Rich no lo acepto, antes había venido con su mujer una Italiana y es servir atrás de la casa a 4 personas, después se pelearon con la Italiana, poreso quiso venir a vivir a la casa que lo habían vendido, esos son la familia Rich, han querido hacer al Bigotón su mocho y que yo sea su burra eso quiere el viejo Californiano por mocho lo hacen así. La verdad no se quien había traído lindas flores para Mrs. Rich porque Arene me dijo no as visto el ramo de flores que lo an traído, cuando los dos hermanos se fueron estuve con Mrs. Rich conversando y le pregunto tus nietos te trajeron las flores verdad? 'No, me contesta son de mis amigos que me an mandado antes que vengan mis nietos'. después me dice 'limpia el lugar para que lo pongas las flores allí, porque debe mirarse mejor y ademas son muy grandes que este en este sitio sino que la pusiera en la sala eran grandes y preciosas, lo hice lo que lo me dijo, seguro las flores mando el Dr. Alexander, porque yo he vivido en 1982 nadie lo regalaba flores, pero hoy siempre sus amigos le dan flores, era Dr. Bigotón que lo adulaba siempre a Mrs. Rich también decía que son familiares, yo no creo ellos descienden de los Judios son puros Australiano, si hubieran sido familiares me hubieran querido y apreciado mi trabajo, sino solo an sido vengativos por que era Norte Americano y a mi me despreciaban y decían que mejor es su nieta Jenny que sabe English y yo solo domestica y no estoy buena para un hombre millonario. Poreso me aborrecían tanto todos nadie al ultimo se pusieron a mi favor, especial Dr. David y su esposa Dr. Job que venían los Sábados y yo les daba de comer eso es increíble, solo los que vía y sabia la verdad era Mi Padre Creador y no otro el mismo bigotón me trataba mal con que condición por esto Dias ya no lo aguanto mas porque se a pasado demasiado conmigo solo se pasa de vil y cruel conmigo y no con otras que tiene. Yo le digo son preciosas las flores se parecen a la Orquídeas cuando llegue alguien le había traído y duro mucho Dias, son muy lindas, Mrs. Rich dice si son verdaderas hermosas y que le gustaba mucho las personas que lo tren lindo regalos, porque esas flores cuesta demasiado nunca son baratas.

Are you happy with the flowers?
Is ver nice? answer
To me not one give me flowers
I wish have a friend,
To give me flowers like this
She said: to me they are nice
In Perth gives flowers
To the hotel and call me
I didn't want ever see
always, I make them spoil
Because made me sick only

And I hate every time
When I remember it
Was very awful times.

También le dije que en Doble Bay he preguntado pequeñas costaba $25 dollars, pero estas son grandes y muy bonitas. She no responde at all.

Mrs. Help think
Miss Brighten is very innocent
Her neighbouring only
Gives the worst things
Ever her family they mean
I'm in Australia por 18 years
They give the dogs por annoying me
They are real shits
I'm sick and tire of them
So is the last attitude done.

Arene me dijo que Mrs. Rich esta feliz con si enamorado que lo da flores hermosas, si es cierto con lindas flores se pone contenta para que me coronen eso es la razón que lo adula tanto, y que yo sea su burra por fin de semana que lo atienda siempre que tienen visitas de su familia y amigos, es cierto Arene y ahorra dinero porque el jardinero paga $200 dollars poreso ya no tienen solo de ves en cuando es una señora completamente Hewish.

"them have the best service
That why Andrew and Richard
Don't tell any thing
One them said that is mama too
Very fanny the Rich family"

Ya son las 10.15 pm, Arene y Mrs. Rich estuvieron primero por el corredor luego en bano y su conversación era muy desagradable para mi persona, Mrs. dice solo un enamorado puede dar eso y no otro, también decía 'Put off the top', cuando escuche eso me irrito porque no estaba contenta que traían flores, y estaba cansada de recibir flores también. Era egoísta si las flores llegaban a la casa y ella veía y allí estaba todo el tiempo porque no se ponía contenta, por eso me aborreció tanto y tenia su tora que me coronen todo los día, yo estaba en mi cama escuchando las noticias cerca las 11 pm donde decían que Prince chales fue aceptado el divorcio con Lady Diana que se pueda casar con Camila, la verdad los hombres no les funciona la cabeza para dar amor a la esposa o a la novia, (Bigote) y siempre termina en mal porque son misterios que el hombre no conoce a lo profundo.

El problema es que mas los hombres miran la carne que son los pecados carnales, y por mala suerte no escuchan ni quieren escuchar el amor espiritual que es eterno en una pareja.

22nd DAY:

El día amaneció maravilloso como para ir a la playa, y tal como cual fue mi decisión, y Arene me dice: 'chat about me' no se que lo dan flores, igual que yo no tengo flores, o también quería que le de su regalo para las Navidades, ella sabia muy bien que yo tengo pensión por Night, y ella gana toda las semanas y duerme free, come free, así espera que le de flores también o que se yo no se que quiso decirme así, bueno Arene le digo me iré a la playa a nadar, mi decisión es ir a Bondi Beach siempre me gusta ir a nadar a la piscina el agua es de mar, pero cuando llegue el mar estuve completamente movido así que camine solamente pero hacia buen sol por allí a las 10 am de la mañana estuvo maravilloso, es bueno estirar las piernas y caminar, pero no estuvo bueno me regrese a nadar al Club donde tiene piscina también.

también me iré a ver sabanas porque las que compre fueron buenas a $58 dollars el material muy bueno y estaba de remate así que me había comprado en Grace Brothers, y para Arene cuando llegue lo he comprado varias cosas para el bano, pues estos día no lo comprare nada, porque es ridícula en sus actitudes no me aprecia en nada solo me corea, pero algunas veces era buena era normal pero Mrs. Rich lo apoyaba y le decía no lo dejes tranquila corre, corre y tienes que ganar.

La verdad de la mañana por estar caminando me decidí ir a la piscina estaba completamente movida, y áspera para mi no me gusta abusar cuando el mar esta movido me da un miedo pero allí había varias personas, también a mi lado estaba cantando un pajarito, y me desvestí y fui al agua para darme un buen remojón, porque cuando esta movido el agua no me gusta nadar así que entre solamente a mojarme y luego me salí y me vestí luego y estuve viendo a los chicos que estaban en el agua patinando se veía muy bonito.

The human being have to be careful
That is natural maker of God
Like volcanos and fires
Wind, raining, wails animales
Ever of the human being
That is they kill each either.

En esos momentos vino a mi mente cuando Evan a celebrar su cumplíano o de Mrs. Rich era ya 8 meses que había llegado a casa y su mes era Abril, cada ves que conversaba con Mrs. Rich Y Arene decían que el cumpleaños va salir muy bueno, y yo pensaba iré ser invitada o no, no tengo porque decirles me van a invitar al cumplían o porque era de casa y vivía allí y va ser la primera fiesta que va celebrar desde que estoy en casa, y Mrs. Rich le decía apunta los nombres quienes van a venir, pero esa ves no estaba su hija de Perth según su mama decía que siempre viene pero en esta ves no vendrá, y cada ves que conversa o llegaba a estar con Mrs. Rich y Arene en Sunny Room hacia la lista de sus invitados ya tenían bastante nombres por all unos 9 personas, y también que va haber de comida sandwich de pollo como ella ordenas a una persona que todo los anos lo hace los sandwich de pollo bien gruesos y muy ricos que sus invitados quedan muy satisfecho, ya se llegaba el día muy especial venían sus familiares porque veía sus nombres, y en esos momentos pregunto si yo voy a estar en la fiesta, y Arene dice que no porque no estoy en la lista, entonces le digo Mrs. Rich porque no me incluye yo vivo aquí en la casa porque no me incluye, no me dice por la simple razón que eres solamente domestica, y no vas estar confortable con las personas que vienen a casa por todos son de alta sociedad, y seria para ti que estes aparte de todo ellos.

Eso a sido Mrs. Rich conmigo y ese día había llegado una caja de champan quien era lo mandaba Dr. Alexander (bigotón) y un grande ramo de flores que ya estaba en la sala, eso es la razón que solo había desprecio entre ella y yo por eso lo despreciaba a Mis Rich porque era completamente perversa conmigo, solo trataba de humillarme parece que aborrecía a los inmigrantes, a fin de semanas estaba tan contenta me decía dear, cariño, miel, etc, pero cuando le convenía era así esos son los Australianos, como yo he trabajado solo con Australianos y visto la gente sin educación o cultura y solo tienen secundaria eso son anti sociales no les gusta los emigrantes, pero por otro lado los principales eran diferentes a todos hacían atención había una diferencia entre clase educada y con cultura, con común y ordinarios personas.

No podía sacar de mi asombra, que esa clase son materialistas y mas son vive la carne están vivos en la carne pero el espirito están vacíos, que la verdad no hay amor al prójimo eso es lo que me mortificaba tanto así son los Judios pero nosotros estamos en los ultimo tiempos, en el Tiempo de Jesucristo que es nuestro salvador, y personas inteligentes no se puede enfermar de humillación a otras por así sea como sean, porque el dinero o tener una casa donde vivir no es todo, si no hay amor serán miserables pero yo se que todos los judios son así se protegen todos de su rasa pero no a los demas.

así son las personas que tienen inteligencia y no una vida aburrida y sentirse solos, como Mrs. Rich decía 'no se porque vivo tanto anos' ella misma se maldecía diciendo así, y Arene tenia también una vida miserable apagada y triste y cansada de la vida, pero como a estado en una casa grande que ni se a podido enfermar de la mente, porque todo influir en el lugar que se vive, y mas influir en la persona todo depende de uno.

La persona lo hace a la casa y no el lugar donde se vive, porque conocí a una Pelipina que vivía en un solo cuarto que tenia bano solamente, menos ventanas, y tenia su marido y su hija, pero ese cuarto estaba completamente arreglado que hacia vivir y que sean felices, así como Honkong allí viven en un solo cuarto 10 personas 5 trabajan en día y los otros 5 duermen, pero son felices.

Sex is made feel in the flesh
To much destroy the brain
And made sinful and awful
That is come a next
And get last promotions and witches
Come beat moreover or kill
Thats is why came beat prostitute

Why the teenager sleep with boy
That is why wives get affairs
And that is why they lost
The flower of youngest
Never look a virgen girl.

Regrese a la casa fría, digo fría porque todo es frío, comentando
desde la construcción y su su gente que viven allí o vivieron allí
por muchos anos, no hay un abrazo ni un beso ni una palabra
agradable que te haga sentir bien, No no! Nunca hubo desde que ya
estoy viviendo por mas de 8 meses no había nada de eso, at 11.40
am Arene estuvo lista to go a her flat es día de descanso y vi que
Arene había hecho todo su asea de sus sabanas y ropa personal y se
había olvidad de comprar para Mrs. Rich que va a comer en el fin
de semana, a ella no le importa nada seguro que pensara dirá esta
Brighten para que lo atienda, se había ido Arene, y entre al Sunny
Room donde siempre se encuentra Mrs. Rich, luego le digo que va
a tener para su almuerzo y ella me dice seguro que Arene a deja
para el almuerzo y comida hasta el Domingo, entonces le digo No!
No a dejada nada luego me dice si seguro esta allí la comida, ya
la revise le digo, también no se preocupe yo voy a comer pescado
lo are con cebolla y tomate y lo comeremos con papa sancochada
luego me dice te lo dejo a ti lo que haces es agradable para comer.

Mrs. wash said what is the point
To have celebrated the Christmas Day
Brighten! I miss my family so much
Brighten also said, You not Christmas!
Is month to birth of Jesus
And the Holy family Mary and Jose
dais of Israel of all saints
And all the saints are celebrated

Birth if Jesus Christ
In the heart and spirit.

A las 4 pm la vecina de la casa 19 vino a visitar a la casa trayendo dulces y bizquees, cuando teníamos el te con Mrs. Rich, luego esta señora nos contaba que en 1972 estuvo en Peru y a comido comida típica del Norte del Peru como es Trujillo mi ciudad natal, también dijo que a probado el cebiche que es de pescado y cocinado solo con limón y cebolla, ají, sal eso era todo pero era muy sabroso solamente era picante que se comía con choclos y camotes, que que lo había pasado muy bien, parecía que la señora era de residencia Hungría por su acento.

Mrs, Rich le contaba a la vecina que a tejido un vestido a su nieta cuando era una bebe ya hace 2 anos, hoy ya esta grande.

At 5 pm vino otra vecina Mrs. Pean Mossth a visitar y a pagar los $20 dollars de las alteraciones que lo había hecho.

Mrs. Help, said she cooks
Very nice, and Saive money
She doesn't paid for the room
Poor miss Brighten so well know
All around the world
And she is house keep on the
Weekend works hard untill 10 pm.

después que se fueron las vecinas lo enseñe a Mrs. Rich mi tarjeta de crédito que tenia de AZB y me habían mandado un regalo cuando se gasta mas de $1000 dollars, y ella me dice como puedes tener esa tarjeta si eres solamente una domestica, y paras prestando dinero y porque tienes esa tarjeta, solo tienen los que tienen dinero o negocios y tu eres solo una house keeper al fin de semana, después le digo y con ella me fui a Rusia 1995, y cambien dinero en America dollars, luego me dice lo que pasa que te haces ilusiones, esos son solamente tus imaginaciones, también le dije que mi familia pagan los detectives privados para que me molesten todo el tiempo y lo dije así para no decirlo el Bigotón paga que dice que me protejan, bueno eso solo lo hice para hacerlo creer, porque mi familia nunca por nunca van a pagar detectives que me molesten eso es del Dr. Alexander (Bigotón) después me dijo porque mientes como una mujer ignorante persona, no importa ya esta hecho.

23er DAY:

Seria por allí a las 6.30 am me había levantado a tomar camomila y luego hacerlo el te para Mrs. Rich pero cuando fui estuvo todavía dormida, pero no le dije nada solo lo deje las teteras en su mesa de noche cerca las 8 am se había despertado y llamaba, cuando fui le puse el te a su tasa luego me dice esta un poco frío pero esta buena para tomarlo no con mucha leche, luego me dice seguro en el frezar debe haber unas costillas de oveja debes sacarlo que será para la almuerzo porque va venir Anna para la comer las 3 de nosotras será por allí a la 12. A 1 pm, pero las costillas ayer lo había sacado porque me dijo sácalo. Haré todo lo que me diga, luego seria a las 9.30 am tocaba la puerta y cuando salí era Sandra había venido temprano porque tiene que hacer otras cosas y se ira temprano también, cuando ellas estuvieron en el bano Sandra siempre traía noticias malas y bueno pero no lo entendía muy bien porque hablaban muy rápido y yo estaba lejos tomado mi desayuno leche de soya con tostadas.

Y cerca las 11 am tendrá su desayuno Sandra lo había dado y se fui, y cuando fui al Sunny Room Mrs. Rich me dice Anna va estar por acá y tenemos comida Arene abra su bocaza y lo come todo tiene un malas costumbres, no se porque me diría así, su

Arene es Así porque es su house keeper 5 días, y usted lo conoce ya y le gusta así poreso no le dice que se vaya como a mi me dice todo los días me da de entender cuando vas a buscar tu cuarto.

también me dijo que vamos a tener por entrada pink Salomon con pedazos de pan, luego tendremos las chuletas y vegetales, y lo terminaremos con mus chocolate y crema and vino luego tendremos café en Sunny Room,

Pero hubo algo especial el platillo viene siempre con 6 chuletas pero ese día yo lo vi que estuvo solo 6 grandes chuletas, y Mrs. Rich me dice en cada plato pon 2 chuletas y sus vegetales y papas, ya le dijo yo lo puse a la sartén las 6 chuletas y hay en la sartén había 7, pero cuando terminamos todo le digo todo lo que paso y ella no creía y me dice traer para que lo vea, cuando lo vio dice guárdalo, y cuando lo guarde ya se había ido ya no hubo la ultima chuleta Mrs. Rich no me reclamo de la chuleta así me hubiera reclamado ya no hubo se fue, no se que paso.

Anna said, she cooks

When has occasions

For same thing of parties

I said that funny

It is nice to have nice lunch

When we were one friend or two

that is home and happier

And not all the time take

Food away is not nice at all

Anna said what you have for breakfast?

In Peru we usually had roasted pork

And Bread with coffee

Había terminado cerca las 2 pm luego me fui a regar las plantas y Anna estaba con Mrs. Rich conversando, ya era tiempo de tomar te tomamos el te, ademas había traído un ramo de flores muy bonitas y Mr. Rich me dice ponlo en un ligar que se aprecie mejor tal ves cerca las camillas en un buen frasco que es lo principal después de allí me fui a ver mis ropa que ya había puesto en las maquinas de lavar y poner en el cordel que eran mis sabanas y toallas.

después fui a caminar con Tresure atrás de la casa es necesario hacer ejercicios en este maravilloso día.

Cerca las 4 pm Anna estuvo toda la tarde en casa mas conversando con Mrs. Rich fue una señorita alta y feliz muy agradable luego se fue de estar con contenta en casa eran muy amigas creo que fue abogada de profesión y se conocían por mucho tiempo Mrs. Rich no me dijo nada ni yo lo pregunte nada. Anna tomo también Brande para el frío, y luego se fue.

Mrs. Rich mencionó también que las flores necesitan cuidado, pero tu no eres como Arene, a ella no le interesa nada de flores lo deja que se mueran pronto tal ves se olvida o no tiene atracción al colorido de las flores que sus amigos lo traen así como Ana sus flores muy lindas y caras y necesita cuidado, poreso Anna decía así 'como las flores necesitan agua así ellas necesitan Brande para beber para el frío'.

Esa tarde había llegado Maria Moya siempre llegaba en las tardes cerca la 5.30 pm cuando estuvimos tomando el te, y le pregunte si quería y ella dijo que si, luego se quedo para la comida esa tarde solo tendremos sopa de zapallo y Maria había aceptado a tomar sopa con nosotros at 7 pm, luego se fue pronto, y nosotras las dos nos quedamos a ver tv también me dijo mañana tendremos sopa de zapallo si queda algo o sobra que quede para el día lunes porque a ella le gusta bastante la sopa de zapallo.

Left of bread
Ting Salomon pink

Rose marry hervers

chuletas chops lam

después cuando nos vamos a ir a la cama me vas a dar una tasa de leche con milo caliente para así que pueda dormir. La mayoría en los fines de semana no había tantos problemas con Mrs. Rich algunas veces solamente pero eso si me hacia dar vueltas mas de cientos de veces al rededor de la casa pero era posible porque estuve trabajando con ella pero algunas veces se pasaba de abusiva con migo.

24th DAY:

Ese día fue un día extraordinario como de costumbre me levante para hervir el agua para el te, y Mrs Rich estaba llamando, Brighten!, Brighten! Yo estaba ocupada haciende el te, no vine corriendo porque estuve ocupada, haciendo el te con el agua que hierva, luego me dice, su nieta a llamado y quiere venir a casa también Dr. Mac quieren venir, y por eso estaba un poco de cólera, pero cual es la culpa es no es mía, así a las 9.30 am cuando llego Sandra fui a Doble Bay a comprar leche que Mrs. Rich no tenia ya leche pero a mi me gusta hacerlo rápido me fui solo no lo lleve a Tresure, porque esta vieja ya no puede caminar rápido, y sería por allí 11 am ya estuve en casa y Sandra ya se había ido, también así conversando con Sandra y Mrs, Rich me decía que recuerda la muerte de su hijo, y Sandra había dicho que si recuerda también que murió de cáncer así como su hijo Trevol.

Pues seria las 12 pm ya había hecho para el almuerzo tallarines con pollo y vamos a tomar el almuerzo porque yo tengo que darme mi bano y salir a las 3 pm, cuando habías terminado el almuerzo yo termine de lavar los platos y todo que había utilizado me fui a dar un bano, y cuando estaba en el bano cerca las 2pm Mrs.

Rich me llamaba con frecuencia, where are dear!, Brighten! where are are?, así escuchaba que venia por el corredor, y yo del bano le contesto pronto voy a salir que desea porque me llama tanto Arene pronto va venir, luego me dice 'a comido mucho y necesita vino para bajar la comida, pronto voy a salir, y seguía llamando que señora era insoportable, así que salí rápido de la banera para atenderlo con toalla, porque me exigía que lo de el vino, a ella no le importaba que estaba en bano lo que pasaba era muy fastidiosa. Ya era las 2.30 pm Arene no llegaba y llamaba a uno y a otro Sandra, Maria, diciendo que Brighten se va ir y se va quedar sola, y cerca las 3.25 pm Sandra llamo diciendo Brighten ya se fui no she still here! Lo que pasaba era fastidiosa que su Arene no llegaba todavía, y no me quería ver bien vestida, porque el día 24 de Diciembre se celebra las Navidades en America, yo tenia que ir a mi Iglesia y luego ir a su casa de Julia porque siempre lo pasábamos las Navidades allí con su mama y sus sobrinos y amigos, y cuando me vio me dice 'que ridícula te ves' porque me decía así tenia celos hasta que me vestía, porque yo conocía la moda es mi profesión que estudie en el Peru.

Como ya era tarde cancele la Iglesia y me fui a la Opera House a ver las novedades de la Navidad, y tenia mi ticket para ver el teatro 'Christmas en la Opera House' estuvo muy acogida y mucha gente hubieron y valió de haber comprado el ticket del Teatro, luego regresar a la casa de Julia, tuve una tarde muy ocupada, menos mal su almuerzo de Julia no fue esa noche seria el segundo día 25 mejor para mi, así que me regrese a casa cerca las 8.30 pm, Arene estaban conversando con Mrs. Rich no se que pero cuando llegue las dos se reían de mi, tal ves porque Arene me cerro la puerta y no podía entrar, y llamaba a la puerta y se hacia la sorda luego fui por adras tal ves estuviera por allí, era temprano y no había luz en la entrada, pero gracioso ellas estaban en Sunny Room todavía si era temprano, hasta que Arene se le de la gana para abrirme la puerta perversas eran, yo había llegado de la Opera House en taxi, y por eso llegue temprano.

Pero era al frío en la casa de las dos señoras, era algo indiferente cuando llegaba de la calle, ni Arene ni Mrs. Rich decían algo nada, pero ya estaba acostumbrada a todo desaire de las personas que solo me desprecian por la nada, pero no viene al caso lo importante para mi era entrar a la casa y dormir en mi cama después no era importante ya les conocía por largo tiempo todo eran indiferentes eso es todo.

Algunas veces era demasiado todo, y cuando yo escribía todo esto que escrito me encontraba todo los días nerviosa pero algo que no podía aceptar cuando se reía de mi (decían que era puta y traicionar, poreso me desprecia el Dr. Alexander) como puede imaginarse eso, para mi los hombre no me an tocado sin mi consentimiento y porque piensan eso tan horrible de la mujer pero yo lo dejo a Padre Celestial que esta en el Cielo.

Miss Brighten said to Sandra
Change her sheets of Mrs. Helps
Is near more the one month
Mrs, Helps and miss dull said
You should not writing that
Why not is all for me intelectual work.

Cerca las dos de la tarde Arene todavía esta en la cocina lavando los platos and Mrs. Scott and Mrs. Rich estaban durmiendo y Mrs. Scott estuvo tosiendo, y yo le digo quiere un baso de agua, después Mrs. Rich dice si dale un baso de agua, y ademas que estas aquí para mi dame la pequeña frazada para taparme las piernas, porque esta haciendo frío, yo le contesto si seguro es un placer.

She bought her black
And she gots profit of me
All so she got another
Trevol, he was die of cancer
If, she is keeping I said like that
Is very fanny same times
And they want eat nice
And very juice and feel,
Very confortable made suffer to other
And she doesn't care, who
Feel the another ones.

Todo esto lo que digo es cierto, toda Cristina que conozco y vivo con Cristinas no son agradables algunas, no tienen ninguna gota de amor por mi, ellas solo se protegen y se hacen senas y que se yo como se entiende, pero la verdad algunas veces es peor, pero tienen que molestarme como si les molestara mi presencia. Yo por fin de semana lo atiendo bien a Mrs. Rich lo hago sus gusto y estoy al tanto de ella, le doy mi comida que compro, después barro toda la parte de atrás el patio riego las plantas, y algunas veces me dice limpia los libros y los platos y vasos que están en la vitrina son pequeñitos y antiguos, y un día le digo me gusta esta tacita y ella me dice con énfasis "regresarlo inmediatamente a su sito" yo te mandado que lo limpies solamente. Siempre me hace que trabaje largas horas desde la mañana 7 am, hasta las 10 pm or 10.20 pm es demasiado y no debo estar sentado un solo minutos, por eso cuando es de Lunes a Viernes yo voy a la sala a sentarme y leer un libro, y Mrs. Rich llama a Arene y Arene lo quiere escucharlo esta en su cama descansando, y luego me dice are you there dear, puede darme algo o pasarme al siempre es así, pero tiene que molestarme esa cólera que me daba siempre y eso era la razón que no me quedaba en casa en el día salía siempre y todo los días porque era fastidiosa y Arene también.

> I have for lunch
> Small a leg of turkey
> I am served like a chef
> because I cooked them
> And have Brest of turkey.

Sandra algunas veces lo decía a Mrs. Rich she is not paga water, gas, electricen, phone, tampoco su cuarto, Brighten contesta tal ves es una gran broma, Mrs. Rich is Jewish Woman not one puede estar una persona aquí por nada, and todo se fija es demasiado porque dices así, también me tienen celos, es el colmo. No lo se porque muchas personas solo lo desprecian a Mrs. Rich conmigo para que me tenga cólera y celos en todo era algo no reparable querían solo que me ataque y se encrespe todo el tiempo que vivido en Woollahra Home, poreso Mrs. Rich me decía 'big nut' yo pienso en Australia tampoco la familia trabaja graties para nadie, porque yo vivía en Rose Bay y Mrs. Burns tenia sus hijas y cuando quería una niñera por 2 horas o tres, le decía a sus hijas y una era Antonia (muerta de dragas) le gustaba hacer babysister y Mrs. Burns lo paga sus dos horas, y ella misma la Señora me decía que tienen que pagar a sus hijas que hagan baby sister por unas horas.

> In the lunch of Christmas
> Just on the table chatting
> She can eat at ones
> Is silhouette also
> She is the last year
> The nuts, are nice and

Eat the hold of leg the turkey
She must helps to Arene
To wash the dishes
She is here has to do
It really is my birth day.

Todo el tiempo en la casa de Woollahra, las personas que venia a casa no podía creer que todos me tomaban el pelo y solo hablaban de mi era su blanco para todas sus visitas de Mrs. Rich, pero Dios me tenia fuerte para poder soportan lo que mal me daban, nunca me daban bien solo mal, yo tenia que están aguantando todo lo malo, y ser fuerte para no caer de nervios o estar de la mente enferma porque en estos casos cualquiera se enferma de la mente, algunas veces Mrs. Rich me decía "tu me llamaste una ves de Perth y me decías que as estado en el hospital de mentes enfermas" si es cierto le contaba para que vea que del hotel que estuve me acusaron de haber robado una tetera y no había pagado el almuerzo, eso fue una gran calumnia, eso era la manera de molestarme con la policial, y después me acusaron que estaba enferma de la mente, por eso los últimos doctores que dijeron así, a mi me pareció que estos pobres doctores decía así, porque un Dr. normal no puede decir así, (porque mandaron que me pongan ampolletas para que mis nervios se amarre), Dios es grande y poderoso me mantiene manita hasta la fecha, ya han pasado mas 3 anos que nunca tome pastillas para la mente ni para nada, y por eso le doy gracias a mi Padre Creador me tiene bien hasta la fecha 20120) que a pasado como me hubieran colado como el joyero proba el oro haciendo liquido si es bueno o no.

En Woollahra Home nunca recibe un grande regalo de nadie, Maria algunas veces me daba juguetes, después una vecina siempre venia por la casa ella era del frente de la casa me dio un vestido 3 en uno para poderlo usar en diferentes manera depures nunca nada, solo flores traían para Mrs. Rich y ella se ponía celosa no estaba contenta que lo regalen flores pero eso era del Dr. Alexander, también mando pusieron aire acondicionador, tampoco se sentía contenta y me dijo que nunca le gusto pero estaba en la sala y ella no lo disfrutaba y decía que mucho gasta la electricidad.

"Do not made her silly
I'm not silly woman"

Ayer vino un hombre mayor trayendo una caja de chocolates, para Mrs. Rich, y hoy día me dice donde esta la caja de chocolates de Anna.

"Yesterday Anna brings the chocolates
And she eats a lots and to me,
She gives me only one"

también dejo Anna que va a comprar una nueva tetera, y Dr. David te devolverá el dinero, va ser otra ves el old man (Dr. Alexander) otra ves me hacen una mujer tonta, también dijeron que no quiere ensenarme su bacín y no quiere show eso es la razón.

"When I meet him, was a bacín
Older and nasty man"

Es una grande stupides todos son o les gusta escupir y me alocan todo el tiempo ellos son tontos porque solamente me dan mal no piensan que son un ser humano.

Después Arene hizo su comida para Mrs. Rich solamente sandwich y para ella nada porque estuvo llena del relleno del pavo que había comido en el almuerzo.

After the lunch on the table
Ella comió mucho Brest and
Finish the staffing of the turkey
That was miss Dull.

Seria a las 7.30 pm mi hermana Gemma me había llamado, donde converse con ella y sus hijos fue agradable la conversación con mi familia del Peru, porque para mi no tengo llamadas de Sydney tampoco a pocos minutos llamo Maria diciendo que tienen presentes para mi, que son ropa de segunda mano, y yo le conteste para mi no me gusta ropa de segunda mano, así que no lo traigas, nadie me a dado presente para estas Navidades, tuve un presente de $2 dollars eso fue todo, después Mrs, Rich tuvo 3 llamadas uno de España de su hijo Trevol, y la otra de de Sydney de su hijo David, y de Perth de su nieta, Arene levanto el teléfono.

"Maria toll me dice: keep,
Happier and nice
I like to tell her sharp-up
Don't tell me such things"

después estuvieron una conversación como ordinarios personas yo estuve en mi cama pero escuchaba porque ellas estuvieron en el bano pues decían 'tienen un presente (key) el viejo, también su hijo Trevol, ella tiene que estar con cuidado porque ellos tiene pene y les pica mucho, porque quiere hacer sexo.

I will be hope never
speak with this old Man
And never back to my heart
And said nice of him
because, he is nasty with me

And I'll be never mention
His name and speak good
That is my Christmas for him.

And Mrs. Rich told me no seas ridicule, continuamente y no
digas el es como Trevor, si, el es yo pienso como su hijo Trevor.

He is Dunked also
Or Dorothy and Trevor
Will die from cancer
I don't wish for them New Year
Because made me sick.

Mi sobrino por teléfono me decía porque pues no se casa
tía, y yo le contesto no encuentro un hombre que me ame,
solo tengo que me maltratan psicológicamente todo el tiempo
(Enrique lo conoce de old man) y solo me molestan y quieren
sacar ganancias de me, yo no que quieren de mi porque tanto
me molesta.

I don't have who love me
If, I have is for use me
And made sick
Since 14 anos ago and
He is quitar, I don't recognise
Because he is nearly crazy
Does't matter as well
That is life the silly people.

En conclusión en estas Navidades, a pesar de Rr. David, Dr.
Job (hijo & nuera de Mrs. Rich) que venían todo los Sábados a
comer pollo asado y vegetales he pasado dos Navidades en casa

fría de Woollahra jamas me trajeron ni siquiera un chocolate de regalo por Navidades o otras actividades de fiestas como Pascuas nada solo venían a comer y maltratarme psicológicamente a mi persona, y después los detectives (perros) les gustaba bastante y toda mis memorias estos perros me amaban muchos porque tenían muchas referencias de mi, and ellos me amaban en secreto, ya lo lo se por todo sitio que he vivido desde que tengo privados detectives varios me an amado y tenían mucha esperanza porque amaban mi inteligencia y todo mis referencias y memorias, también sabia que no disfrutaba de dinero ni me gustaba el dinero, todo sabían, lo malo que tenían me despreciaban por otro lado y maltratándome psicológicamente mi espíritu que jamas brotara sangre, pero duele mas que la carne, la carne te cortan y flagelan y enfermas y luego tomas pastillas para calmar el dolor pero el espíritu no se toma pastillas ni nada pero es fuerte y mas importante en el ser humano, y ademas si se mantienen en pie porque aman a su Padre Creador, y Jesu Cristo su salvador, el es la mejor pastilla del espíritu que conforta y guía por el mejor camino de la paz, nunca aburrido menos soledad hasta el final de sus días, y nunca muere, como la carne muere y dicen descansa en paz y eso es todo, pero como personas ignorantes no saben nada del espíritu. Yo siempre he hablado pero nadie hace caso menos les interesa, pero para mi yo amo a la persona inteligente no idiotas ni mochos en la tierra que su prioridad les gusta hinchar la transgresión o la iniquidad.

estuve escribiendo hasta las 11 pm y para terminar es el colmo Arene me molestaba todo los días, diciendo regrésate, no es tu casa, te vas, te vas porque tanto me molestaba era su perra de Mrs. Rich porque le decía corre, corre querida gana, gana.

Tanto he escrito es hora de dormir mirando tv the Ball room en Canal 7.

26th DAY:

Día de Australia lo llama "Boxing Day" me había levantado a las 4.30 am a escribir porque no había podido dormir, y escuchar música de 2CH es mi radio favorito desde que he venido del Peru, hasta la fecha no lo cambio algunas veces los locutores son excepcionales conmigo siempre me estuvieron ayudando hasta la fecha, saben que tengo en el frigider y todo mis rutina vida, tampoco me molestan como otros radios así en la TV tambie solo hablaban mi mal algunas veces, son periodistas ignorantes algunas veces en la humanidad.

Hasta las 6 am me levante a tomar desayuno leche y pan he irme a BJ luego a la playa pero antes sonó el teléfono donde Brighten había contestado y era su nieto de Mrs. Rich Andreu decía que hoy día venia almorzar con su mujer y hijo., luego Sandra decía: que ella no es esposa del Polisman que es libre de hacer lo que le parece tampoco no era su burra de nadie o de malas personas.

I'm the star for long time
Every day them reports about me
The nasties day
Dogs, and cuts and ratas
Made for long time sick days
Bastas report myself
I have to bear his garbage being
All in computing and keys
Only me think them don't known
Piss off curses of my way
And all pretend and keep the
Secret, and don't tell any things
Fuck off curses. (live me alone)

De todas maneras me fui a la playa de Bronte Beach estuve 3 horas dormía y nadaba en la piscina el día estuve muy caluroso pero relajan porque siempre salgo de casa nerviosa no es posible.

> I call up to Tassy
> And she said: has been iron
> Will see tomorrow! On
> Bondi Junction
> Ok will see tomorrow.

A 2.30 pm regrese a Chaina Town o have para almorzar chancho y arroz $4.50 y a las 3.30 pm fui a ver una movie de America Presidente no estaba tan mal, y termon a las 6.15 pm y llegue a la casa fria a las 6.40 pm, Mrs. Rich estuvo hablando por telephone y deci a:

> I have a girl
> She cools so beautiful
> Very tender and juice
> And Arene only heats.

después espere que termine de conversar yo siempre la saludaba y con respeto hasta el día que deje la casa, y luego me dice como te ido el día, no malo pero estuve entretenida, y usted como a pasado su día, y me dice su nieto a estado por acá, traído a su mujer y su hijo, también me a traído un radio que necesito, Dr. David lo a comprado, luego le digo le dio almuerzo, no me dice solo una tasa de te eso fue todo. Su día a sido bueno con su familia me da mucho gusto, bueno hoy me voy a darme un bath porque me siento cansada de todo el día.

My day was good
Sunny sun, good beach
A lot people and birds
trust, and the brisa nice
And I'm health thanks Good.

Luego de conversar con Mrs. Rich vine a la cocina para calentar
leche y pan eso es mi comida, luego termine vine otra ves a Sunny
Room y Mrs Rich me dice 'que buscas ahora! Estoy buscando el
programa para ver si hay películas, Arene dice 'Christmas Day it
doesn't come'

I have lunch in chaina town
One big nose and meagre man
Sit down in from of me
I move another place
because the dogs are done
Like casino, I remember
stupid, doesn't talk with me
Piss off curses
That is your Christmas.

Por ahora ya son las 9 pm estoy cansado escribir todo de la
mente cansa demasiado, me iré a mi cama a descansar espero que
pueda dormir plácidamente solo Dios puede decidir en mi persona
y no otra. estaré leyendo la Santa Biblia hasta las 9.15 pm, pero
Mrs. Rich ya venían con Arene al bano y estaban conversando
Mrs. Rich decía: Dr. David a llamado y dijo que mi nieta le daré a
el entonces será una gran parte del futuro.

Sandra told offen
She is not nice any more

For miss Brighten I thing
She is invidious for her.

Eso era la razón cada ves que venia a la casa saltaba de alegría,
y como la besaba a Arene, una tarde había venido cerca las 5 por
allí trayendo dinner para Mrs. Rich un plato especial de Israel
hecho de pollo envuelto con puro yerbas, y cuando estaba en la
cocina repartiendo la comida se veía rico y yo le pregunto quien
lo a hecho y me dice que lo a comprado, pero era mentira ella lo
había hecho, Arene me dijo, ya había estado listo el plato para Mrs.
Rich y luego Jenny y Arene y a mi me pregunta si quería comer
no le digo pero me gustaría probarlo, y me di un pedazo que lo
comimos en la cocina con Arene, y cuando se va se va saltando
de la casa pero para mi ni una sola palabra mas bien yo le digo tu
comida estaba muy rico. Luego me dice bye Brighten eso fue todo.

Otra veces venia tarde a las 7.05 pm una ves llego estuve en mi
cama pero me levante a mirarlo por el hueco de la llave de la puerta
y había llegado Jenny con una joroba se había puesto un almohada
en la espalda porque se sacaba después que lo abrazaba y besaba
a Arene me imagino que se veo como Arene jorobada, también
otras veces venia con otro almohada en la barriga diciendo que
esta en cinta graciosa era en esas circunstancias, y Arene todo lo
solapaba y lo besaba también y conversaban despacio de oreja a
oreja para que no escuche nada.

Otras veces había llegado temprano cerca las 4 pm y venia a
ver todo o sus escondidos que tenia en la casa, y me decía cada
que venia que esa mesa era de ella, y tal cosa era para ella, pero
yo sabia todo lo había vendido con la casa, y ella ponía su nombre
lo que quería que sea para ella, eso a sido Jenny cuando venia a la
casa, una ves me dijo que no quiso cuidar a su abuela por la simple
razón que la casa no le gustaba porque era muy fría.

27th DAY:

Todo todos días era algo insoportable había amanecido con fuerte lluvia y con truenos relámpagos y se veía opaco día muy malo hasta para salir, porque yo iba quedado encontrarme en BJ con mi amiga Tassy, ya era las 9 am Sandra estaba en casa y decía su cara se ve horrible (Bigotón) entonces yo le digo yo pienso que no porque tiene bonito piel, no es Australiano no tiene mala complexión, de todas maneras llame varias veces si venia Tassy o no, pero no contestaba yo tenia que ir al Club a jugar el bingo, y había preguntado y Tassy Enriques estaba en el Club y me dijeron que no a pagado anual de miembro, así que no estaba en el Club me engaño yo me fui a almorzar y no era mucho tampoco $5. 50 dollars eso era todo, luego a jugar el bingo y porque tengo que preocuparme con amigas que mienten no es justo ni buenas amigas, pero ella por los anos 1979 cuando la conocí era muy buena me trataba como a su hermana y siempre lo he considerado una amiga de Manila. Pero por estos anos 1996 era ya diferente ya tenia novio eso era todo con esta mi amiga Tassy.

I regrese a casa at 5.15 pm y como siempre iva a saludable a Mrs. Rich y ella me decía as tenido buen día, no, le digo todo fue mal, mas el clima no fue favorable, pero gracias a Dios estoy bien de salud, para mi es my importante.

I did meet Tassy
I didn't have money
The machine ANZ didn't give me
I debit 1,000 dollars
Was very cold and raining
I didn't one bingo in Club
I was sick since yesterday my tummy

I was so upset because is truth
Dr. Alexander doesn't talk with me
Is it, his own follow, why is upset
Because is one stupid man with me
Since last time I was very sick
In Perth he lain and hand up the phone
And here I don't worried
He call me up, pretended another person
It was plenty enough I accepted
In my affair it was his fellow
I didn't like him, never liked
Black and big tummy and drank
I use to writing that was all
From his friends pics
And hear a los nasties words
Why made like that?
I didn't like him at all
That is why I didn't have sex
He force me, I didn't wanted
He was very crazy
And love me a lot with his heart
All so told me! You got me
I hated, he was so rude with me
I was a good star only
And he is a rich and millenary
if, like me, same why no
I married with him
Because he told me Raymond
only, only recommend to have an affair
And him, wants a women
With an experience in Sex

I didn't believed, because I know
Him and love me I'm a virgen.

De todas maneras yo siempre me siento sin tener un amigo que me quiera, el amigo que tengo no quiere conversar conmigo, no le importa de nada solo paga a los detectives que me molesten, eso no es vida, eso si se preocupa por otras, y les llama y les promete tanto hasta les hace creer todo, porque tienen una labia de conquistar a las mujeres todo se que nadie me engaña, también Mrs. Rich told me "no te hagas imaginaciones, porque el no te quiere, eso es la razón que no le importa de ti, por eso no se preocupa por ti, eso es todo que pueda decirte" real mente necesito un amor que me converse me abrace, y no otro entupido para tener affairs eso es lo mas horrible, luego saca video y lo publica para que se rían de mi que lo tengo chiquito, I am not prostituta ni voy a ser prostituta para que quiero practicas inicuas de personas que no les funciona la cabeza, yo soy dama con alto honor por todo mis lados y no rata sucias que cambian los hombres como prostitutas y bobas en el camino y solo enseñan transgresiones para los que los siguen caminos vanos.

Que manas de los seres humanos les gusta hinchar las transgresiones eso no esta bueno yo tengo un solo Dios que esta en el Cielo, y no animales que comen y duermen y no les interesa nada, pero los hombres les gusta los peor y que la carne de sus cuerpos tiemblen por los pecados, yo pertenezco al grupo de Later day Saints, y sus reglas son mas importantes en la vida.

Para terminar el día hice una sopa de zapallo y le convide a Mrs. Rich y me dijo que esta muy rico, también había recibido una carta poscard de mi hermana Marina y su esposo Serafín (ya muerto por estos días) desde Peru Trujillo me alegre mucho siempre lo hago cuando recibo una carta de mi familia ellos viven tan lejos y es lindo conversar por teléfono también es muy bueno para mi recibir cartas.

La tarjeta decía:
Que las dulces palabras de Jesus
amaos los unos a los otros sea para todos
mensajes de fe y esperanza y hogares
En sus corazones. Les deseamos una feliz
Navidad y un Prospero Ano Nuevo
Son los deseos de Serafín, Marina, & hijos y nietos
Trujillo 25 D.C. 1 de Enero 1996.

Ya se acababa la tarde después de leer sus mensajes de mis familiares, llame a Pepe, Tassy, Natasha, si quieren ir a la fiesta de una peruana Irma, que se va a realizar en Bondi Beach. Haber se me llaman otra ves.

después fui afuera hacer el jardín y agarrar flores para poner a Mrs. Rich y para mi donde escribo (era cuarto de su hijo Trevol ya muerto)

El día había terminado fue un clima maravilloso y ya esta oscuro me iré a mi cuarto a ver y escuchar las noticias, siempre terminaba cansada porque me movía muy rápido y hacia todo rápido eso es lo que me cansa o también cuando me voy a la playa donde se hace ejercicios nadando.

28th DAY:

Estábamos en pleno de días de calor como para ir a la playa, pero los fines de semana no podía porque tenia que estar con Mrs. Rich cuidarlo y darle de comer hasta que venga Arene los Viernes a las 2.30 pm, pero algunas veces no venia hasta las 3 de la tarde, y yo tenia que que ir a mi Iglesia y algunas veces no iba porque

Arene venia tarde, pero an pasado todo estos días en la casa fría de Woollahra que he tenido muchas experiencia de de mi vida pienso que todas las familias en Australia son diferentes, como yo vivi en Rose Bay cerca 2 anos en una casa grande con piscina pero tenia que trabajar cuando llegaba de la Technica Randwick donde estudiaba "Day Secretarias" un ano completo y todo los días de Lunes a Viernes, así tenia casada tenia que trabajar porque allí pagaba por el cuarto de huéspedes solo $15 dollars mas tenia que trabajar toda los 5 días de la semana, y en las mananas todo los días los 5 personas que tomar desayuno así que yo hacia el desayuno y tomábamos y salíamos de la casa, y era mas terrible cuando la house keeper no trabajaba los días Miércoles yo era la burra y el trabajo todo estaba en el suelo, arriba en dormitorio camas para tender, abajo en la cocina todos las hollas del desayuno y almuerzo en el suelo muchas cosas y me daba nervios era horrible por eso yo no quiero escribir mi vida allí, fue duro para mi y recién llegada del Peru porque la pase muy mal, y durante la semana la house keeper cocinaba y me guardaba comida en en el horno, hasta que trabaje por dos horas en Lacasa luego me bane, ya era las 8.30 pm, y cuando bajaba la comida estaba negro que se había secado, allí fui todo natural que paso conmigo, pero en la casa de Mrs. Rich fue todo planeado, esa rabia que me daba, era insoportable, mas en esos días estaba tan nerviosa para todo, y solo había dos personas, mas era Arene que me aventaba siempre, porque yo misma lo escuchaba de Mrs. Rich le decía: ' corre corre, tienes que ganar' y luego Jenny 'tu eres lo que estas en mando' como yo era un chica que no podía ofender mas de lo que se pueda decir, que la casa ya no son de la familia Rich sino a sido vendida, y ella misma me decía solo es tu imaginación, la casa nunca se a vendido, después cuando venían la pareja de su hijo todo los Sábados almorzar, su hijo David le decía: mama tu tienes que irte al hospital porque la casa se a vendido ya no es de ti, y ella le decía muerta me tendrán que sacar de aquí, yo no quiero irme al hospital, poreso decía Dr. David 'bloody good' por mi, como desean que era santa, y por eso decía así (malditamente bueno) era un infierno solo quejas lo daba Mrs. Rich.

Ese día en BJ me había encontrado con mi amiga Gilda (peruana), desde que nos habías separado en 1981, ella se había ido al Peru y vuelto y tenia su marido era una larga historia pero me gusto que me había visto después de muchos anos, (no lo se si estará viva o muerta)

29th DAY:

Ya había vuelto de hacer compras en BJ a las 11.55 am, y Arene estaban conversado fuerte que pueda escuchar y decían que a mi no me interesa la nueva tetera que lo a traído su nieto Andrew, que también es Trevol que no le interesa nada, y cuando se fue Arene a su casa Mrs. Rich me dice: ' no le digas nada que debe hacer ella sabe todo sus quieres, y la comida le gusta solo calentarlo eso es todo', después le digo vamos a tener sopa de Turkey, porque no hay pulpa Arene solo lo a dejado huesos, pero lo haré una sopa con vegetales, luego tendremos fruta mango o plátanos, suena rico me dice, tal como cual así fue nuestro almuerzo luego de terminar en la cocina me fui afuera a barrer estaba muy mal porque solo los días de semana me iba a la playa y pasarlo bien viendo mar y mucha gente que se nadaban porque el clima estuvo estupenda. En uno de esos días cuando regresaba de la playa estaba quemada y Mrs. Rich me dice: 'estas quemada dear' si le digo porque mas lo paso en la playa.

Durante estos estos 4 meses de mi llegada a la casa fría en Woollahra los fines de semana tenia que limpiar los libros que mas de 100 anos lo an limpiado, porque siempre me decía que limpie, y lo limpie la alfombra de la sala, porque era de seda rosada pálida muy bonito mas el piano y muebles antiguos también que me gustaba y yo con gusto todo lo hacia, para ya era demasiado para mi, entonces lo le decía a Mrs. Rich yo pago mucho por ese cuarto que esta cerca la cocina, y Arene le gustaba y pasar por mi cuarto, como un día me había descambiado mi ropa para ir al bano, y yo me había olvidado algo en mi cuarto volví, Arene había agarrado mi ropa para olerlo, entonces le digo "no hagas eso, desde ese día lo clausure una puerta que no pase mas por mi dormitorio y desde allí era peor, aprendió despreciarme con Tresure (perrita) y le decía te vas, de donde as venido, back, back, you not allow stay por here!.

Luego Tricia estaba llorando afuera y lo hago pasar adentro ya estaba con la cabeza off, se Ive de rincón en rincón y no era normal para Tersura ya era vieja de 14, 15 anos y Mrs. Rich que lo va poner una inyección para que muera, pues le digo no haga eso Mrs. déjalo que se muera normal, pero con mala suerte un 9/4/97 lo pusieron una inyección y murió, llore mucho pero después una de sus amigas de Mrs. Rich trajeron otra Tricia igual color y pelo pero su carácter no era de Tricia.

Tresure (Tricia)
Seria a las 6.30 am escuche
Que Tricia comenzaba a caminar.
Yo despertaba de un sueno
Que Tricia era una niña
Vestida de muñeca dormia
En el piso on the carpet
Yo lo miraba y lo miraba
Y decía que linda es Tricia
No pensé nunca que
Era una linda niña

Era Tricia, que siempre quiere
Estar conmigo y dormir en
Mi cuarto, donde se siente
Confortable y duerme bien. (3/9/96 by Brighten)

Ya era las 10 pm estábamos en su dormitorio de Mrs. Rich
cambiando para que se ponga a la cama y le digo su cama esta
limpia huele limpio, si me dice que Sandra lo había cambiado el
día 25 y luego me dice: que no sabe porque esta viva tanto tiempo,
una persona vieja da mucho trabajo, no es verdad le digo es bueno
ver a una anciana feliz y no aburrida de la vida, luego me dice que
ella a vivido mucho tiempo y a gozado de su esposo y sus hijos, y
que su esposo casi no estaba en casa porque no faltaba las llamadas
para que visite a los enfermos porque a sido medico. Y eso es la
razón fue corto para el esposo.

Luego ya en su cama le digo, que pase y descanse durmiendo
bien y nos veremos mañana. después fui a mi cuarto Tricia estaba
ya en mi cuarto descansando, y dormía como una grande bebe,
solamente ronquea algunas veces a las 3 de la mañana que me
despertaba pero tenia una compania muy agradable y me había
encariñado con la perrita, pero cuando murió fue triste para mi
pareció que me corazon alguien lo había sacado, aun que trajeron
otra igual a ella pero no era la misma Tricia.

Cuando me había despertado a las 3 tome una pastilla para
dormir (Valeriana) y Tricia me miraba, luego se dormía otra ves.

Tricia, sigh and snore
Like big baby, naughty
She was sleep the side next to me
often sleep wrap around
And wake up and sleeps
So sight, and snore.

30th DAY:

Ese día fue día bueno del clima pero Mrs. Rich me llamaba cerca las 6.30 am para que le de agua para que tome 3 pastillas, siempre tomaba todo los días, era una señora que lo habían operado del estomago y tenia que tomar pastillas para el artritis para todo su vida y por eso le decían 'artificial' yo desde que lo conocí con Maria Moya ya tomaba pastillas 1983, y Maria me decía ella toma muchas pastillas y por eso lo llaman Artificial, y que era una señora pasiva y nunca la molesto y ella no pagaba nada por el cuarto grande así como compania solo los fines de semana lo ayudaba hacer el aseo de la casa eso era todo, solo era una señora judía que no te da nada por nada ni un dulce por la nada. Para mi en 1983 yo venia a arreglarle sus vestido, y me gustaba la maquina Negra Singer pequeñita me encantaba y hasta que por estos días 1996 la miraba mucho como quería que me de, pero no quería darme por la nada, me dijo que es antigua desde de su madre.

después que lo había dado su te a las 7.30 am me puse a llamar por teléfono a Rusia San Petersburgo a mi amiga, y Mrs. Rich me ayudo para hacer la llamada y tener conexión con mi amiga Olga Ana se llamaba y conversamos por unos 5 minutos en Español, que costo la llamada $10.45 dollars, (fue devuelto sus $10.45)

fue unos lindos gestos había conversado con ella y su esposo ya hacia varios meses que estuve en Rusia por unos 12 días, donde tuve muchos recuerdos y había tomado muchas fotos. después escuchaba que Dr. David llamo por teléfono y Mrs Rich le contaba que Brighton a llamado a Rusia y a conversado 5 minutos y a costado $10.45 dolars, (lo pague a Mrs. Rich) también quería llamar a Peru pero no había conexión eso fue todo.

Sandra había venido como siempre y termina temprano a las 10 am y luego se va y ese día Mrs. Rich tenia visitas del Dr. Max, y cerca las 11 am yo estaba en la cocina preparando el almuerzo, y me llama desesperada, Brighten donde estas puedes venir a mi dormitorio!, que pasa le digo! Y me dice mi collar de perlas no esta en su sitio, puedes buscar debe estar en otro sitio, y era hora que Dr. Max ya estaba allí en la puerta de la entrada, y salgo para abrirlo y luego volver a buscar el collar donde estaba, y no lo encontraba, luego le digo, no esta! tal ves me dice debe estar en mis pañuelos! Y lo busco y lo busco y no lo encontraba, y del Sunny Room estaba que gritaba, 'ya lo encontraste dear' No! Luego escuchaba que le decía a Dr. Max, 'no se puede perderse Arene y Sandra no pienso en ella no pueden esconder ya los conozco por mucho tiempo' 'Brighten puede hacerlo de esconderlo ella es la única que puede hacerlo' y cuando volví no esta le contesto: luego me dice tu eres la única que as escondido en tu cuarto por broma, ve y buscado, y si no lo encuentras llamare a la policial estación.

Colleen R. Slander mi as awful
On this Saturday, cerca las 11 am
La dueña del collar de perlas
Me dice, mira mi collar no hay en su sitio
buscarlo, en todos los cajones especial
En mis pañuelos, debe estar confundido
At 12.20pm Max came for lunch
Y le dice mi collar de perlas no hay
Quien puede agarrarlo, only same one
Can't be Sandra, can't be Arene?
Solamente one strange here
Otra ves me dice, tal ves por broma

Lo as escondido en tu cuarto, sino,
Tendre que llamar a la policia
Tu vas a ser la primera en complicarte
veces y veces vete a buscarlo, no puede perderse.

Eso a sido conmigo Mrs. Rich era algo insoportable solo me calumniaba varias veces, pero creo que el collar ella misma lo había escondido y luego mas tarde ya se había quedado callada no decía nada peor yo no le pregunte nada acerca del collar, y no llamo a la Policia.

así a sido durante setiembre 1995 y 1996 solo me tenia nerviosa y no me daba alegría ni felicidad El Bigotón (Dr. Alexander) con Mrs. Rich y su familia cuando venían a casa los fines de semana poreso todo lo que escrito a sido en los instantes lo que a pasado todo mi vida real he aguantado demasiado eso es brutalidad del ser humano que no piensa que soy un ser humano, porque no me ven que lloraba y sale lagrimas por mis ojos, porque eran ciegos, porque mis ojos no lloraban pero si mi alma mucho y el martirio del espíritu es peor que del cuerpo, una persona puede tener fracturas, de los huesos, o cancere de la carne, muchos se recuperan, pero no del alma, que yo no lo deseo a nadie que su espíritu sea martirizado hasta la fecha 2020 que estoy haciendo una traducción de mis escritos desde Setiembre de los anos 1995,1996, 1997 cuando deje la casa hasta que me votaron con los abogados que después podré hablar de esto en los meses de 1997.

Ese día también había llegado Maria Moya, ella siempre llegaba no era invitada para el almuerzo, y cuando llego le digo te vas a quedar para el almuerzo y me dice va conversar con Mrs. Rich que dice si quiere que me quede y había traído regalos una muñeca tejida de colores verde y amarillo, y me dice ponlo a tu cama, también había traído platos Black y verde muy bonitos, y se quedaba para el almuerzo.

después Mrs. Rich estábamos conversado que había tenido una llamada de su hijo Trevol que había viajado de España a Inglaterra para hacerse curar de su cáncer que lo aquejaba mucho.

Mrs. Helps tell me, his son
Call up, but he didn't
Tell about his cancer
And she call to England
3 times a day, she cost por her
A lost of money near 3 thousands dollars
And she worried a lot for him
He told about his cancer only
A his sister in Perth, And toll a his mother
Has not pain only Feld very tired
I said to Mrs. Help, he didn't tell you
For not worried about his desease in England.

De todas manera Dr. Max left y Maria se mantenía conversando con Mrs. Rich de sus penas y dolores de su hijo solo espera la muerte, ya seria muy tarde yo me encontraba en mi cuarto viendo el muñeco era bonito tejido, también el sonaja que me a traído y Maria me dice el muñequito te dado para que te traiga suerte, bueno no soy supersticiosa pero si creo en el regalos que me das, gracias le dije (hasta la fecha lo tengo el muñequito)

Algunas veces veía mi cuarto Jenny la nieta de Mrs. Rich desde la cocina yo había puesto grandes flores del Arbol rosado pálido; luego dice que Volga eres, que le importaba, ella no tenia porque decirme nada, nunca quiso ser mi amiga. Pero Mari me decía tu cuarto lo tienes muy bonito limpio y atractivo, porque lo veía con colchas caras que me compre en Perth y sabanas de las mismas colores.

Cuando me encontraba en Sunny Room con ellas lo veía a Maria:

> Very sorrowful her face
> And she was very snivelling
> I sow as well very anguish
> And I said to her, have your suffer
> She answered, yes I did?

Algunas veces yo lo preguntaba a Arene y le dice a, are you suffer Arene? She answer no, why I need suffer! Porque era su respuesta yo sabia que sufría como una condenada por su joroba que le molestaba pero tenia la conciencia que me irrita y me martiriza tanto por eso era su contestación así mas Jenny venia y lo atormentaba mas.

Era una lastima cuando entraba a trabajar los fines de semana, Arene no lo cambiaba su servilleta, Sandra no lo cambiaba sus sabanas no les importaba de nada como eran sus sirvientas y no lo tenían lastima que les pagaba y ella tenia 97 anos era tormentas malas de las sirvientas no lo tenían lastima.

La mayoría quieren lastima por ellos, así conversaba con mis amigos por teléfono y miran que tienen éxito, que ganan dinero, que viajan, que tienen hijos, y todo que se puede decir pero no es la verdad estas personas no aman a Dios en primer lugar, solo les importa su conveniencia eso es todo, en conclusiones son solo seres humanos eso es todo.

> Julia and family
> Tula and frieds
> Susana and silvia

Tassy Enriques
Olga Taptosis
Tom N. Avan
And others I don't remember

Para mi es de mas importante es creer y amar con prioridad a Dios, Padre Creador que esta en los Cielos, y el es el único que te puede ayudar y darte una mente saludable y cuerpo que ames con prioridad y amar así mismo eso es lo único que una persona puede hacer en toda su vida.

I'm never being nasty
I' never being bad
And don't speak awful
Off no body in my life.

Y ellos están acostumbrados, a darme solo mal, son una tora de bastardos, en una y otra me dan solamente mal, yo no tengo porque recibir sus venenos todo el tiempo de personas ignorantes que se cruzan en mi vida, tampoco recibo ni quiero recibir sus maldades porque no soy bruja tampoco pecadora que estas personas reciben rápido y es para su condenación, ya hace mas de 15 anos poreso yo me mantengo en pie porque escucho callo y se me pasa al otro lado como echarlo a la basura, y si boy a estar recibiendo seria para mi mal, y eso los ignorantes no comprenden que sus hechos negativos no los recibo, no se como les voy hacer entender, pero es cierto lo que estoy diciendo. Que soy una de los LDS.

A las 9.30 am estuve en mi cama con mi muñeca estuve contenta que tenia mi pequeña compania de una muñeca tejida que me regalo Maria, también recordaba de mi madre que ella a tenido 10 hijos que lo dado de mamar de su pecho poreso todo sus hijos an sido fuerte, que que la leche materna es lo mejor para criar a los hijos que crezcan fuertes saludables, también pensaba que me madre a sido una mujer tímida, no enseñaba sus bustos al dar de mamar a sus hijos, pero en conclusión era una mujer inteligente no sabia leer ni escribir pero su intuición de madre fue la mejor para todo sus hijos, mi padre solo estaba en su hacienda con sus negocios, de ves en cuando venia a vernos eso era todo traído mucha fruta plátanos grandes rojos, menestras y vegetales de la ascienda me acuerdo claro y he comido los plátanos rojos en grandes fardos.

The woman of doctores
The women of Doctores
Were touch them like a men
So and not likes medicos
Off cause they affect
When the doctores love and
Have good feeling for the wife
If not like an ordinary man
The attitudes like an ordinary man.

31ˢᵗ DAY:

Este día para me es muy especial primeramente es el ultimo día del anos 1995, y 1996 que son importantes para mis escritos que me pasaba en mi real vida, yo desde que venido a Australia a sido solo puro tormentos de amigos conocidos en casa, en Rose Bay, y no escribo porque fue el maltrato a mi persona fue originario de sus actitudes del estas familias Australianas, después cuando era estudiante en la technica y en el trabajo de mi primera Oficina, pero esto que estoy escribiendo o haciendo una traducción que lo escribí en los anos 1995, 96, 97 en mi primera casa fría de Woollahra, que solo a sido mandatos de los toros que se cruzaban en mi vida solo dándome malos gustos de mi vida y yo para escribir toleraba toda mala increpadas y malas actitudes de la personas que vivía y venían a visitar a esta familia, como por ejemplo el hijo de la ex dueña de la casa ya lo había vendido poreso decía que la casa es mía la casa porque me dijeron unos familiares que tengo en Australia, bueno el hijo Dr. David le decía a su madre "tienes que irte al hospital porque la casa es de Brighten y no de ti" claro lo decía a su madre y por eso Mrs. Rich estaba tan enojada conmigo y mandaba que me coronen todos sus familiares que venían a casa, ademas yo nunca mas escribiré como estas escenas que me maltratan tanto por que yo lo vivo otra ves, que son personas ignorantes piensan que no soy un ser humano que no siento ni me duele, porque me an martirizado mi alma me an atormentado mi espíritu, como cualquier ciego no ven ni sienten eso es la razón nunca mas escribir tengo muchos libros escritos por los anos 1984 así que eso lo voy a poner en la computa para publicar que no es copias de nadie es mi vida priva que solo me hacen que trabaje como condenada para que los perversos se satisfagan como me hacen sufrir eso es ilegal en cualquier país del mundo, ademas donde esta los derechos humanos, eso es la razón que les digo los ignorantes en los sentimientos del ser humano.

Por mala suerte ese día fue terrible para mi porque yo tenia que salir a la casa de unos amigos peruanos en Waverley (Irma y familia) donde se va celebrar el Ano Nuevo cerca la playa, yo le decía a Mrs. Rich que sierre la puerta porque yo tengo la llave, luego me dice quien te dio la llave, no importa quien me dio, luego Arene dice yo le he dado la llave, y luego Mrs. Rich dice porque lo as dado la llave ella no debe tener la llave de la casa, entonces le digo Mrs. Rich usted sabe que la casa ya no es de usted, la casa se a vendido con todo los muebles de la casa y usted va estar aquí hasta que se vaya al hospital, y Mrs. Rich peor se puso como una tora, me dijo to no pagas nada aquí y Mrs. Rich decía, no es tu casa eres domestica y no te hagas ilusiones que es tuya, solo trabajas al fin de semana para pagar tu cuarto, ademas va decirlo a Dr. David que me pague por fin de semana $100 dollars porque trabajas, y no te hagas ilusiones, ni tengas malas imaginaciones que es tu casa, y debes estas lista para que busques un cuarto donde vivir y sino irte a la casa de tus familiares que es Julia, que horror, fue terrible ese día o tarde para mi, nadie me consolaba ni nadie me dio palabras buenas, solo yo pedía a mi Dios que me mantenga en pie, porque estas personas me quieren comer viva era horrible, así llame a Irma y le digo que iré para recibir el Ano Nuevo 1997, que seria el ultimo ano que estaría "la rosa sin espinas en la casa fría de Woollahara"

Cuando llegue a la playa seria por allí a las 5 pm llame a las casa fría de Woollahra y Mrs. Rich contesto y le digo por favor no este molesta con migo, usted puede estar en la casa hasta que usted quiera, usted no se va ir a la casa de ancianos, usted no paga martaje o Hipoteca nunca mas, la casa se a vendido con todo los mueves de la casa, Dr. Alexander lo a comprado de usted y a pagado varios millones, yo solo estoy actuando y soportando todo mal de ustedes porque me quiere arruinar con su familia y su house keeper Arene. Luego ella me contesta te estas volviendo loca, muy bien sabes que yo soy la dueña, y nadie a comprado y luego me colgó el teléfono.

Maria bring a jacket blue
and colours of silk
I ask, and said, I want
Gives for $50 dollars
I bought the second hand

Mrs. Rich, she doesn't wanted
I'm going to change for a book
Is very fanny her actitud
And I said has a friend sick
His Brian is not allow
To get money because hi's
Forgot all the things
An he can't visit to Mrs. Rich
All so he said, Mr.s Rich is nice.

Esa tarde en la playa de Bronte Beach con sus familiares de Irma su esposo Jose, hijos, amigos pasamos una noche muy buena, y Irma nos dio antes de las 12pm 12 coins de 5 centavos para que tengamos buena suerte, y me dice pidan lo que quieran y tírenlo al mar, tal como lo cual eche los coins al agua, después le digo yo no soy supersticiosa pero tengo presente la suerte nace con uno y a mi me gusta jugar y compartir y echar pesetas al mar hasta la fecha sigo haciendo, buena suerte a todos. Luego bailamos en la playa hasta la 1.30am disfrutando del Ano Nuevo 1967.

I'm not superstition girl
Just like play and joy
And made happier to the people
Who are superstition
Because I'm in the earth
And leave with sin people.

Esa noche conversamos muchos con su hermana Elena de Irma Aida que les conozco desde que llegue a Sydney, y no como Nati otra peruana parecía muy alta de moral que alguien lo a puesto para que aprenda a molestar, lo vi en el Club nos abrazamos y nos dimos un beso después de mucho tiempo luego fue gracioso comenzó a reírse con la persona que estaba acompañada, y no me gusto su actitud la deje y le dije que te vaya bien yo estaré en otro sitio y tranquila.

Mrs. Help said for love
Is gives arms and love
She gives all her life
No is 97 years old
For her age she looks wonderful
She is always busy
Read a book, watched the TV
Leasing the radio, and call por phone.

En el lugar the Bronte Beach Elena se había olvidad de poner su calzón amarillo que le regalo su hermana para que le traiga la suerte, eso es en Peru, todo el mundo en el 31 de Diciembre se regalan entre familia y amigos un calzón amarillos para que les traiga la buena suerte el próximo ano.

Miss Brighten never laugh
From people feel weak
Only feel terrible and Surry
Or see en other people
The last happened only
Suffer and desastres for
The human being
In this dais we well know
People with good sense and wise.

Pero se nos fuimos a dormir a las 1.45 am y varios dormimos en un cuarto había una cama pero se que dormí hasta las 8 am cuando Elena decía ya son las 9 am hora de levantarse y tomar desayuno en el Nuevo Ano, la mayoría ya se había ido solo una japonesa y Argentina estuvieron allí.

Una copia de "Mis Impresiones" (1)
1996 30 the Agosto (Casa fria de Woollahra)
Hoy dia 30 de Agosto, Woollaroy Rd.,
Estamos sentados al frente de la casa
Tomando sol, Yo, Colleen y Tricia (dog)
Todo esta florido rojo rosado
Blanco y lila claro especial,
Las Camillas que el 95, 96 no an
Floreado, solo unos que otros y
Botones, se cain al suelo sin
Reventar y otros de la casa lleno de
Malas yerbas, y el Graz alto también
Hoy día trabaje bastante en el
jardín, corte regué, termine cansada
después de cocinar y look after to Coleen
Que es fastidiosa, se hace la loca
Me hace que de 100 vueltas
En la casa, se pasa de perversa.

Y dere de mi diario # 2 Rosa sin espinas en la casa fria de Woollahra (1996, 1995)

Que es the 1 al 100 como preguntas pero es la realidad un diario: # 62 dice:

Seria por allí 6.30 pm la Nieta de Mrs. Rich Jenny llamo diciendo que se siente un poco enferma con gripe pero quiere venir a visitarlo, entonces Mrs. Rich le dice no te preocupes, tu eres siempre bien venida, y cuando había llegado con su perra (barata) ya era tarde pero solo tomaron te eso era todo, y cuando me vio yo era nueva por allí. Dice Jenny: "porque no me as dicho que otra persona esta aquí viviendo", luego Mrs. Rich le dice ella esta aquí para que trabaje y pague su cuarto todo los fines de semanas, luego le dice a su perra señalando con su dedo: "siéntate!, siéntate!" después se hacia la chiquilla se echaba por el suelo y aguantaba la hita de gas como una boba eso a sido Jenny seguía siendo la dueña, si era la dueña porque ponía nombres en los muebles y me decía eso va ser para ella (Jenny).

Diario # 31

Arne quería que lo tenga compasión cuando recién llega a la casa, me decía Arene que las dos son viejas y enfermas, poreso quiero que les tenga compasión, eso si quiere que les tenga compasión de ellas pero ella no de mi, una mañana salía de mi cuarto a buscar algo para comer y Arene estuvo allí y me evento porque estuve agachada mirando hasta que me hizo caen al suelo, eso a sido Arene también era jorobada pero tenia fuerzas, así a sido Mrs. Rich también tenia 97 anos una ves quería que la cambie su Cherry en otro vaso y le pido no quería darme entonces quise intentarlo sacarlo de su mano pero una fuerza barbara esas son las viejas.

Diario # 20

22/8/1996 at 6.30 am Coleen alguien había llamado por teléfono después hacia una discusión conmigo que tengo que buscar mi cuarto donde vivir, entonces Coleen irritada, decía: "tu siempre me irritas y tiene que llamar a la policia que me saquen de la casa" lo que pasa quieren hacer igual como Perth me sacaron del hotel con policías engañando que no he pagado el almuerzo mas he robado la tetera, lo que pasa que solo me hacen víctima de igual forma por todo sitios el viejo que dice que es mi amigo se pasa de bruto y sus actitudes son iguales, todo el tiempo como un hombre ignorante, ya me imagino que sus malas actitudes son bromas viendo y escuchando que me hacen sufrir sus allegados, le gusta tratarme mal y hacerme su víctima como hombre ignorante y perverso. I mucho que contar todo real lo que me a sucedido y me parece como si estuviera viviendo esos terribles días de mi vida la verdad me pone nerviosa escribir eso es la razón mas escribir porque me llena de odio escribir solo mal de mi vida pero la verdad a sido cierto. .

Capitulo V

1st Day: Enero 1997

Todavía estaba en casa de Irma, y conversaba con su hermana Elena y me decía todavía los ves a tu enamorado Tony, este Tony era un joven Australiano de ojos azules, que me había conocido en su casa de Irma cuando arrendaba un cuarto por $6 dollars, luego lo subió a $12 dollars y salíamos dos veces una ves a su casa luego a comer pollos a la braza, donde veía que un chico tímido y callado, pero era servicial y fue en 1975 que me ayudo a cambiar mis cosas from YWCA a Waverley, casa de Irma, y lo acepte con una condición que no te amo, porque estoy en amores con un USA, y me dijo con el lo voy a olvidar y ademas es un hombre de cabeza blanco es viejo, mejor el que es joven, luego Elena me dijo I meet him y sufre por ti porque me pregunto donde estabas (Tony), si es verdad pero no es mi culpa porque yo no sentía nada por este chico de ojos azules, yo ya lo había conocido a este Norte Americano que Irma y sus familiares también lo conocían, donde Aida su hermana de Irma me dijo: 'es muy viejo para ti, porque no me dejas para mi' eso a sido mi vida. Todas maneras yo conteste a Elena:

In this time he pray por me
And many ways tray made me happier
because he loves me to much
I was in love with the American man
And too sissy and disappear
All so don't tell me why do.
I was so anxiously have

Kiss and cuddle one man
And Tony was there and love me
I agree with a condition
I don't love you? Never grow up
I like for a friend only
so, I kiss and cuddle
Only ones and try to go out
It was very disappoint
I didn't liked ever see at all
After him was very slim and weak.

también le decía a Elena que también tengo a Marcos un Ecuatoriano, no me gusta tampoco no son mis tapies para me, así había muchos solteros quería agarrarme pero no eran hombres para mi Yo pienso para tener un compañero tienes que sentirlo o que te guste algo, no se les va aceptar a un hombre porque el miedo de quedarse solterona no es justo, tampoco porque estas arrechas y quiere un hombre para hacer sexos sin que te guste eso es enfermedad mental poreso en el mundo hay terribles accidentes, separaciones, divorcios viudas, y por el sexo se hacen asesinos porque tienen una grande desgracia en de transgresiones eso es lo que pasa y nadie puede comprender, y tampoco no es bueno que el hombre les fuerce a la mujer o violarles como en USA hay tantos niños de que los animales hombres les violan a las mujeres eso es enfermedad mental no pueden dominar sus impulsos emocionales.

Poor women, they must get married
because getting old, they to have children
They don't wanted to be single women
And they found a her victim
Also to me made me sick

Them were follow to Mr. Bones
She is the blood of Indian
She didn't speak with me
I'm not sinner I'm not nasty
I'm very rich in words of my God
I'm very success in my life
God love me and my spirt is safe
Because my spirit is belong to God
And poor people and weaknesses
Is the own problem of them
Absolutely is not my problem.

Después Josef (muerto de cáncer) esposo de Irma decía 'puedes ver Brighten todo depende de una persona si quieres ser feliz en la vida con una compañera, se tiene su esposa he hijos'. Cierto la misma persona que así lo busco a la vida' cada persona es dueña de sus propios actos, de ser feliz o arruinarse eso es en una palabra todo depende de la persona. El dicho: "querer es poder, no quieres no puedes" la misma lógica lo dice y enseña a todo ser humano que tienen la mente buena y saludable.

Después de todo ya había retirado de la casa de Irma y me fui al Club almorzar luego regrese a casa cerca las 4.30 pm y cuando voy a saludarlo a Mrs. Rich me dice: as tenido una buena noche, si le digo mal y bueno, luego me dice muchos hombres (su mala intención) no le digo solo sus esposo de my friend y sus familiares y hermanas. Mis. Rich dice no te preocupes nadie quiere tener la suerte, cada uno nace con su suerte de cada persona.

Cerca las 6.30pm vino a visitar Jenny con su nephew Max to have dinner, antes que tengan su comida, Jenny viene a la cocina y dice a Arene happy New Year! Yo escuchaba de mi cuarto y lo besaba, luego salí y fui al cuarto de Sunny Room donde estaban y Mrs. Rich me dice too también vas a tener la comida no le digo solo vengo a decirlo a Jenny Happy New year! Eso es todo. Y Jenny contesta Happy New Year to You!, después les di un beso a Jenny y a Max y me regrese a mi cuarto para dormir porque no había dormido todo la noche. Luego Mr. Rich llama a Arene que venga para tener la torta que su hija de Perth lo había mandado, y Jenny dice ustedes dos tengan la torta (Arene y Brighten) y compartan con su abuelita (Mrs. Rich) y ella se va a su casa y solo esta libre los fines de semana. Graciosa la Jenny también dijo que a estado en la playa sola.

Comimos la torta y Jenny preguntaba cual era su servilleta, luego le digo ten a tisú, y luego dice cual es la tuya también agarrare una tisú, esos gestos no me gustaban pero lo pasaba por alto.

El siguiente día Arene viene y me toca la puerta y dice: Brighten tienes una cartas de tus familiares, a ya gracias Arene y era cierto tenia una carta de Neerlandés and from London, si era de mi amiga que me había conocido en España, y la otra era de mi prima London (Ruth ya muerta) por estos días, y me alegraba bastante recibir noticias de familiares que se acuerdan de uno, yo a menudo me acuerdo de todos, pero así es la distancia hace todo la mala comunicación, y luego me movie al cuarto donde escribía mucho de todo mis actividades de todo los días, con la mismas circunstancias de vivir en una casa tan fría como era casa de Woollahra, y solo escribía no todo lo que había y me decían todo los días hablando solo me mal, sino seria mucho hablar algunas veces no es importante.

Miss Dull say don't gives
The phone to not one
And your friend from America
He comes to here

Stupid were you?
He call por phone often
I think he come as well
To said good buy to Mrs Rich
And to me nothing, at all
How come? I'm going to remember
Of him and have anxiously
I'm never speck not bad not good
Since long ago
His not my fiend either
I don't remember my mind
Is empty, all the time
often I remember of Tricia
Because I see every day
But, what a pity is going off
Because has his donks
Made hated him
I don't see him, I hear only
bad, just I live my
On life and don't remember
The people made mi sick
That is never writing good only bad
Like romance only sick
And worst happiness
That is I miss only
Because the people only pretend
Only I said if he dead
He must pay me, made me lost of time,
Suffer at lots with his dogs badly
And sell cassettes my writing
Operation with Dr Bersol

If not never he will be happen
because if my eyes don't see
Another people will see
And I have my God and knows and pay every thing
What they done to me, so badly
With me only cruel, is nasty man
Why only made only worried
So nasty silly SSS
Give only jealousy I hated is 15 years
Never gives me love, is dead existe
Never adore me only he hated.

No comprendo porque es su actitud solo de malo, porque no tienen ningún sentimiento por ninguna mujer pretende que quiere hacer sexo pero no es maricon como Mrs. Rich decía el es tonto SSS como su hijo Trevol, si fuera buen hombre le gustara las mujeres su actitud fuera diferente ya se hubieran ido a pasear por Gold Coast, pero nada mas se aflige llamar por teléfono con la vos de su hijo David por eso su Jenny ama a su tío, y su esposa se pone tan celosa de Jenny, una ves me dijo: Dr Job 'No se que pasa con Jenny quiere dormir con el tío porque mucho lo llama y lo pone arrecha' eso es Dr Job con su sobrina Jenny.

Para mi nunca me llamaba con ninguna vos así que todo era mal, pero si llamaba todo los días con a su mama, Dr David un día llamo y le decía que me diera el teléfono para mi y luego me dio el teléfono me contestación era "buenos días Dr David" "como esta" luego me dice que va a mandar una carta que firme allí están todo los datos a favor de mi y de la casa, porque ya sabia que Mrs Rich estaba llamando a sus abogados para que ellos me puedan votar de la casa, por eso era la razón que Dr. David venia a conversar con su mama y decirle que la casa a sido vendida, y que ella tienen que irse y no miss Brighten. Todo era peor pintar calabazas todo los días.

La cause solo pretende que soy su esposa y soy popular que Australia me a puesto popular por todo sitio, que lo an publicado en los radios TV y publico, eso es la causa que pretende love me:

I'm wise
I'm Dr
I'm holy
I'm teachable
I'm writter.

Porque dice eso las personas no entienden la realidad para el publico es todo mal, nada bien, mi corazon esta lastimado, pero con buena suerte sobre salgo y no tengo porque llevar o cargar lo malo, solo quiero que un hombre sea bueno y me haga llegar buenas noticias del fondo de su corazon.

Pero con tanta lastima no hay por el momento es terrible que solo tenga mal en mi camino no es posible, meterse con un hombre que su corazon tantas mujeres lo an destrozado, porque pensaba que va a encontrar otra Brighten en su camino, muchas veces le hecho llegar noticias que nunca encontrara otra como miss Brighten, porque no habrá ni hubo jamas, pero no comprende nunca mas se allegas a su destino que anda en hechiceras y adivinos, eso es su fin de este hombre por querer encontrar otra Brighten.

Este ano es muy importante para mi escritura porque es lindo decir lo que uno siente lo que valora en todo, ya se que la familia Rich nadie me a valorado en ningún momento como yo puedo escribir algo bueno de ellos, entonces seria mentirosa, yo escribo lo que lo vivi en mi casa fría de Woollahra Home.

En este mes de Enero Mrs. Rich a tenido muchas visitas, porque ella le gusto estar lleno de visitas especial por los fines de semana, donde tenia que atenderles aun que ningunos me aprecien, ademas Mrs. Rich ya me paga por el fin de semana $100 dollars, por lo menos se le movió la conciencia, porque ella estaba en el teléfono y llamaba y contestaba y decía lo que le parece, y es la verdad que solo habla mi mal, era algunas veces una señora hipócrita las dos por fin de semana era diferente me decía sweet, dear, etc.

Así que era sus fiestas for fin de semana, no fallases las visitas de Dr. David y su esposa para almorzar asado de pollo, sino era DR. Max, Mrs. Woodman, su nieta Jenny ella mas venia para cenar, sus nietos de Melbourne, su hija de Perth sus amigas, las vecinas para el te así como Maria Moya siempre venia etc.

Las escrituras son buenas para ver el diario de cada persona, pues yo en la casa fría de Woollahra siempre desde que llegue me hacia quedar mal, yo siempre les respetaba mucho ni tampoco fui vengativa en realidad era callada solo escuchaba las intolerancias de Arene y de Mrs. Rich, eso fue la razón que no me quedaba en casa porque la casa en si era fría, no había amor de ninguna forma, solo de la perrita Tricia era para mi lo mejor que había en la casa después los arboles las flores era todo magnifico pero no podía quedarme allí todo el día y disfrutar de las dos señoras que no había nada de amor eso fue la razón que salía todo los días, y Mrs, Rich decía porque no te quedas tu solamente sales pero no pensaba no estaba confortable me ponían mal mi vida me martirizaron mi alma, por su puesto ellas no veía que me sucede adentro, ademas decían "solo es Santa" no me veían que lloraba o tenia deseos de explotar con ellas pero me controlaba.

Como Siempre uno de estos días de Enero me levantaba temprano para escuchar las noticias y a tomar agua de camomila, o limonada, y luego tomar desayuno he irme a la playa o al GYM, luego almorzar en los Clubs pero allí también siempre había baigon era horrible también y peor era cuando decía pronto va ser "Brighten de Trujillo" ya han pasado 10 anos que dicen así o también ya va recibir su cheque y nada, por estos días ya son 2020 y no hay nada, sino lo tienen mojada siempre la boca y llena que nada se cumple. El problema es que ellos son muchos y yo solo una, en la casa son dos y yo una, así que la masa siempre gana sus deseos malos o también si son correctos, pero en mi caso ellos son incorrectos ademas es ilegal molestar por la nada a una persona eso es ponerlo siempre an confortable son personas viles y crueles.

Hear they said close the door
And the me Doesn't matter has
A holiday with the Sureties
Just fact off I don't need hear
Just fact off I don't need to hear
And said soon Brighten the Trujillo
I have been hear for 10 years
And made hate to them
I'm sick and tire since 3 years ago
Mi only of them their profit
They stupid, they don't know me
They will be white for next Christmas
Poor silly, full, fuck off
Just I hated hear nought shits
I'm sick tire the Mr. Doesn't matter
I don't wanted garbage any more
Made me wants and see my eyes
It was plenty enough garbage
Mrs. Helps said, still strong

yes, still very weak, and to falter
And he doesn't feel eight
Yes, only feel to made me sick
And put his shopping, show,
The flesh the on the air
They can't not show the Holy Spirit
Only the bornes and big flesh
They stupider and don't understand
I'm very angry since long time
Never gives me a nice happiness
Since 15 years ago,
Only have every day a bad regrets.

Los días de esos veraniegos estuvieron muy bonito un gran Sol, no viento menos lluvia, mi parecer es bonito salir ir a la playa o a la piscina de Bondi Juction Club siempre solía hacerlo y pasarlo mejor viendo muchas personas las tiendas que ya estaban nuevas y todo era nuevo por esos días, así que yo misma me daba un buen gusto, ya que no tenia dinero para comprar pero el gusto de ver los nuevos diseños de vestidos que a mi me encanta verlos todo los nuevos estilos que vienen de Europa.

Mr. Doesn't Matter wants
Mr. Silanca, to introduce me
Maybe joke, he see all the time
And wants helps very strong
Because feel only to made sick
piss off sick man
I don't need your garbage.

Esa tarde había hecho sopa de espinaca y le pregunto a Mrs. Rich si quería la sopa que eso de espinaca, luego me dice no puedo resistir de tu sopa es muy bueno, así que comimos la sopa y luego lo deje me fui a mi cuarto a ver una película que me gustaba, luego como era ya tarde le digo Mrs. Rich usted quiere ir a su cama para que pueda llamar a Arene que venga a verle, y ella me dice 'si querida'.

El día 4 de Enero estuvo horrible frío, viento lluvia, pero así salí al Club para almorzar, pero no tenia para el almuerzo $2 dollars, pero mi amiga estuvo allí y le digo lo que me sucedía, y ella me dio $5 dollars, así pude tener almuerzo y disfrutar, pero con tanta mala suerte un viejo había allí que nos miraba y con su dedo nos señalaba, y cuando había terminado el hombre algo ordinario me dice pon tu plato allí, no le digo 'yo no soy tu house keeper, y no seas insolente estamos en el Club.

Antes tenia muchas amigas que eran buenas conmigo, pero todas ellas an muerto, de cáncer, de demencia, ataque al corazon y de otras enfermedades, por estos días no tengo a nadie de amigas peor como estamos en la epidemia del virus y estamos en casa que no salemos solamente para una necesidad de comprar para poder comer eso era la necesidad de ir afuera.

"Never again tell me like that
I don't like rough man or people
I like gentleman and not rude"

Que piensan personas que no saben tener buenas maneras de decir a una persona estragué algo así, no era el dueño del Club, y si era dueño o tenia bonos era un hombre pobres de negocios y con malas cualidad a las personas que están en el restaurante. Así que se debe respetar si es dueño por su dinero y si trabaja es por su trabajo, ademas estaba hablando de sexo esas personas piensan que la transgresión es prioridad, es ultimo ademas si quieren hacer sexo debe ser en parejas y no como animales y cambiar uno y otro que no trae nada de bueno para el que lo ve y escucha también enseñan mal los que lo escuchan y tener una mala idea o hinchar las transgresiones.

Today women chatting said:
When the man tray sex
They are fondness the woman
I'm said never for long
He will never be happier
We are in the earth, I have a God
I do not have devil
The devil always flesh destroy
In God is right in all are correct.

Había llegado a casa fría de Woollahra, cerca las 7 pm, con mis compras que había hecho porque estaban en remate, yo siempre compre lo que necesito cuando esta en remate, luego lo enseño a Mrs. Rich después de saludarlo y me dice de donde as sacado dinero para comprar porque eran de David Jones y allí cuesta caro, y yo le digo pague con mi crédito card of ANZ banco, y me dice las tarjetas cobran mucho interés si le digo pero se paga al mes. Por tanta mala suerte mi Credit Carta de ANZ me quitaron en el no 2009, ademas por orden del hombre perverso californiano, solo mal me da por todo sitio es imposible no se que quiere conmigo, el mismo dice que es mi sobrino el medico que se llama Julio este sufre de depresión y la mente también mal así es este Californiano.

My self I feel so many times
Very despoilment in my life
Plus the people annoying badly
And no one mora resist me
Only I finish to hated them

And I pray to my God with my head
Him resist me and give mi glorious
That's I live por my God
Because, he is love, and glorious
When the man tray to destroy me
moral, spiritual, and all my emotion
The man never known how I feel
Because, they are ignorantes men
And Mrs. Rich has money
In pay to look after
That's another men with money
solutions every thing with money
Except the wonderful rejoice
Of the spirit so peace and glorious
For ever and ever of the life
I'm for 15 years I've have despoilment
Ever are my family resist me
Less the people know me
I can not give my years to the cruel
They are nasties with me because
I'm hole, but I'm human being
I'm not witch to guess every thing
That is I'm very angry
And feel shame for them.

De todas maneras me fui a la cama cansado de haber caminado todo la tarde, luego lo hice pasar a Tricia y ella a media noche comienza a toser muy fuerte, seguro porque esta viejita y se acerca a su muerte, me da mucha pena. Que se hace la ley de la vida crecer vivir luego morir y los perros no duran mucho tiempo solo a hasta los 12, 14, o 17 anos eso es todo.

On 5 de January en la tarde fui atrás de la casa a barrer las hojas que el viento lo había traído, donde vi que había una Lady Bird de color azul y blanco y lo traigo a Mrs. Rich para ensenarlo, y ella me dice donde estuvo luego le digo estaba atrás en la casa estuve barriendo y lo vi muy hermosa y le pregunto si le gustaba si me dice son muy bonitas.

Do you like this one?
And Mrs. Help said:
Yes, I like since long time ago
And my friend said
He is really can not but
Tell his I love
I will go for the weekend
And have business to attend
Him always see her
She is on the bar and drink
And washed always, looks young
And him looks awful
That is why, he can not see and feel nerves
Mi now, is very disappoint
Since long time ago
Because I hear too much
For so many people
Just I don't believed at all
I think is fanny and trick.

At 3 pm me me puse hacer una torta de plátanos, luego alas 4.20 pm ya estábamos tomando el te con torta caliente, Mrs. Rich y yo siempre lo pasábamos muy bien en los fines de semana, después de lavar las tasas, y guardarlas, me dice limpia todo de plata que esta en el armario, y cuando limpiaba me gusto un pequeñito de porcelana seria y le pregunto a Mrs. Rich me gusta esto usted puede darme, y me contesta No! definitivamente no, regresarlo a su sitio y no toques nada solo te mande que lo limpies el polvo, Mrs. Rich fue una broma para ver que me decía pero veo que con usted no se puede hacer ninguna broma.

I have a new watch
I paid $29.95 dollars very cheap
I need to see the time
Is big with Romanos numbers
Leather is colour green
I show to Mrs Helps
And said is nice it doesn't
Looks cheap, good to see the time.

A las 6 pm lo había dado su blandí con pan y también estaba Dr. Mark, luego me puse hacer la comida pescado frito con arroz y lo di que Dr. Mark lo traiga el azafate al Sunny Room, cuando todo estaba terminado, lave los platos y todo para estar con Tricia la noche estaba bien se veía todavía la luz del día.

I told Mrs. Help
My relative, I sow in TV
She was a seller girl in the shop
En Trujillo, on the front shop of
My sister, she was selling fabrics
E the son of the own shop
Has a baby boy in the girl
She lives the job and care for the child
And him, was with another seller
She was new on the shop
And the parents invited to

My relative to live in her home
And works on the another shops
But unfortunate, she couldn't resiste
The pleasure of him and his family
She live the home and care for the child
And him married with other seller
Any way My relative wasn't for him
Now he has a rake wife
He was a very nasty man
He wasn't to fall off to me
As well, I'm never like him.

Después que Sandra había terminado de banarlo y tomado su desayuno Sandra me dice: Brighten puedes poner todo la ropa a la lavadora?, Sandra me voy a tomar mi bus que es hora que tengo que tomar, y porque no le dice a Arene que ella esta trabajando y no yo, yo me voy a tomar mi bus eso es todo, delante de Mrs. Rich luego ella me dice mejor Andate y no vuelvas mas paraca, y toma tu bus así and sido las tres mujeres en la casa fría de Woollahra, Sandra no tenia porque ordenarme ademas no estaba trabajando y estaba lista para ir a tomar el bus, la verdad que les gustaba atacarme siempre.

Mrs. Wash is make me Lost my bus
because, she is toll me this ones
want, clean up, I said toll to Arene
And Mrs. Rich wants to done it
I done quickly and put in the machine
And left, but the bus is left.

The siguiente día amaneció muy mojado y parece que va estar toda la mañana lloviendo, cuando sonó el teléfono era Dr. Job, y decía que su hijo de Melbourne esta en camino y tal ves venga a visitarlo con su esposa Rose Mary.

Para Tricia:
The naughty girl is getting off
I tell her you soon you'll died
You suffer of shaking and cough
And old you back legs fall off
I'll very sad and miss you
Mrs. helps, said she will get other dog
As soon as she'll daed.

Any way now is 12.20pm I'm going to made de lunch Sandra had bring a grande mango y fresas, y 1/2 de fruta china.

"Sandra has bring a big mango,
two pitches, and big bigs
All so a 1/2 pound of Chaines fruit"

Mrs. Rich on the morning was told to Sandra acerca de my family sangre, because I told her.

Vigo family were humiliate
Por the rich men
Yeah, why not? I'm very dear
That, why we did?
That little girl put me
Down so easily
All so, few only for friends
And my cousin for you
Wasn't made at all
Even was his seller girl

In his shopping of fabrics
Family Vigo is very loyal.
Every day in good and worst time
My sisters and brothers very faithful
They died with own spouses and children.

At 4.15 pm traje de te con el cake que hice ayer, pero yo estuve casi durmiéndome porque por haber leído el libro de "Riding the Elefante" of Mrs, Nance Kissing, untill I red su biografía.

My life is a common freedom
That's the wealthy men got
Profit of me and degrading
I'm not ordinary woman
To run off with man
And give jealousy to the men
Of me few love my heart
And made happier any one man.

Después de la comida, nos poníamos siempre a mirar la TV pero yo no quería quedarme mas tarde porque tengo que levantarme temprano.

Mrs. Help said I'm old
And my legs are shaking
Yes, Mrs Help your age is 97 years
No more strong only weak
Like a sick stuff the flesh
That is state of life.

Este mes de Enero un nuevo ano comienzos del día bonito calmado sin lluvia menos viento, escuchaba muy temprano la voz de Mrs. Rich dear are you walk up? Era 7.20 am del día 7, ya sabia que quería su te, y lo lleve, cuando le echaba la leche me dice hecha mas porque esta caliente, parecía que había amanecido nerviosa o su llamada de sus familiares desde ayer que vendrán a visitarlo, así que le digo durmió bien, no me dice noche llena de pensamientos que vienen y se van, eso es por vivir tantos tiempos, luego le digo no se preocupe tome su te, luego me dice: recuerda que su nieto y esposa vendrán a las 10 am a visitar ellos son Rose Mary y su esposo Edwin vienen desde Melbourne, ayer an llegado, luego me dice Sandra vendrá temprano, así pues Sandra había venido temprano cerca las 8 am, y había terminado 9.45am y antes de irse me dice: Brighten ya termine con Mrs Rich y lo he puesto un vestido que se vea flash como es el rojo, así que estará vestida de rojo, y esta lista para su desayuno, luego le digo tu te ves muy bien! Si me dice para Cherry de day y también para el clima que es muy variable, algunas veces es horrible.

Mrs. wash, put away her night
Of Mrs. Rich, she will have a clean one
today, that is good, she must
Remember and change, bed as well.

Mrs. Rich me dijo que Sandra sufre de mala depresión, por lo tanto no esta bien eso es la razón que algunas ves no viene porque esta mal, también me dijo que tiene que buscar otra persona que venga y ocupe su lugar.

I wash yesterday her 2 traes
Was very dirty Arene doesn't care
And she use every day
morning, mid day and night
All so any time of the day

She doesn't care that all
And said her mama.

Esta mañana Mrs. Rich me estaba contando que ella a los 12 anos y 16 ya no tenia buenos dientes, porque no tubo buena comida y sufrió mucho de enfermedades, y ademas tomaba mucha medicina, y Brighten dice: que su madre se preocupo por todo sus hijos siempre comían cereales, nueces y fruta, leche y mucha carne eso es la razón que yo a los 40 anos tengo muy buenos dientes y gracias a mi madre que se preocupo por todos nosotros 10 hijos. también se que en Australia chicos y chicas ya no tienen buenos dientes, mucho por mala vida y hacen muchos sexo a tierna edad, eso es una gran lastima ellos mismos se termina en una palabra.

también dijo que Arene tiene buenos dientes y los que tienen buenos dientes tienen huesos fuerte y hay calcio en el cuerpo. Su desayuno había terminado a las 10.20 am y en esa hora habían arribado sus nietos y les pregunto si querían te, y Rose Mary y Edwin dijeron que si pero café, luego Mrs. Rich trajo también trajo pan que había mandado the Perth su hija Mrs Procter, porque la casa fría de Woollahra no es hotel, luego se irán a su casa de sus padre almorzar. Donde Mrs. Rich les enseñaba fotos de todos sus familiares, cuando vivían juntos y eran jóvenes sus hijos.

Mrs. Help said: she work por the weekends
And has her only her room near the kitchen
And said Rose Mary on the back side
On the mosco, is betting my leg right
And said Mrs Help, Rose Mary said
The lemon tree need food, is destroyed
You don't pay gar-ding man
Near tree months, Rose Mary said
That is the owner, don't be ridiculous,

That I hear, them leave and also taking
Are fotos from Mrs. Helps.

Parecía algo no usual su sus actitudes de sus nietos y se fueron
yo no les vi, y Mrs. Rich estuvo muy molesta no hablaba nada de
ellos ni decía nada, y después del almuerzo yo y Mrs Rich seria
por allí la 2.40 pm le digo me voy a dar un bano porque voy a
salir, y cuando estuve en la ducha alguien tocaba la campanilla
de la puerta, y salí con la toalla para ver quien era, y era Arene, y
Mrs. Rich dice quien es? Yo le digo es Arene!, luego me dice vete
a vestirte porque me vio que estuve con la toalla al rededor de mi
cuerpo.

Cuando salí de la casa con dirección a mi Iglesia era día de
testimonios:

We need see the face of Jesus
En keep en our heard and mind
because he is the middleman for
Communication with our Father
whose maker the beautiful universe
All power have read the Holy Books
On then gives us wisdom and joy
That is the day later saints
I think have to leave this
I am speak to much and
Have for another to said
En testified the name our God
Him give us join and glorious
I live inJesus name amen.

Es maravillozo testificar el nombre de nuestro Dios que tal ves
muchos se llenen de caminos verdaderos y correctos.

287

Who doesn't tested
They don't know
How beautiful is the
Holy Spirit in our body
Incomparable is joying.

Cuando termine no dije nada a nadie porque tenia que tomar el tren ya era de noche, también muchos antes me pusieron molesta, no se porque es su punto de ponerme un confortable y había escuchado que dijeron:

The old man is very upset
And I am to much for him
Better cheap and communication
Well is not my fall
I will be for a nice man
Who love me, and made
Mi only for him and love
God love me, Jesus love me
I'm love the light of right
What can I do with sick people?
Own spirit, my brain is health
I don't do nothing evil.

Lunes 8 muy temprano me había levantado para ver la hora y ver TV asta las 9.20 am, y sentía que Michael estaba limpiando la casa venia todo los Lunes hacer el hace, también venia el jardinero hacer el jardín, atrás yo había sembrado papas, pero lo saco todo que no crezcan las papas, todo esta bien, después Sandra, Arene, Mrs, Rich estaban reunidas conversando, y yo les digo están en pleno reunión, a que se debe, Sandra dice solo conversábamos de clases de comida eso era todo. También Michael lo había dado su presenté a Arene que era un lata pequeña de salmón, luego ya estaba lista para irme a la playa nadar luego irme a mi Club almorzar por solo $2 dollars. Era magnifico todo.

Cuando regrese a casa fría de Woollahra me fui atrás a limpiar el jardín y veía que había mucha plaga y necesitaba de echarlo veneno para que no aumenten las plagas, había como Caracoles, y muchas Spiders y la plaga blanca por las plantas, y luego voy a decirlo a Mrs. Rich lo que esta pasando y necesita echarlo veneno y me dice si te vas al dispensa allí vas a ver que hay veneno para las plantas y tal como cual eche era spray pero ya estaba seco no había mas, porque Mrs. Rich no compraba mas ni la nueva jardinera no decía nada solo le gustaba hacer de matar las malas yerbas con ponas de madera lo había echado todo a las plantas que había sembrado las rosas y otras plantas, y se veía mejor pero no veía todavía tantas plantas estaban picadas por una plaga blanca. Pero yo lo eche mucha sal así que los caracoles murieron muchos.

For every where were the same
The man the club said: close the doors
So do I, I close my door of iron
And Mrs. Rich said: said better
He must switch the good one
Missy said you like you divorce
Not I said my loved never lived
because, has wisdom and not silly man
plenty married and divorce
That is worst chose the couple
Put together the spirits is for good
Married is not full dress
Examples the more stars
Is put together the flesh

I'm sorry to tell but is like
Animales switch and have papis
Is no love there who separated
Only body attraction is truth
Also is martirios por them and children
because the spirit no joining
Every one born with joining spirits
The human are make the big error
And the silly man don't understand.

Ya son las 9.15 pm estuve escribiendo desde temprano ya es hora de ir a descansar porque la memoria se cansa también y se debe tener un descanso.

El día 9 pensé en ir a visitarlo a mis familiares que no viven lejos por acá, y decirles que cuando vinieron a visitarlos a Mrs. Rich Julia y su mama de 97 anos tambie, Mis. Rich quedo contenta, poreso quiero que vengan otra ves a verlo porque me pregunta como están ustedes.

Así que fui a su casa a preguntar por mis cartas que me mandan del Peru, y cuando llegue tuve muchas cartas de mis familiares y amigos al rededor del mundo, ese día había sido su cumplían anos su sobrina Carolina, que el otro día lo lleve al cine, y quedo contenta, y si quiere iremos otra ves al cine, y me dijo que no, luego le dije "Feliz Cumpliano contenta y feliz con tu tía y abuelita" y luego me salí tenia que irme al Club mis días monótono pero tengo que salir y no estar en la casa fría de Woollahra, que cuando me quedo solo me hacen las dos señoras imposible, ya he tenido mucho.

Cuando regrese a casa Mrs Rich me dice pronto se va venir el sábado y paraca estará Dr. David y su esposa para el almuerzo como siempre se tendremos el good leg Lamb with feeling mint al orno con sus vegetales, ya sabia cada ves que vienen siempre me dan de entender en o le dice a su mama 'keep all together' y Mrs Rich 'has terrible crums in her left leg'.

Arene told me:
Mrs Rich likes me very much,
Yes really I spend money in food
On the weekend and I call
For phone to my family I pay her
I have with her in bad and good times.
I appreciated her in Cold Woollahra home.

Day 11 estuvo espléndido día no llovía ni hacia viento, estuvo lindo para pasarlo en el día 11 de Enero, ese día Mrs, Rich me dice que vendrán a visitarlo sus nietos, Jenny, Max, (hermanos) a que bueno le digo, también me dijo que ellos se irán a Perth a visitar a su mama donde tendrán una reunión y Jenny podrá hablar algo.

Bueno ellos llegaron por la tarde y tomaron solo un te, en una de las conversaciones de Jenny decía por que estoy escribiendo mi diario que no es importante, bueno Jenny para ti no será importante pero para mi es muy importante primeramente me gusta escribir y decir la verdad que sucede en cada acto y vivir en casa de Woollahra, también le dije: que Mrs. Rich era una persona de 97 anos que todo los días se bana y siempre esta ocupada leyendo un libro, viendo TV, y le gusta caminar y hacerles sentir confortables a sus visitantes que lo venia a visitar en la casa fría de Woollahra, también se mantiene delgada y siempre sus días esta en su lugar, se arregla se pinta los labios y siempre para de vestido muy raro le visto de pantalón. Es magnificente dama que nunca vi ni conoce así como ella, también me dijo que cuando era joven y vivía con su esposo siempre salían y ella tocaba el piano. Toda las noche se hecha su crema para su cara, por eso no se le veía que tenia arrugas en su cara de 97 anos es muy bien se cuida vale todo eso que una persona se quiera así misma.

Que pasa con su house keeper, algunas veces es tan áspera un día quiso darme un punete en mi cabeza como toda las mujeres sin educación solo hablan Ingles su lengua nativa en Australia, yo le dije piss off, you can see my cuerpo pero no mi espíritu, no lo ves como esta su cuerpo no le importa nada de ella misma, es muy importante amarse uno mismo, eso es un lay en el ser humano así podrán amar a los demas, después llamo Dr. David y conversaba con Max, pero ellos se reían no se porque eso es lo que paso ese día en la casa de Woollahra.

Y para irse Jenny viene a mi cuarto y dice puedes serrar la puerta, sale saltando con su hermano, no se algunas veces alguien les casquilla por eso salía tan contenta, que saltaba pues le digo 'hasta luego Jenny y Max' y muchos saludos para su mama en Perth.

Capitulo VI

Mes de Febrero

Corto sus días y de un clima muy bueno como ir a la playa o a la piscina y gozar de sus aguas saladas, disfrutar del Verano es agradecer al padre que a creado y así es una buena persona y ser feliz en cada momento que se pueda tener oportunidad.
The mi diario: 'Reporter and impresiones'
El dia 14.2.97 escribía:

En esos ratos Mrs. Rich decía -
'la casa es perteneciente a ella'
'he es Gallo viejo'
Y Jenny decía - 'porque no te vas Brighten'
' El ultimo psicólogo se va morir asi'
'la propiedad es pertenece a Mrs. Rich'
Luego Arene decía - 'porque no dejas la casa'.

Y siempre me an tenido con sus indirectas hasta que me estropeado mis sentimientos por ellos. En en estos momentos que estoy escribiendo me parece que lo estoy viviendo esos días de la perversidad del ser humana solo ellos quieren ser felices y confortables y tener honda para pegar al su prójimo por eso lo he puesto el nombre de mi libro " Rosa sin espinas en casa fía de Woollahra"

The mi diario: 'Reporter and impresiones'
"Reporter Exito"

"Blue Wren bird"
Que si, que no, sufría y no
Salía de mi impresión
Tres Blue wren Birds
Volaron muy cerca del londry
El mas pequeno dolorido
lo tome, que pasaba en el
Tenia como dos ojos extras
Se movían, que atros, me afligí
Inmediatamente lo opere
Con una aguja lo saque
Dos grandes gusanos vivos
Uno serca de su ojo era negro
Y de su cabeza atrás marrón
Lo cure delicadamente sus heridas
Luego lo deje que vuele
Porque sus padres lo rodearon
Hasta que volaron los tres Olgska 14.2.97

Como yo siempre desde que llegue a casa de Woollahara fines de semana estaba haciendo el jardín viendo todo lo que sucedía atrás de la casa, en unos de estos días ya estaba dos semanas tirado de raíz un árbol viejo.

The mi diario: 'Reporter and impresiones'

"OLD TREE" 12/2/97
Ya se cayo el árbol viejo
Ya no pudo mas vivir,
El viento y la lluvia,

Lo trajeron abajo de raíces
Esta caído yace en el suelo,
Sus raíces están podridas,
Como podrá sostenerse,
sus raíces no valen nada,
Ya se cayo el árbol viejo,
Yo le miro y los demas
Pronto serán cortados llevados
Hay que pena! penita pena!
El viento y la lluvia los llevara,
Cuando no son buenos sus raíces
Ya se cayo el árbol viejo,
tal ves tendrá enfermedad y cayo,
Hay que pena!, penita pena!. Olgaska 12/2/1997

Este ano 1997 fue un ano de los peores para mi, en todo sitio me atormentaban, con sus palabras y sus extracciones, diciendo solamente ella es santa, eso es todo, y casa me afligían la casa a sido vendida pero no a ti, y tu por esta eres casa eres mi invitación para que tengas tu cuarto y techo donde puedas vivir, y por fines de semana tienes que pagar el cuarto, y mas pon en tu mente que no es de ti la casa, y tu no tienes nada solamente tienes vana gloriosas imaginaciones y eres pobre con decir que es de tu enamorado, ese hombre es Trevol, sisi cojudo y me enseñaba su dedo pulgar parado que no quiere nada, por eso Jenny no esta viviendo paraca porque no le gusta por bigotón y maricon.

Ademas tu me das mucha dolor es mejor que dejes la casa y si no vete a tus familiares (Julia) de donde estuviste cuando te regresaste de Perth.

Después Arene y Mrs Rich me decían por aquí no es tu casa, deja la casa, lo que pasa que es grande caminadora de Sudamerica,

Arene no es tu casa, Mrs. Rich que haces por aquí?, she is a nasty girl!, si no estas contenta por aquí llamare a la Policial para que te lleven donde debes estar feliz porque por acá no eres feliz, teniendo techo y comida no es posible que seas una persona a tu edad infeliz. después decía, Poor girl! Y el viejo es solamente gallo!, y le gusta solo molestar no es justo, idiota full!, tampoco no quieres la cosa!, ni el es solo gallo no quiere nada y su afán es de molestar parece que eso es su trono de maricon igual que Trevol (su hijo ya muerto de cáncer).

Así es la mayoría de las personas cuando su alma están satisfechas del mal ellas son las personas infelices, muy mal hecho yo se que en la tierra el ser humano debe estar feliz si no tienen enfermedades cancerosas, o algo que han nacido así inválidos, por lo general es un obstáculo que les impide ser felices en la tierra viendo y escuchando es una gran pena.

Mis Brighten es una persona feliz viendo escuchando el vivir de la Naturaleza en general, ademas es una persona que ama inmensamente a su Padre Creador, no había ninguna razón ser infeliz, porque gracias a mis padres trajeron a una niña feliz he inteligente porque real mente ama a su Padre Creador.

The mi diario: 'Reporter and impresiones'

"Soy feliz"
Soy feliz, feliz, feliz, feliz!
Cuando Dios me mira!
Yo soy feliz, feliz, feliz!
Cuando dios me sonríe!
Yo soy feliz, feliz, feliz!
Cuando Dios me habla!
Yo soy feliz, feliz, feliz!
Cuando dDos me escucha
Yo soy feliz, feliz, feliz!

Cuando dios me complace
Yo soy feliz, feliz, feliz!
Cuando recibo su amor
Soy soy feliz, feliz, feliz!
Cuando mi amor es complacido
Yo soy feliz, feliz, feliz!
Cuando los niños me sonríen
Yo soy feliz. feliz, feliz!
Cuando las aves me cantan
Yo soy feliz. feliz, feliz!
Cuando las flores me sonríen
Soy feliz, feliz, feliz!
Cuando aquellos no revocan a mi Dios
Yo soy feliz, feliz, feliz!
Amando de generación en generación
Yo soy feliz, feliz, feliz en todo!
Por tener a un Dios poderosos. Olgaska 9/2/2097

A pesar que tenia todo los días contra tiempos, menosprecios a mi simple personas, por no haber hecho nada de malo, no me gusta ofender, o despreciar, ni a los animales, menos a los arvoles, flores que es precioso seria algo anormal que no sea feliz despreciando que no me hacen nada malo, y a pesar que en mi vida solo mal tengo desde que he venido a Australia para disfrutar y olvidar la pobreza económica que aflige a los paises de sudamericanos, eso fue de venir a Australia de mi país para disfrutar lo que no pude disfrutar en mi país de todo mis anhelos, imaginaciones acciones, y tener fama en lo mas interesante en la vida como gozar de la maravilla creada. Y los que no son felices eso existe en personas que les falta algo en la vida que no son felices pero yo disfruto de la naturaleza que siempre me encanta y valorizo mucho su majestad de Dios que nos a dado lo maravilloso de tener vida, mas un regalo exquisito de la naturaleza y existe en la vida y para todos aquellos que an nacido en el planeta tierra.

The mi diario: 'Reporter and impresiones'

"La Bella"

Que bella! Que bella era mi corazon?
Que bella! Que bella era mi melodia?
Que bella! Que bella esta mi sonrisa?
Que bella! Que bella esta el dia?
Que placer inmenso esta el Sol?

\#

Mira como se gazan la flores
Que cantar su colorido y florecen?
Que cantar de las aves?
Que sonido ecos a lo lejos?
tambalean mis oídos al amanecer.

\#

Que bella! esta la mañana?
Cuando abro mis ojos!,
Veo a mi Dios con su esplendor
Justo dar en el calcinar del diablo
Yo grito destruidlo es mi enemigo

\#

Que bella!, que bella esta la noche?
Que bella!, que bella! esta el viento
Y su hermoso frío tiemblo
Sus testimonios de mi Dios
Me hacen temblar y me dan miedo

\#

Que bello, que bello estan mis escritos
Que bello que esta mi mente
Que mi corazon me dicta
Me da felicidad y me regocijo
Que bello!, que bello esta mis sentir.
#
Que bello!, que bello esta mi placer
Que bello!, que bello! esta mi imaginación
Yo me·canto me alabo y engrandezco
Porque soy viva y vivo en mi Dios
Ya que nadie lo hace yo me alabo
#
Que bella,! que bella esta mi Tricia
Que bella! que bella esta mi casa,
Tricia, ya son sus últimos días
Esta vieja y achacosa pero, que bella!
Siempre me ama y es muy fiel. Olgaska 9/2/1997

Podrán creer en esos días o anos estaba mortificada, martirizada, me trompeaban con sus palabras groseras como personas ignorantes pero yo me regocijaba con mi Padre Creador. Me imagino también habrán dicho no le duele, no lo lastima, solo escucha, pero son reacciones de personas ignorantes que su alma lo tienen llenos de transgresiones porque no tienen ningún sentir de ser humano. A nade les gusta que los tormentos muchas se quiebran se hacen mentes enfermas y otros por un tiempo mueren de ataque al corazon o se hacen cancerosos y mueren. Porque todo los nombres que menciono an muerto de ataque al corazon, y otras an muerto de cáncer.

The mi diario: 'Reporter and impresiones'

"Secos Cartucho"

Secos cartuchos, rosas y hydrangea
Se secaron en el jardin, bonitos
Dieron su reflejo y adorno en ambiente
Yo les corte luego lo pase de adorno
Yacen hermosos en un pequeño florero
Las admiro todo los días
Porque se ven hermosos en casa
Su diseños perfectos su color perdido
Sus hermosos colores todas an fallecido
Su tallo de algunas lo he sostenido
En las mañana su color bonitos
Al medio dia se secaron y cayeron
Por la tarde secos y hermosos
Yo los admiro día a día
Porque de mis manos su reflejo. 12/2/1997 Olgska

Capitulo VII

Mes de Marzo

Como todo los desde que he llegado a la casa no cambia para mi favor, sigue la mismas personas que cuando llegue a casa, con sus palabras toscas que casi carcomen mi alma, pero como yo tengo a mi Padre creador siempre estaba en pie y feliz de mi Padre, ademas me alegro de la belleza de la naturaleza como el sol que me da su calor que nadie puede quitarme, tampoco su luz, todo es maravillozo que existe en la vida, yo nací de buenos padre mi madre especial me dijo que tenga en cuenta que tenga a tu Dios en mi alma que siempre estará conmigo hasta que yo lo tenga presente todo los días en mi corazon, y era cierto cuando yo leía las Sagradas Escrituras es cierto, si tu no te sueltas de Dios nadie te quitara ese calor que da Nuestro Padre Creador a todos aquel que le pida su amor.

Ademas su conciencia Mrs. Rich y Arene house keeper me votaban todo los días, y luego un Sábado cuando vieneron almorzar Dr. David y su esposa como siempre venían todo los Sábados almorzar con su esposa dijo que me van apagar $100 dollars por semana, que lo cuide a su mama, yo siempre lo cuidaba y lo pasamos mucho mejor los fines de semana pero no entre semana era atros las dos mujeres se encelaban de mi hasta que me sentaba en la mesa sola a tomar mi desayuno, una mañana seria por allí las 9.30 am Mrs Rich vino y me miro y se corrio a su dormitorio por verme tomando mi desayuno en la mesa fue extraño. No le gustaba por la nada que suba o tenga reacciones como deben ser, porque solo me llamaba la domestico.

The mi diario: 'Reporter and impresiones'

"El Jardin"

"El Jardín fría en casa Woollahra"
Hace dos anos que vivo en casa
Siempre cuide del jardín, puse mi mano
así que no an crecido yerbas malas
Ademas lo he echado hojas de arboles
después que barro la casa
Cuando llegue estaba lleno de
yerbas malas, después de 3 meses
Vinieron 2 jóvenes y lo limpiaron
De allí, lo he puesto mi mano
Ahora Chordy, vino traindo
strow (paja) y lo puso al rededor
Como Graz, y se ve mas lindo
Ahora los antiguos dueños
Vinieron a ver la residencia, como esta
El hijo me dijo que me dará $100 dollars
Yo le dije, una trabajadora gana
$15 dollars por hora, y yo cocino
Y looks after de del jar-ding y su madre. 28/3/1997 2.30pm

Mess de Abril

Este mes es muy interesante para la casa fría casa de Woollahara, el Clima my bueno estaba lleno de sol, pero algo estorbo sucedía ese día con la llegada de su hija de Perth Mrs. Procter, me imagino que llego a visitar a su mama mas era su cumplían era su mes de Abril 9 donde tendrá 98 anos, cuando llego Mrs. Procter fue algo increíble el cuarto de su hermano Trevol yo escribía allí, y allí tenia que dormir la señora Procter había llegado con su maleta y una bolsa, y abrió el ropero era grande y yo allí tenia mis maletas grandes y mi ropa, saco mis maletas como decir esta es mi casa y no de ti, tu eres solo una domestica. Cuando llegue Yo el ropero lo había limpiado bastante y lo había puesto Napthalene para las polillas porque habían invadido la casa, así que yo las liquide todas y allí había puesto mis maletas y mi ropa porque salía todo los días, pero era como una señora violenta saco todo y los tiro mis maletas, pero no mi ropa, y su bolso lo dejo afuera y su maleta abierta y colgó sus ropas que había tenido y lo puso su bolsa en el ropero y no su maleta lo dejo abierta en el suelo, pero si el ropero era grande sino con sus extracciones me voto del cuarto, pero no lo dije nada ni saque nada mis cosas solamente mis maletas lo deja afuera ordenado.

Cuando llegue ya era mas de 18 meses había limpiado porque ese cuarto era muy sucio nadie venia a dormir allí, pero me imagino porque no durmió con su mama era un cuarto grande y tenia una cama allí, no importa pero eso es lo que paso, ademas el cuarto donde había de dormir allí dormían las mujeres que lo cuidaban a Mrs Rich por el fin de semana, hasta Maria Moya, y otras que he conocido personal porque venían a verlo a Mrs. Rich y ellas me dijeron como la señora Victoria una Australiana que una ves trajo pantalones Jones que eran de su nieta, yo no lo acepte porque eran muy ajustados para mi.

También yo lo había puesto flores, grandes, lo ponía todo los días pero chiquitas como para escritorio donde escribía, y para que llegue había puesto grandes flores, y el cuanto lo había limpiado mucho porque estaba muy sucio a los rincones especial el ropero era viejo pero estaba en buenas condiciones solamente sucio de polvo y muchas polillas, y yo lo había regado de Naphalene todo los rincones. Michael venia los Lunes a pasar vacuums celares o aspiradora la alfombra vieja de varios décadas, si yo lo he conocido a Mrs. Rich eran ya 15 anos, poreso digo varios décadas.

The mi diario: 'Reporter and impresiones'

"Naphalene Balls"
Compre Naphalene balls por the moth
The house esta lleno de polillas
La dueña de la casa no le intereso
Desde que llegue a la casa
Ese día compre otra ves Naphalene ball
había llegado los fines de Marzo a la casa
No le intereso limpiar sus cosas
Mas le interesaba donde esta limpio
Afuera en el jardín, corto y lo dejo
Para que yo lo haga, lo feo poco que hizo
Cochina hasta nomas, cuando llegue
1995 muladar de ojas, arrinconadas
Adentro en casa era terrible lleno de polvo
Por unos días que estuvo un olor terrible
Su cuarto estando la ventana abierta
Su cama no lo tendía, sus costumbres
Pero para jodida era la primera nadie
Les gana, mas en sus caminos liquidan
Por jodida quien le dará su decoración. Olgaska 24/4/97

Esos días también ya no estaba Sandra sino una señora Lily de nacionalidad Rusa, quien ella un día por semana se quedaba a darme lecciones de guitarra, donde había aprendido a tocar Crismas day, que viva España, era pianista bien lista pero no sabia Ingles bien. Con ella reíamos mucho también era diferente no como Sandra nunca me dio una alegría y solo me corneaba en una palabra era diferente.

Cuando llego Mrs. Procter y no había quien lo bañe a Mrs. Rich porque Sandra ya no estaba y estaban buscado otra persona que lo bañe, y por esas semanas era yo la victima como me pagaban $100 dollars, tenia que hacerlo hasta que consigan otra persona, porque Irene no quiera hacerlo y yo porque tenia que hacerlo si no eran buenas conmigo solo me aventaban de la casa, se pasaban de crueles, una mañana Mrs. Procter estaba en la cocina discutiendo con Irene acerca de la tasa nueva que había comprado Jenny su hija, y yo le digo esa tasa nueva es que a traído su hija Jenny, y vio que con mi mano le dije que lo había puesto allí en el armario la taza, y Mrs, Procter decía: 'she is littel bear', pero tenia de bueno que no decía mas nada, así como Mrs. Rich nunca lo escuche que habla mal por otra persona, tenían algo de bueno. Porque no Yo banaba a su madre siguiera una ves, pero no lo hacia por la nada.

Después de varios días había venido esta señora Rusa para trabajar y que lo bañe todos los días de Lunes a Domingo.

The mi diario: 'Reporter and impresiones'

"La ducha"

At 6.30 am, call me up also ata 6.45 am
I said You walk up por your tablet
At 8 am Lily she will no come
I have to give bath to her
You have to paid me, I said
Since October I have done her shower
On the Bath Room did take to her
Then I was showering her back
And went out to made the bed then
She call me up, she often she did

She wants, hot water or cold
I pretend, to done and answer good is better
Every weekend she tell me like that
She wants accuse to her son Dr. David
I'm not silly woman
To burned or put cold water to her
Also said I'm her problem and
murmur! 'no longer she will be por here'
I said to her, for miserable and ridiculous
All the time bad happened
Friday it terrible orines smell
because she hasn't bath properly
Her daughter an Irene they don't care. 26/4/97

The mi diario: 'Reporter and impresiones'

Telefono:
El telephone suena y suna todo los dias
Colleen, contesta, porque esta en casa
Ven a visitarme estoy sola, and and Fed up
Otras veces, la mujer de fin de semana
No es feliz, incorrecta and imposible
You mast kill her, not longer being por here
With Mrs. Woodman, she demanding $20 dollars
For cada bano, ciertamente! no, lo pago
Tiene comida caliente, Shower hot and
Un cuarto, donde vivir, she is ultima sirvienta
Otras veces llama, y llama a sus
Familiares y amistades y siempre
Me dispone y habla mal de mi
Todo lo que dice es absurdo y nada
verdadero, porque es envidiosa he egoísta

Poreso lo tengo un poco de rencor, porque
Hace 18 meses, estoy aquí viviendo
Nunca lo he escuchado que habla bien de mi. Olgaska 19/4/1997

Por tanta mala suerte en esos Dias Tricia mi compañera que tanto lo quería y real mente lo pasaba bien con ella, había sonado el día el 2/4/97 que Tricia era una niña malcriada, con su cerquillo y claro lo veía sus colmillos de Tricia, y me dolió el corazon que había muerto, Mrs. Rich pago $85 dollars que lo pongan una ampolleta y muera, ya era tu día que muera porque andaba por el jardín se escondía, no podía estar en solo sitio era atros lo que pasaba pero así dormía conmigo, y temprano lo sacaba para que orine y tome su leche, como me acuerdo y estoy con los ojos que me lagrimean porque lo quise tanto a Tricia. Asi soy yo por las personas que amo de verdad lloro mucho igual como los animales que están conmigo y me hacen compania de verdad, no tenia palabras pero era hermosa para mi.

"The mi diario: 'Reporter and impresiones"

Tresure (Tricia)
La mañana 9 the Abril
Tuve un sueno seria las 4 am
Veía a una niña que me miraba
Estaba asustada quería decir algo
Pero no podía hablar
Era una niña con cerquillo
Yo decía que puede ser
Lo veía sus dos colmillos
Su boca estaba abierta
No tenia mas dientes
Pero si como dientes era de ella

Sus pelos, de Tresure
Fue a tocarlo donde me
Disperte, salí de mi habitación
Luego le do su leche a Tresure
Estaba allí, todavía me saco la lengua
con cariño, soné que Tresure había muerto. 2/4/97

Que pena tenia mi corazon, cuando había regresado a casa fría de Woollahra cerca las 8.30 pm y Mrs. Rich me dice: 'Tresure is go' llore mucho y había pagado $85 dollars que lo pongan una Inyección.

Su estadía de Mrs. Procter no fue tan largo pero desde que estuvo en casa escuchaba que hablaban mal del viejo Californiano decía que no tiene pantalón, y por Brighten decía que solo necesita un dulce para que me contente.

Ya se acercaba el día su cumplían o de Mrs. Rich y tienen que celebrarlo como ultima ves y muy bueno con champan había llegado dos cajas de champan regalo del viejo californiano, también por esos días había llegado una caja fuerte lo trajeron dos hombres, y tenían que pagar $50 dollars, y Mrs. Rich me dijo tu puede pagar $50 dollars, no digo yo no tengo nada menos $50 dollars para dar a esos hombre, luego Mrs. Protector pago esa cantidad a los hombres.

Irene era lo que hacia la lista de nombres y todo sus invitados, y especial lo hacían cuando yo estaba sentado con ellas, pero yo sabia que no me incluían en su lista como la primera ves que me dijeron: tu no eres invitada, y te sentirás incomoda con personas de clase' 'tu eres solo una domestica y tienes tu cuarto y comida que puedas dormir'. Eso an sido la familia Rich, increíble todo me acuerdo que para escribir todo necesitara mucho papel que las verdades a nadie les gusta ni siquiera les gusta leer ni escuchar porque son perversos y les gusta hacer quedar mal y hablar mal del prójimo que nada les hace.

Me parecen que eran cortos en la sociedad porque los que son abiertos en la sociedad hacen llegar su misiva sea quien sea para un cumpliendo que iba a tener 98 anos, y era la ultima ves que Ivan a pasar con su madre.

Pero yo ese día salía mucho y llegaba tarde a casa casa cuando todo los invitados se había ido, y al día siguiente Mrs. Procter me dijo: 'Brighten hemos dejado una botella de champan para ti', mi respuesta le dije: "No gracias yo no soy alcohólica y no puedo tomarlo" "gracias por recordar de mi" ademas no lo había comprado regalo, pero si le deseo que pase un buen día de su cumpliano. Ese el colmo que no tener ningún sentir bueno en el cuerpo porque tanto me despreciaban, la gente inteligente en cualquier película, drama, o anécdota se da y se quita, pero si se les quita solamente no hay concordancias menos bueno es la película, ellas solo me daban mal desde que había llegado a casa, y yo era Sudamérica, y he viajado por todo el mundo con mi dinero, y tenia mi propio idioma, y aprendiendo otro nuevo idioma pero ellos no eso era la diferencia de ellos familia Rich y el mío.

Cuando se fue Mrs. Procter no lo vi ni supe cuando se fue, pero creo solo estuvo 17 días en casa eso fue todo, y ya estaba por sus 80 anos ya era bien mayor de edad también.

Después que murió Tricia trajeron otro perrito blanco pequeño a casa, pero era un perrito macho que era atros en casa que por todo los almohadones y cosas que estaba por el suelo se hacia que estaba inyectando como macho perrito hasta en los pies de Mrs. Rich, y con que odio dijo: 'Yo no quiero este perro cochino y travieso' luego inmediatamente llamo a la policial que lo lleven, que lastima era bonito también el perrito.

The mi diario: 'Reporter and impresiones'

Un perrito macho tierno

El día lluvioso nublado y viento 11 de Mayo
Me despertaba de un sueno que tuve
veía afuera en mi ventana a un niño
De mi dormitorio, era malcriado
que subia rapidamente por la pared
un niño de 2 o 3 anos de edad
vestido de pantalón verde y camisa azul
Cada ves que subia me miraba
Un niño malcriado, con sus pelos casi blancos
Era de día, con sol de muchos brillos
Pero no se si estaba en la escalera
O como subía tan rápido, mirándome
Que no salía de mi asombro
pero era perrito blanco. Olgaska 11/5/97

Capitulo VIII
Mayo, Junio, Julio

Estos días o meses son meses de Invierno, llueve, corre viento, algunas veces huracanes, y hace un frío bárbaro, pero el clima es así por Sydney o en otros países del mundo cuando es Invierno es para gozar del frío un o se pone ropa de lana, o mezclado con lana nos abriga y salimos del frío, pero en mi caso de casa fría de Woollahra es hielo que no tienen cura como decir esta helado no se derrite por la nada, ese es el amor de mi y del Californiano tal ves hubieron raíces, pero por casi 4 décadas no hay comunicación verbal, ningún encuentro ni ninguna cosa amorosa yo y el Californiano es una lastima, lo que pasa por tener tantas mujeres baratas y hechas lo an amarrado y es la razón que no quiere saber nada de mi solo sus palabras a todos que conoce les dice "que me adora, me ama con todo su corazon" esos son sus palabras que no sienten nada por mi, sino quiere que solo me coronen, y el mismo con las barandas de la puerta lo quiere romper, eso que significa que solo quiere arruinarme, no se que quiere de mi, cerca 4 décadas nunca me dio una vida confortable, ni un dulce, menos un recuerdo que pueda decir si es mi novio, no no es mi nada solo mi contrario porque solo me arruina y paga a cuantos detectives para que me arruinen, y también dicen es para protegerla de que yo no soy una mujer que estoy fichada por la policial, o he robado, o puta con los hombre, no! yo no soy de esas, yo tengo alta moral, soy hija de familia, vengo de una familia honesta pero no ambiciosos a la vida, mis familiares son personas profesionales y que viven de su trabajo.

Son meses invernales y de la Estación del ano, mi vida en esos meses continuaba como recién llegue, mas todo los días estas señoras no se olvidaban de hacerme acordad "cuando te vas", ya buscaste tu cuarto a donde irte", "y nos dejas tranquilas", después continuaba por los fines de semana cuidado como siempre y con mi buena voluntad a Mrs. Rich, y todo los Sábados continuaban viniendo sus hijo David y su nuera también sus amigos de Mrs. Rich almorzar el pollo asado con vegetales.

después que había llegado un perrito macho a la casa solo estuvo unos dos dais, y Mrs. Rich llamo a la policia que lo lleven porque no le gustaba.

Luego llego una nueva perrita igual a Tricia, su color y su tamaño con la diferencia tenia un ojo azul y el otro marrón, llego a las 10.30 am de la mañana el día 5 de Julio, 1997, era preciosa también, y Mrs. Rich me dijo que lo vaya a registrar en mi nombre porque iba ser para mi, y lo obedecí y lo lleve caminado porque no estaba lejos a Woollahra Municipal Council, el día estuvo bien como para caminar hasta Doble Bay que no queda lejos de la casa fría donde vivíamos.

The mi diario: 'Reporter and impresiones'

Nueva Tricia en casa fria
Hoy dia fui a registralo a Tresure
A Woollahra Municipal Council
In Doble Bay caminamos
Hasta allí, no tuve Pencil ni $2 dollars
preste a dos jóvenes que hubieron allí
El lapicero de allí no escribía
Tresure, cerro la puerta, luego

La recepcionista dijo fuerte
That's enough for today!
A las 10.15 am llame a Julia
Y lo conte acerca de Tresure
Al llegar a casa le dije que
Ha sido registrado en mi nombre
Porque usted lo a querido
Todas maneras yo lo day de comer
Lo saco a caminar y lo bano. Olgaska 14/7/97

En esta estación de Invierno nadie le gusta, pero a mi gusta el Invierno uno porque la casa estaba lleno de hojas y pajas caídas, y no se podía barrer, porque había mucho lodo pero podía ver que salían plantas de Invierno y se veía tan bonito la parte de atrás con diferentes plantas y con flores de colores, yo era que me divertía mirando mis ojos se alegraban como es la naturaleza tan hermosa que da al hombre para que pueda crecer diferentes flores de colores.

The mi diario: 'Reporter and impresiones'

"Sun flower"
Five flowers the colores
Bought on 6 of May and put on parlour
All very fresh and big bright
Together a branch small whites
At night one was very upset
Well was the hita, it was hot
And throw out after one more
Very upset on 16 I throw out
Las 2 were very strong, 3 dais
More were upset but endure
But one yellow sun flower keep

Still fresh and bright and nice
The staff green and dead all on 22
Rely like is very a usually
What is happen on the earth Olgaska 25/5/97

Capitulo IX

Agosto, Setiembre, Octubre

No pasaba de la monotonía en la casa de Lunes a Jueves salía a la piscina del Club luego al otro Club almorzar por $2 dollars, y luego bingo, gane o no gane estaba allí, luego los viernes salía hacer compras para el fin de la semana para comer con Mrs. Rich, y ella nunca me dio de comer yo le daba de comer y lo banaba cuando sus Lily no venia y los Sábados venían Dr. David y Dr. Job y donde me traían mi cheque con los $100 dollars. El dia 15 de Agosto vinieron como toros a cornearlo a Mrs. Rich y a mi, y discutían en Sunny Room con Mrs. Rich poco escuchaba que le decía porque no se va al hospital bien sabes que la casa esta vendida, y ella contestaba solo con la muerte lo sacaran de aquí, también escuche que le decía tu no pagas impuestos de la casa. Y para mi decía Dr David que soy "blood good too" pues yo les dije que la solución es la policial.

El día 22 de Agosto Mrs. Rich estuvo enferma de su pierna y tenia bastante depresión, pero así comimos el almuerzo tallarines con espinaca, y para la comida tuvimos pescado.

El 31 de Agosto estuvimos viendo TV con Mrs. Rich y la noticias que Lady Diana and Dodi Fayed había tenido un accidente automóvil pasando de Alma Tunnel the runs under the Seine River in Paris, a las 4 am, Sydney 7 pm Que lastima eso es lo que pasa cuando quieren mas fotos para que ganen dinero y terminan matando a sus imagines favoritas. Los paparazzis son asesinos también por ganar dinero.

En el mes de Setiembre fue un mes so terrible para mi estuve con dolor de corazon así que fui al Dr. para que me vea que tengo y solo era preocupación y tenia lleno de colesterol que comía tanto pollo asado, ese día fue también que me mandaron cartas de sus abogados de Mrs. Rich diciendo que debo dejar la casa, porque Mrs. Rich esta enfermándose de mis malas actitudes, y yo les llame a los Solicitares que porque me acusan tanto que no es cierto, ella Mrs Rich y su house Keeper todo los días desde que llegue me an echado de la casa, diciendo que no es mi casa, por eso este día 8 de Setiembre Mrs. Rich me decía el Lunes estarás empaquetando tus maletas, porque ya no vivirás aquí, pues yo no lo creía me parecía que era algo irreal, como los fines de semana lo daba mi comida y lo bananba así me pone afuera, y me había salido como siempre a los Clubs y a banarme y almorzar, cuando habia regresado habían cambiado la llave o puesto un pestillo que no pueda entrar, y llamaba Arene déjame entrar, no salían ni escuchaban, luego salió Arene y me dice: 'ya no estas permitida a entrar a esta casa' así dice Mrs. Rich, luego me fui esa tarde a Julia y le conté que había pasado, y me dijo vente aquí hasta que consigas un lugar donde vivir, y de allí llame a mi amiga Tassy una Philipinas para que me ayude a buscar un cuarto y ella me llevo a su departamento en Rocdale porque ella se había casado y vivía con su esposo en otro departamento. Y le iba a pagar $50 dollars a la semana hasta que me busquen una cuarto donde irme.

Vienes 10 volví a la casa fría de Woollahra para recoger comida que tenia en el frigider y Arene me dio por la ventana que Mrs. Procter había comprado carne y mi pollo mis cake de queso que había comprado y verduras, yo le digo esta carne no es mía, y me dice yo no he comprado, bueno lo lleve a casa de Julia.

Parecía mentira que Arene me decía por ser prostituta igual Mrs. Rich decía que soy puta por llegar tarde a casa, después, vine otra ves a casa fue un Sábado, entre por la cocina donde estaba cerrada, y había otra mujer haciendo el almuerzo y allí estuvo Dr. Job, y Yo de las rejas le digo Hello Dr. Job? Y ella como nunca me hubiera conocido y no quiso escucharme, mas se salió de la cocina y se fue a Sanny Room, y yo a la mujer que estaba allí le digo vengo a llevar unas toallas que necesito, y me abrió la puerto y busque mis toallas la grande lo habían robado, no lo encontré, solo traje la pequeña que tenia, pero la toalla grande no creo que Mrs. Rich lo a hecho sino el Californiano le gusta mis cosas que uso tiene creencia que lo va hacer bien son sus supersticiosos.

También me pusieron a la corte: pero si yo hubiera sido otra hambrienta y hacerles mal a la Familia Rich lo hubiera sacado por lo menos unos $5,0000 dollars pero no solamente unos pocos dollars que me dieron, eso fue todo.

Después entre otra vez cuando Tassy me ayudo a llevar mis maletas de la casa fría the Woollahara y volví verlo a Mrs. Rich y decirle como estaba. La nueva persona me abrió la puerta, pero Mrs. Rich estaba con pijama y era las 4 pm y estaba desorientada y muy depres, pues al verlo así ya no tuve ganas de decirlo como estaba me salí corriendo inmediatamente. Eso fue la ultima ves que lo vi a Mrs. Rich on 22 de Setiembre 1997. después escuche que había muerto de ataque al corazon lo encontraron en su cama muerta, seguro por la pena de su house keeper Arene que no vino mas el domingo como lo hacían antes también había muerto de ataque al corazon eso es el fin de la casa fría de Woollahra.

Por estos días estamos en casa 2020
Para escapar del Coronavirus, me alegra bastante por estar en asa y poder escribir o ponerlo en la computa y publicarlo que hace muchos anos 20 anos que lo escribe, todo mis libros que tengo

317

escrito como unos 25 libros y 3,000 Poemas y Líricas, cantos, sonetos.

Yo por los anos 1995 to 1997,
No podia escapar por la nada.
También terrible por los anos 1977,
Eso fue originario de los Australianos
También por los anos 1998 to 1999
Pelear con los toros de Rockdale.

Tal ves un día pueda pueda publicar todos donde esta todo mi Historia en Australia y en America. Espero ponerlo todo en la computa, mi sobrina Carmen Gunn que vive en London me mando para comprarme una Laptop Apple $1,500 libras esterlinas, hasta la fecha no puedo corresponderlo, su esposo recién a muerto the cáncer a la garganta.

1 - "The big net in the world" 1985
2 - "My dream came truth" 1988
3 - "The Gift of spirit of the Child" 1989
4 - "Gift of the skill, delight the sense of the human being" 1989
5 - "The word is full and empty" 199
6 - "The sense of the Biology life" 1993
7 - "Signales and Wanders" 1996
By: Olgaska 28/7/20. FIN

110 Poesias